행복한
동화책 수업
99

교실 풍경을 바꾸는 동화책 한 권의 힘

행복한 동화책 수업 99

초판 1쇄 펴낸날 2024년 12월 13일

지은이 김성규
펴낸이 홍지연

편집 홍소연 이태화 김선아 김영은 차소영 서경민
디자인 이정화 박태연 박해연 정든해
마케팅 강점원 최은 신예은 김가영 김동휘
경영지원 정상희 여주현

펴낸곳 (주)우리학교
출판등록 제313-2009-26호(2009년 1월 5일)
제조국 대한민국
주소 04029 서울시 마포구 동교로12안길 8
전화 02-6012-6094
팩스 02-6012-6092
홈페이지 www.woorischool.co.kr
이메일 woorischool@naver.com

ⓒ김성규, 2024
ISBN 979-11-6755-297-6 03370

만든 사람들
편집 김영은
교정 이보리
디자인 책은우주다

교실 풍경을 바꾸는 동화책 한 권의 힘

행복한 동화책 수업 99

김성규 지음

우리학교

선생님의 동화책 수업이
행복하길 바라며

교단에 선 이래 수업하기 가장 어려운 교과를 꼽으라고 하면 저는 단연 '도덕'을 첫손에 꼽습니다. 아이들이 이미 알고 있는 뻔한 내용을 너무나도 교훈적인 이야기가 담긴 교과서로 가르쳐야 했으니까요. 도덕 시간만 되면 아이들은 초점 없는 눈으로 멍하니 저를 바라만 보았습니다. 별의별 활동을 다 해도 단지 그 순간뿐, 아이들 마음에 진정으로 들어가는 수업이 아니라는 생각에 자괴감이 들기도 했습니다.

그렇게 수업에 대한 고민이 깊어지던 때, 우연한 계기로 동화책 한 권을 만났습니다. 앉은 자리에서 숨도 쉬지 못할 정도로 재밌게 읽고 난 뒤, '이 책은 무조건 수업에 활용해야 해!'라고 다짐했지요. 그때까지만 해도 동화책 한 권이 우리 교실의 풍경을 완전히 바꿔 놓을 줄은 전혀 몰랐습니다.

제가 재밌게 읽은 동화책을 수업에 활용하자 아이들의 반응은 가히 폭발적으로 변화했습니다. 체육 수업 안 해도 되니 도덕 수업을 더 하자는 아이, 책이 이렇게 재밌는 줄 몰랐다며 방방 뛰는 아이, 쉬는 시간이 끝나자마자 도서관에 달려가 책을 뒤지는 아이까지! 상상도 못 한 아이들의 반응에 얼떨떨한 기분이 들었습니다. 학부모들 역시 "아이가 집에 오자마자 책을 사 달라고 하도 졸라서 책을 사 줬어요. 도대체 학교에서 무슨 수업을 하신 건가요? 정말 궁금합니다." 라고 이야기할 정도였지요. 재미있는 동화책 한 권이 아이들의 모습을 이렇게 바꿔 놓을 수 있다니! 그제야 저는 아이들이 '책을 읽기 싫어서 안 읽는 것'이 아니라 '어떤 책이 재밌는지 몰라서 못 읽는 것'이라는 사실을 알 수 있었습니다. 그때부터 아이들 수준에 맞는 책을 종류별로 골라 다양한 교과 수업에 녹여 내었고 지금까지도 아이들과 넓고 깊은 책의 재미를 골고루 맛보고 있습니다.

제가 아이들과 함께 읽을 동화책을 고를 때 가장 중요하게 생각하는 것은 '재미'입니다. 아이들이 끝까지 집중할 수 있을 만한 몰입감이 있어야 선생님의 메시지도 확실히 전달할 수 있기 때문입니다. 그래서 이 책에서는 지금 당장 어떤 아이들과 읽어도 "와! 진짜 재밌다!" 하는 반응이 나올 만한 40권의 동화책을 신중하게 선정했습니다. 그리고 이 동화책들을 자존, 관계, 소통, 시민의식, 사랑, 정직, 역사, 죽음 등의 주제로 묶었지요. 아이들의 일상과 맞닿아 있는 동시에 새로운 세상을 만날 수 있는 주제를 다루고 있어 교실 속 동화책 수업을 더욱 풍성하고 의미 있게 만들어 줄 것입니다.

동화책을 읽고 난 뒤에 할 수 있는 99가지의 활동 또한 뻔하지 않은 내용으로 담아내려고 노력했습니다. 단순히 읽고 쓰는 독후 활동에서 벗어났고 국어, 사회, 도덕, 미술, 음악, 실과 등 여러 교과의 내용을 알차게 녹여 냈기 때문에 동화책 수업 하나만으로도 해당 교과 수업을 충분히 소화할 수 있을 거예요. 이 과정에서 아이들은 등장인물의 삶을 깊이 들여다보고 이야기가 전하는 메시지를 마음 가득 받아들이며 이전보다 한층 성장하게 될 거라 확신합니다.

교실에서 동화책 한 권을 소리 내어 함께 읽는 시간이 선생님과 아이들 모두에게 행복한 시간이었으면 좋겠습니다. 그 시간을 만드는 데, 이 책이 조금이나마 도움이 되기를 간절히 바랍니다. 웃음과 공감이 가득한 동화책 수업을 온 마음으로 응원합니다.

- 2024년 12월 청주에서,

'행복한김선생' 김성규

차례

1장

나를 찾아가는
동화책

진짜 나를 찾아서

『리얼 마래』
황지영 글, 안경미 그림
문학과지성사

마래는 부모님이 만든 '오늘의 마래'라는 블로그 때문에 태어날 때부터 블로그 스타의 삶을 살게 됩니다. 가기 싫은 숲에 가서 활짝 웃어야 했고, 징그러워 보이는 곤충도 귀여워하는 척 만져야 했지요. 그때마다 혼란스럽습니다. 부모님이 만들어 놓은 마래로 살아야 하는지, 진짜 내 모습으로 살아야 하는지 말입니다.

어느 날 마래는 자신을 부러워하는 다은이와 결이를 집에 초대해 자신의 방을 보여 줍니다. 블로그 속 꾸며진 모습이 아닌, 온갖 잡동사니를 벽처럼 쌓아 올린 진짜 모습 말이지요. 이를 계기로 세 친구는 남들에게 말하지 못한 나만의 비밀을 하나씩 꺼내 놓습니다. 항상 당당한 다은이는 사실 부모님의 불화 때문에 불안에 떨고 있고, 온순하고 착한 결이 역시 아버지의 폭력에 고통받고 있다는 걸 알게 되지요. 셋은 아주 끈끈한 사이로 발전합니다.

하지만 꺼내 놓은 비밀이 소용돌이가 되어 사춘기에 접어든 친구들을 집어삼키고 맙니다. 과연 세 친구는 이 위기를 현명히 극복하고 '진짜 내 모습'을 세상에 당당히 드러낼 수 있을까요?

리얼마래스타그램: 등장인물 SNS 만들기

『리얼 마래』는 6학년 국어 시간 '작품 속 인물과 나'를 비교하는 단원에서 아이들과 함께 읽은 책입니다. 그런데 책을 읽는 중간, 우리 반 친구가 불쑥 말하더군요. "아빠 블로그 말고 마래가 자기 SNS 만들어서 운영하면 안 돼요?" 부모님의 블로그 때문에 원치 않는 삶을 사는 마래가 꽤 답답했던 모양입니다. 문득 궁금해졌어요. 마래가 진짜 자기 모습을 담은 SNS를 한다면 어떤 내용을 담을지요. 그래서 아이들과 함께한 활동이 바로 인스타그램을 패러디한 '리얼마래스타그램'입니다. 마래에게 잔뜩 감정 이입을 해 이런저런 이야기를 쏟아 내는 아이들의 모습이 인상 깊었던 활동이랍니다.

이럴 때, 이 활동!

‣ 등장인물의 속마음을 깊이 들여다보게 할 때
‣ 등장인물의 감춰진 모습을 찾도록 하고 싶을 때
‣ 사건과 배경을 효과적으로 요약하도록 할 때

---

1. 리얼마래스타그램에 올릴 내용 생각하기

먼저 내가 마래라면 어떤 이야기를 SNS에 올리고 싶은지부터 이야기 나눴습니다. 아이들에게 포스트잇을 나눠 주고 각자 생각한 내용과 왜 그 내용을 골랐는지 쓰도록 했습니다. 아이들은 쓴 내용은 다음과 같습니다.

올리고 싶은 이야기	이 이야기를 올리고 싶은 이유
벌레에 기겁하는 마래의 모습	벌레를 싫어하는 '리얼' 마래의 모습을 사람들에게 확실히 보여 주고 싶어서
친구와 밖에서 떡볶이를 먹는 마래의 모습	친구와 떡볶이를 먹고 허물없이 지내는 마래와 집에서 벽을 쌓고 자기 방에 틀어박힌 마래를 비교하고 싶어서
방에서 혼자 멍하니 누워 있는 마래의 모습	원하지 않는 걸 강요하는 부모님에게 지친 마래의 얼굴이 '리얼' 마래의 얼굴이라는 걸 보여 주고 싶어서

이런 식으로 아이들이 쓴 포스트잇은 대개 2가지 방법 중 하나로 공유합니다. 첫 번째는 전체 공유입니다. 포스트잇을 한꺼번에 칠판에 붙이게 한 뒤, 눈에 띄는 내용을 선생님이 읽어 주는 방법입니다. 시간이 한정적이거나 간단한 활동인 경우 사용합니다. 두 번째는 모둠 공유입니다. 모둠원끼리 모여 앉아 어떤 내용을 썼는지 돌아가며 이야기하는 방법이지요. 학생들이 서로 어떤 생각을 썼는지 깊이 있게 들여다봐야 할 때 더 적합한 공유 방법입니다.

이 활동에서는 첫 번째 방법을 활용해서 서로의 포스트잇을 공유했습니다. 친구들이 어떤 내용을 골랐는지 살펴보며 나와 비슷한 내용을 고른 친구, 완전히 다른 내용을 고른 친구가 누군지만 빠르게 확인하도록 합니다.

2. 그림 그리기

내용을 선택했으니 이제 자유롭게 그림을 그릴 차례입니다. 자신이 전달하고 싶은 '리얼 마래'의 모습이 사람들에게 잘 전달되도록 그림으로 옮겨 담습니다. 단, 미술 시간이 아니므로 그림 자체에 너무 많은 공을 들일 필요는 없습니다. 그림을 그리다가 욕심이 생겨서 더 잘 그리고 싶어 하는 친구들이 많은데 이러다 보면 수업 시간이 한없이 늘어져 오히려 본 활동을 망치게 됩니다. 그림 그리기 시간은 5~10분 정도가 적당하며 최대 15분을 넘기지 않도록 합니다.

3. 해시태그 붙이기

그림을 모두 그렸다면 마지막으로 자신이 보여 주고 싶은 리얼마래스타그램의 특징이 잘 살아나도록 '해시태그'를 붙입니다. 해시태그란 SNS에서 특정 주제나 내용을 담은 내용을 쉽게 찾을 수 있도록 돕는 기능입니다. 단어나 문장 앞에 해시(#) 기호를 붙이기 때문에 해시태그라고 부릅니다. 해시태그 붙이기는 아이들이 만든 게시물의 색깔과 메시지를 직접 드러내기에 효과적인 데다, 하고 싶은 이야기를 핵심 문장으로 요약해서 전달하는 능력을 키우는 데도 도움을 줄 수 있습니다.

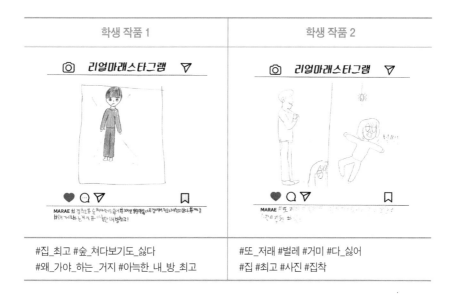

학생 작품 1	학생 작품 2
#집_최고 #숲_쳐다보기도_싫다 #왜_가야_하는_거지 #아늑한_내_방_최고	#또_저래 #벌레 #거미 #다_싫어 #집_최고 #사진 #집착

4. '모둠 시계 돌리기'로 댓글 달기

나만의 리얼마래스타그램을 완성했으니 이제 다른 사람들과 게시물을 공유할 차례입니다. 결과물 공유는 '모둠 시계 돌리기'로 진행했습니다. 모둠 시계 돌리기는 다음과 같이 진행합니다.

① 4인 또는 6인이 1모둠을 만듭니다.

② 자신의 결과물을 시계 방향에 앉아 있는 친구에게 넘깁니다.

③ 다른 친구의 결과물을 살펴보고 댓글난에 적절한 댓글을 남깁니다.

④ 위와 같은 방법으로 다른 모둠원의 결과물을 모두 살펴봅니다.

⑤ 자신의 결과물이 돌아오면 어떤 댓글이 달렸는지 살펴보고 최고의 댓글을 뽑습니다.

모둠 시계 돌리기는 짧은 시간 안에 모둠원의 결과물을 확인하고 피드백을 할 수 있는 좋은 결과 공유 기법입니다. 시간이 허락한다면 '모둠 간 시계 돌리기'를 이어서 해도 좋습니다. 방법은 동일하나, 결과물을 모둠끼리 바꾸고 난 뒤에 다른 모둠원들의 결과물에 피드백을 한다는 점이 다릅니다.

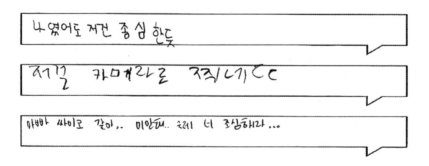

• 리얼마래스타그램에 달린 댓글

모둠 시계 돌리기가 끝나면 선생님이 전체 진행을 하면서 몇몇 학생의 발표를 들어 봅니다. 리얼마래스타그램에 어떤 그림을 그리고 해시태그를 달았는지, 친구들이 어떤 댓글을 달아 주었는지, 그중에서 가장 마음에 드는 댓글은 무엇인지 발표하는 과정을 통해 아이들은 서로의 결과물을 다시 한번 확인하고 정리하게 됩니다.

5. 리얼마래스타그램 전시하기

수업이 끝나면 리얼마래스타그램을 교실 뒤편에 게시해서 학급의 모든 친구가 살펴볼 수 있도록 합니다. 수업 시간 관계상 확인하지 못했던 다른 친구들의 결과물을 감상할 수 있도록 말이지요. 이에 더해 포스트잇에 댓글을 써서 붙이게 하면 쉬는 시간 내내 리얼마래스타그램에 푹 빠져 서로 피드백을 주고받는 아이들의 예쁜 모습도 볼 수 있답니다.

시 보물찾기: 등장인물에게 시 선물하기

책을 읽다 보면 주인공들을 만나서 진심으로 위로하고 싶을 때도 있고, 따끔하게 충고하고 싶을 때도 생깁니다. 하지만 구구절절한 위로나 조언보다 한 줄 시가 더 가슴 깊이 파고들 때도 있는 법이지요. '시 보물찾기' 활동은 아이들에게 이런 경험을 선사하고 싶어 만든 활동입니다.

이럴 때, 이 활동!

▸ 등장인물에게 해 주고 싶은 말을 효과적으로 하도록 할 때
▸ 시가 가진 힘과 매력을 느끼게 하고 싶을 때
▸ 시를 읽으며 마음을 치유하고 회복하게 하고 싶을 때

1. 시집 고르기

학교 도서관에 가 보면 정말 좋은 시집이 많습니다. 그중 사서 선생님의 협조를 구해 아이들 수만큼 책을 빌려 오면 시 선물하기 활동을 수월하게 진행할 수 있습니다. 문학동네, 창비, 사계절 출판사의 시집은 대체로 일정 수준 이상의 시들이 실려 작품성을 담보하고 있으니 참고하세요. 이렇게 빌린 시집은 일주일 정도 아침 시간 등을 활용해 아이들이 충분히 살펴보게 합니다. 그다음 마음에 드는 시집을 한 권씩 선택하게 하면 활동의 질을 높일 수 있습니다.

2. 등장인물에게 어울리는 시 찾기

각자 원하는 시집을 골랐다면 등장인물에게 읽어 주고 싶은 시를 찾습니다. 시를 찾기 전에 등장인물에게 해 주고 싶은 말을 먼저 떠올리게 합니다. 위로, 충고, 인사인지에 따라서 고르는 시의 색깔도 달라지기 때문입니다. 이런 방식으로 마래, 다은, 결이 세 주인공에게 전하고 싶은 시를 찾아봅니다.

3. 찾은 시 패들렛에 올리기

각자 시를 찾았다면 시 사진을 찍어 패들렛에 올리고 시를 고른 이유를 씁니다. 시 제목과 시집, 자기 이름도 꼭 쓰게 합니다. 패들렛을 이용하면 다른 친구들이 고른 시를 쉽게 확인할 수 있을 뿐 아니라, 왜 이 시를 선물하고 싶은지도 명확하게 알 수 있습니다. 다인수 학급의 경우 서로 고른 시를 읽은 뒤에 댓글로 의견을 교환하게 하면 더욱 풍성한 수업이 이뤄집니다.

• 패들렛에 올린 시와 문구

등장인물	아이들이 선물하는 시와 그 이유
마래	「아름다운 사람」 시집 『이쁘다』(나태주) 중 - 마래에게 네가 좋은 사람이라고 알려 주고 싶고, 마래가 마래답게 잘 행동하고 편하게 살면 좋겠어서 이 시를 선물하고 싶다.
다은	「배추가 배추벌레에게」 시집 『기쁨의 비밀』(이안) 중 - 다은이가 시 속의 배추처럼 친구들에게 더 많이 베푸는 아이가 되었으면 좋겠다는 생각이 들어서 이 시를 골랐다.

4. 우리 반 '시 선물집' 인쇄하기

패들렛에 차곡차곡 쌓아 놓은 시 선물은 [공유] – [PDF 내보내기]를 선택해 PDF 파일로 만들어 인쇄하면 꽤 그럴듯한 우리 반 시 선물집이 됩니다. 멋진 표지까지 하나 만들어서 묶어 놓으면 두고두고 기억에 남는 독후 활동이 될 테니 꼭 한 번 만들어 보세요.

패들렛을 쓸 수 없다면?

1. 시를 고르고 등장인물의 이름과 이 시를 선물하고 싶은 이유를 포스트잇에 적어 붙입니다.
2. 모둠원끼리 시계 방향으로 시집을 바꿉니다.
3. 친구가 고른 시와 포스트잇의 내용을 읽습니다.
4. 친구가 고른 시 외에 선물하고 싶은 시를 찾아서 같은 방법으로 포스트잇을 붙입니다.
5. 수업 시간 동안 모둠 내, 모둠 간 다양한 방법으로 시집을 바꾸며 여러 가지 시 선물을 찾습니다.
6. 포스트잇이 붙은 시집들은 학급 문고에 게시하여 꾸준히 읽습니다.

동화책 활동 3
남들이 모르는 나: 진짜 나 매직북

『리얼 마래』는 '밖으로 드러나는 나'와 '내가 알고 있는 나'의 간극 속에서 진짜 내 모습을 찾아가는 이야기입니다. 마래와 친구들만 그럴까요? 우리 아이들도 '남들이 모르는 나'의 모습을 하나씩은 갖고 살아가고 있을 테지요. 그래서 조심스럽게 꺼내 보자고 했어요. 꼭꼭 숨긴 내 모습 중에 남들에게 하나쯤 꺼내 보여 주고 싶은 '내 숨겨진 모습'을 말이지요. 이 과정에서 아이들은 스스로의 모습을 온전히 받아들이고 나를 사랑하는 방법을 깨닫게 될 거랍니다.

이럴 때, 이 활동!

▸ '나'의 특징을 진지하게 들여다보게 하고 싶을 때
▸ 북 아트를 통해 편하게 자기 생각을 이야기하게 돕고 싶을 때
▸ 진로 교육과 연계한 자존감 수업을 진행할 때

---

1. 책 형태 잡기

활동을 시작하기 전 먼저 매직북을 만들었습니다. 책의 형태를 확정해야 어떤 내용을 채워 넣을지도 구상할 수 있으니까요. 저는 '도서출판 아이북'에서 출시한 '나만의 책: 마음 퍼즐책' 북 아트 키트를 사용했습니다(책의 형태는 교실 상황에 따라서 자율적으로 선택하면 됩니다). 나만의 책 북 아트 시리즈는 다양한 북아

트 형태를 쉽게 만들 수 있어, 오리고 붙이면서 낭비되는 시간을 줄이고 온전히 내용을 채우는 데 큰 도움을 주는 교구입니다. 북 아트에 관심이 많은 선생님이라면 학기 초에 구입해 두면 좋습니다.

• 나만의 책: 마음 퍼즐책 살펴보기

　마음 퍼즐책은 앞뒤로 책을 펼치고 접을 때마다 내용이 계속 변하는 구성을 가진 형태입니다. 이름만큼이나 시시각각 변하는 내 마음을 표현하기에 좋은 구성이지요. 남들 모르게 꼭꼭 숨겨 둔 내 모습 하나를 드러내기에도 적합한 형태라고 생각했습니다. 만드는 것도 매우 간단해서 6학년 아이들 기준으로 10분 내외로 완성할 수 있습니다.

2. 내용 구상하기

　책 형태를 잡고 난 뒤에 어떤 내용을 넣을지 각자 구상해 보도록 했습니다. 나를 드러내는 책이니 내가 좋아하는 것, 내가 싫어하는 것, 요즘 내가 관심을 두고 있는 것 등을 다양하게 집어넣을 수 있게 독려했습니다. 내용 구성은 각자 자율에 맡기되 공통으로 남들에게 보여 주지 않은 내 모습 하나쯤은 넣도록 했습니다. 물론 강요를 하지는 않았습니다. 정말 꼭꼭 숨기고 싶은 내 모습은 끝까지 드러내지 않는 것이 좋을 때도 있으니까요. 다만, 스스로 감당할 수 있는 선에서 공개하고 싶은 내 모습이 있다면 써 달라고 부탁했습니다.

'진짜 나 매직북'에 쓰면 좋은 내용들	
요즘 내가 좋아하는 것	남들이 모르는 내 모습
내가 살아가는 이유	나를 힘들게 하는 것
나를 사랑하는 사람들	외롭고 힘들 때 이겨 내는 방법
내가 관심을 갖고 꾸준히 하는 것	나에게 던지는 응원

3. '진짜 나 매직북' 제작하기

내용을 구상했다면 매직북에 글을 쓰고 그림을 그립니다. 정해진 것은 없으니 자유롭게 표현하도록 지켜봐 주세요. 물론 대충해서는 안 되겠지요. 주어진 수업 시간을 충분히 써야 한다는 것을 강조해 주세요. 내 모습을 드러내는 활동이기 때문에 대부분은 굉장한 집중력을 발휘해서 매직북을 제작합니다. 활동시간에 잡담은 줄이고 집중력은 높이기 위해 분위기를 편하게 만드는 클래식이나 잔잔한 연주 음악을 틀어 주세요.

4. 모두 돌아가며 발표하기

매직북을 모두 만들었다면 작품을 발표합니다. 모둠별로 돌아가며 자신의 작품을 설명합니다. 시간이 된다면 '갤러리 워크' 형식을 사용하면 더욱 좋습니다. 갤러리 워크는 다음과 같은 방식으로 진행합니다.

① 반을 A팀과 B팀으로 나눕니다.
② A팀은 자리에 앉아 자기 작품을 책상에 전시합니다.

③ B팀은 교실을 돌아다니면서 친구들의 작품을 감상합니다.

④ A팀은 도슨트가 되어 감상하는 친구들에게 자기 작품을 소개합니다.

⑤ 제한 시간이 끝나면 역할을 바꿔 다시 한번 진행합니다.

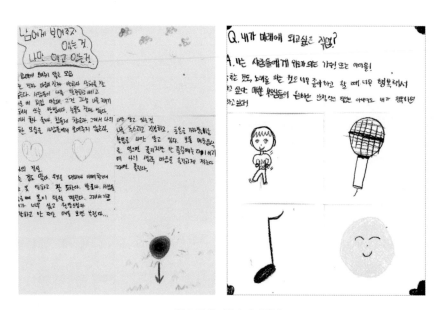

• 나를 드러내는 '진짜 나 매직북'

아이들은 진짜 나 매직북에 이런 내용을 썼습니다.

남에게 보여 주지 않는 나	나만 알고 있는 것
나는 진짜 마음이 약하다. 상처를 잘 받는다. 사람들이 나를 말 잘하고, 세고, 무서운 애처럼 아는데 그건 그냥 나를 지키기 위해서 쓰는 방법이다. 눈물도 진짜 많다. 힘들 땐 혼자 울거나 참는다. 그래서 나의 약한 모습을 사람들에게 보여 주지 않는다.	내 마음을 추스르고, 진정하고, 흥분을 가라앉히는 방법을 나만 알고 있다. 보통 매운 음식을 먹으면 풀리지만 안 풀릴 땐 다이어리에 나의 생각과 마음을 솔직하게 적는다. 그러면 풀린다.

아이들의 매직북을 보면서 마음 한편이 얼마나 찡했는지 모릅니다. 각자의 삶을 치열하게 사는 존재임을 새삼 느끼게 되었거든요. 이 활동을 끝내면서 아이들에게 이렇게 말해 주었습니다.

"나를 가장 잘 아는 사람은 그 누구도 아닌 나예요. 그러니 나 자신을 사랑해 주세요. 그리고 진짜 내 모습을 인정하고 받아들여 주세요. 나의 약하고 부끄러운 점을 부정하지 않고 온전히 받아들이는 그 순간, 여러분은 더 멋진 사람이 될 수 있을 거예요. 우리 모두 같이 노력합시다."

나를 사랑하는 너를 응원해

『떴다, 나방주』
김래연 글, 하니 그림
씨드북

소미가 전학 온 이후부터 방주는 되는 일이 없습니다. 따 놓은 당상이라고 여겼던 학급 회장 자리도 모자라 2학기 전교 부회장 자리까지 소미에게 빼앗기면서 체면을 구겼기 때문이지요. 하지만 6학년이 된 방주는 여기서 굴하지 않습니다. 자존심을 걸고 '전교 회장 선거'의 후보로 나가겠다고 선언한 것이지요. 주변 친구들은 맨날 떨어지는데 왜 자꾸 나가냐고 합니다. 그런데 소미가 아이들에게 외칩니다. "기회는 누구에게나 공평한 거야. 시작하기 전에 괜한 걱정부터 할 필요가 있을까?" 조용해진 아이들 틈에서 미소를 띤 소미는 방주에게 손을 내밉니다. 방주 역시 내키진 않지만 악수를 하지요. 그 순간, 귓가에 작게 들리는 소미의 한마디! "어차피 또 지겠지만."

선전 포고와도 같은 이 말과 함께 둘의 대결은 눈을 뗄 수 없을 만큼 치열하게 전개됩니다. 특히 소문난 '킹 메이커' 소공자가 방주 편에 서면서 선거 결과를 예상할 수 없게 되지요. 과연 방주는 소미를 이기고 전교 회장이 될 수 있을까요? 결말이 궁금하다면 『떴다, 나방주』를 펼쳐 보세요.

등장인물과 마음 닿기: 만약 나라면

『떴다, 나방주』가 아이들의 시선을 확 사로잡는 순간은 소미가 방주에게 "어차피 또 지겠지만."이라고 선전 포고를 하는 부분입니다. 소미의 말을 듣자마자 "아, 열받아!", "뭐라고 한마디 쏘아붙여 줘야 하는데!" 하고 방주만큼이나 분노하는 아이들의 표정은 꽤 진지합니다. 이때부터 아이들은 방주와 일심동체가 되어 같이 화내고, 웃고, 고민합니다. 지금 소개하는 활동처럼 말이지요. 이 활동은 내 마음과 등장인물의 마음을 연결하여 나라면 과연 어떻게 했을지 생각해 보는 활동입니다. 독서가 주는 간접 경험으로 아이들은 몸도, 마음도 한 뼘 더 자랄 것입니다.

이럴 때, 이 활동!

- ▸ 등장인물이 처한 상황을 깊이 이해하게 하고 싶을 때
- ▸ 등장인물의 말과 행동을 비판적으로 바라보게 하고 싶을 때
- ▸ 작품에 대한 생각을 정확히 말하는 연습을 시킬 때

1. 만약 나라면 어떻게 말했을까?

책에는 예상치 못한 소미의 일격에 할 말을 제대로 못 하고 나중에 분해하는 방주의 모습이 많이 등장합니다. 아이들은 이때마다 "제가 한마디 해 주고 싶어

요!" 아우성치었지요. 이럴 때 곧바로 '만약 나라면' 활동을 했습니다. 먼저 지금 내가 방주라면 소미에게 어떻게 말하고 싶은지 생각하고 써 보라고 했지요. 모두 썼다면 '번개 발표' 방식으로 모든 아이가 돌아가면서 자기가 쓴 말을 큰 소리로 이야기하게 했습니다. 앞에 소미가 있다고 생각하며 말하라고 하자 아이들은 자기 마음을 다음과 같이 마음껏 쏟아 냈습니다.

> ▸ 응, 이번엔 내가 이겨. 잘 봐. 내가 압승하는 걸 보여 줄 테니까.
> ▸ 두고 봐. 이번에는 절대로 너한테 지지 않을 거야. 고소미, 너의 가면을 벗겨 주겠어.
> ▸ 너 내가 두렵구나? 그런데 어떡하니? 난 널 경쟁자로 생각하지 않거든.
> ▸ 어차피 또 진다고? 승부는 해 봐야 알지. 거만하게 단정 짓지 마. 난 이길 거거든.
> ▸ 너의 실체를 낱낱이 밝혀 줄게. 이제부터 시작이야. 알지?

그날 오후, 하교 전 마음 일기에서 한 친구가 "하고 싶은 말을 다 해서 속이 다 시원하다."라고 썼더라고요. 이렇듯 아이들은 등장인물의 입을 빌려 하고 싶은 말을 하면서 마음속 스트레스까지 풀어냅니다. 작품과 내 삶을 연결하는 동시에 등장인물을 애정 어린 눈빛으로 바라보게 하는 데 이만큼 간단하고 좋은 활동이 또 없답니다.

2. 만약 나라면 어떻게 판단했을까?

소공자는 방주에게 '킹이 되기 위한 시무 7조'를 가르쳐 주면서 모두에게 친절하고 배려심 있는 모습을 보여 주라고 강조합니다. 이 때문에 방주는 욱하는 원래 성격을 죽이고 평소 하지도 않던 행동을 하며 좋은 이미지를 만들려고 노력하게 됩니다. 소미 역시 가만히 있을 순 없지요. 소미는 등교 시간에 친구들의 가방을 들어 주는 이벤트를 기획합니다. 하지만 공정해 선생님은 이런 소미의 이벤트에 제동을 겁니다. '이 같은 선심성 이벤트는 선거의 원칙에 맞지 않는다.'라고 일침을 놓으면서 말이지요.

이 부분을 읽으면서 아이들은 고민합니다. 방주 역시 자기 모습을 숨기고 배려 있는 척을 했으니 소미처럼 혼나야 하는 것이 아닐까 하고요. 그래서 아이들에게 물어봤습니다. 여러분이 공정해 선생님이라면 방주와 소미의 친절을 같은 것으로 바라볼 것인지, 다른 것으로 바라볼 것인지 말이지요. 아이들의 의견은 거의 반반으로 갈렸습니다.

방주와 소미의 친절은 같은 것이다.	방주와 소미의 친절은 다른 것이다.
방주의 친절과 소미의 친절은 기본적으로 같은 것이라고 생각한다. 결국은 내 모습이 아닌 남들에게 보여 주는 모습에 더 신경을 쓴 것이기 때문이다. 다른 것이 있다면 방주는 소미만큼 티 나게 행동하지 않은 것뿐이다. 소미가 혼난 것처럼 방주도 혼나야 하는 부분이 있다.	방주의 친절과 소미의 친절은 다르다고 생각한다. 방주는 전교 회장이 되고 싶은 순수한 마음이 더 크기 때문에 그렇게 행동한 것이다. 하지만 소미는 방주를 이겨야 한다는 생각에 사로잡혀 아이들의 환심만 사기 위한 행동을 했다. 그렇기 때문에 방주는 혼날 이유가 없다.

의견이 첨예하게 갈린 김에 '주먹보 의견 나눔'으로 그렇게 생각한 이유를 나눠 보게 했습니다. '주먹보 의견 나눔'은 다음과 같이 진행합니다.

① 소미와 방주의 친절이 같다고 생각하는 사람은 주먹을, 다르다고 생각하는 사람은 보자기를 하게 한 뒤 각 팀이 몇 명인지 확인합니다.
② 손 모양을 유지한 채 교실을 돌아다니며 다른 생각을 갖고 있는 친구와 만납니다.
③ 왜 그렇게 생각하는지 의견을 나누며 상대를 설득합니다.

④ 친구와 대화하고 난 뒤에 의견이 바뀌었다면 손 모양을 바꿉니다.

⑤ 바뀌지 않았다면 손 모양을 유지하고 다른 팀을 만나러 갑니다.

⑥ 위와 같은 방법으로 제한 시간 동안 반복합니다.

⑦ 다시 각 팀의 인원을 확인하고 처음과 얼마나 달라졌는지 확인합니다.

'주먹보 의견 나눔'은 부담 없이 의견을 교환하며 상대를 설득하는 재미가 있는 활동입니다. 생각이 바뀐 친구가 있다면 왜 생각이 바뀌었는지도 함께 확인하면 좋습니다. 물론 이 시간에 무엇이 옳고, 무엇이 그른지 명확히 결정하지 않아도 됩니다. 생각을 교환하는 과정에서 아이들은 등장인물의 행동을 비판적으로 바라보는 힘을 기르고, 옳고 그른 부분을 스스로 판단할 수 있으니까요.

3. 만약 나라면 어떻게 행동했을까?

대망의 전교 회장 선거일, 투표소에 들어간 방주는 고민합니다. '나'를 찍을 것인지, '소미'를 찍을 것인지 말이지요. 방주는 나를 찍는 게 선거의 원칙에 어긋난다고 생각하거든요. 이에 대해 아이들의 생각을 물었습니다. 이번엔 아이들 모두 너나 할 것 없이 한목소리로 "당연히 나를 찍어야지요!" 하고 소리쳤습니다. 그래야 하는 이유도 명확했습니다.

> ‣ 나를 내가 안 찍으면 누가 나를 찍어 줄까? 이건 당연한 일이다.
> ‣ 선거의 원칙 중 나를 찍으면 안 된다는 원칙은 없다.
> ‣ 방주의 고민을 이해할 수 없다. 무조건 나를 찍어서 한 표를 더해야 한다.
> ‣ 치열한 선거에서 상대에게 표를 주어선 안 된다. 나를 찍는 건 생각할 필요도 없다.

이처럼 '만약 나라면' 활동은 끊임없이 등장인물의 상황과 내 생각을 연결하면서 책을 깊이 들여다보는 데 큰 도움을 줍니다. 또한 친구들의 생각과 내 생각을 비교하며 책에 더욱 재미를 붙이는 데도 효과적입니다. 별다른 준비물 없이 언제든 적용할 수 있는 활동이니 아이들과 함께 읽고 쓰고 듣고 말하는 재미에 푹 빠져 보길 바랍니다.

등장인물의 일상 돌보기: 다이어리 꾸미기

고학년 여학생들 사이에서 '다꾸(다이어리 꾸미기)' 열풍이 분 적이 있습니다. 이 책의 주인공인 방주와 소미도 6학년이니 충분히 다꾸를 할 것 같다는 생각을 했지요. 두 친구가 치열하게 맞붙은 선거 기간에 두 친구의 다이어리는 어떤 일정들로 빽빽하게 채워질지 궁금했어요. 그렇게 고안한 활동이 바로 '다이어리 꾸미기' 활동입니다. 내가 등장인물이 되어 등장인물의 일상을 자세히 들여다보는 재미가 있는 활동이랍니다.

이럴 때, 이 활동!

▸ 등장인물의 일상을 깊이 들여다보게 하고 싶을 때
▸ 책 속 사건을 순서대로 정리하도록 할 때
▸ 일정과 시간 관리 방법을 가르칠 때

1. 인물 뽑기&다이어리 일정 상상하기

활동을 시작하기 전, 아이들은 각자 제비뽑기로 방주와 소미 중 한 명을 뽑습니다. 그리고서 자신이 뽑은 인물의 다이어리 일정을 상상해서 어떤 내용을 집어넣을 것인지 구상하도록 합니다.

여기서 주목해야 하는 점이 있습니다. 방주와 소미가 보통 초등학생이 아닌,

아주 치열한 경쟁 구도에 놓인 전교 회장 후보라는 사실입니다. 선거에 나선 후보의 일정은 매우 **빡빡한** 법이지요. 공식 선거 운동 외에 개인적인 일까지 챙겨야 하니 말입니다. 아마 방주와 소미도 그러했을 겁니다. 이 부분을 다이어리에 잘 담는 것이 중요합니다. 그래야 등장인물의 다이어리가 더 현실감 넘치게 될 테니까요.

2. 다이어리 꾸미기

어느 정도 일정을 구상했다면 이제 다이어리에 표현할 차례입니다. 아이들에게 다이어리 활동지를 나눠 주었습니다. 때는 당연히 두 친구의 치열한 선거전이 펼쳐진 3월입니다. 특히 3월은 새 학년을 시작하는 달이기 때문에 회장 선거 운동뿐 아니라 굵직굵직한 학교와 학급 행사들이 많아 다이어리를 풍성하게 채우기 좋은 달이기도 합니다.

아이들은 자신이 구상한 대로 방주와 소미의 일정을 채워 넣었습니다. 그리고 각자의 방식대로 열심히 다이어리를 꾸몄지요.

이 활동을 계획하고 있다면 아이들에게 미리 자신만의 개성을 표현할 수 있는 다꾸 도구들을 가져오라고 해 보세요. 정말 다양한 도구들을 가져옵니다. 혹시 못 가져온 아이가 있다면 가져온 친구들에게 양해를 구한 뒤 같이 쓰게 하거나 선생님이 준비해 둔 스티커, 도장 등을 활용하게 합니다.

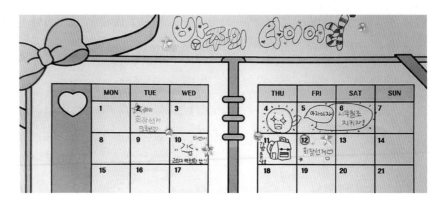

• 등장인물의 일정을 상상해서 꾸민 다이어리

3. 스티커 갤러리 워크로 다이어리 구경하기

　　모두 완성했다면 이제 친구들의 작품을 감상할 시간입니다. 먼저 작품 전시 준비를 합니다. 책상을 깨끗하게 치운 뒤, 완성된 다이어리만 책상에 남겨 놓습니다. 그리고 포스트잇을 한 장씩 받아 다이어리 옆에 붙여 둡니다. 준비가 다 된 사람은 선생님에게 스티커를 10장씩 받아 갑니다. (스티커 개수는 학급 인원에 맞춰 조정해 주세요.)

　　모든 친구가 스티커를 받아 가면 작품 감상을 시작합니다. 교실을 돌아다니면서 친구들의 다이어리를 살펴봅니다. 그중에서 내용과 꾸미기가 뛰어난 작품의 포스트잇에 스티커를 붙여 줍니다. 이때 처음부터 스티커를 막 붙이는 것이 아니라 웬만한 친구들의 작품을 충분히 살펴본 다음 스티커를 붙일 수 있도록 활동 전에 확실히 안내해 줄 필요가 있습니다. 스티커를 하나도 못 받는 친구들이 생길까 걱정된다면 '같은 모둠 친구들끼리는 반드시 하나씩은 붙여 줘야 한다'는 원칙을 제시해도 좋습니다. 선생님도 사이사이 살펴며 스티커가 적은 친구들에게 슬쩍 하나씩 붙이는 센스를 발휘해도 좋겠지요.

이렇게 친구들의 작품을 감상하고 스티커를 붙였다면 가장 스티커를 많이 받은 친구의 다이어리를 다 함께 확인하는 시간을 갖습니다. 스티커를 많이 받았다는 것은 대다수의 인정을 받은 것이란 의미이므로 우수 작품으로서 충분한 모델링 역할을 할 수 있습니다. 물론 스티커를 적게 받았다고 가치가 없는 것은 아니기에 마지막에는 열심히 한 모두를 격려하고 칭찬하는 것으로 활동을 마무리해 주세요.

마음을 얻는다는 것: 킹이 되기 위한 시무 7조 만들기

방주가 소미의 강력한 라이벌로 떠오른 이유는 방주 곁에 '전교 회장 킹 메이커' 소공자가 있었기 때문입니다. 소공자는 방주에게 '킹이 되기 위한 시무 7조'를 가르쳐 주며 이대로만 따른다면 반드시 전교 회장이 될 수 있다고 확언하지요. 늘 웃는 표정으로 상대방을 대하라, 궂은 일은 먼저 나서서 행하라, 학생들의 요구를 반영하여 공약을 정하라 등이 바로 소공자의 시무 7조에 담긴 주요 내용이었습니다. 이외에 또 어떤 내용이 시무 7조에 들어가면 좋을까요? 아이들에게 지금까지의 학교생활을 토대로 나만의 생각이 담긴 '킹이 되기 위한 시무 7조'를 만들어 보도록 했습니다.

이럴 때, 이 활동!

- ‣ 학급 임원 선거, 전교 학생회장 선거 등을 할 때
- ‣ 훌륭한 리더의 조건을 찾게 할 때
- ‣ 학년(학기) 초 학급 세우기를 할 때

---

1. 임원이 갖춰야 하는 덕목 찾기

킹이 되기 위한 시무 7조를 만들기 위한 기초 작업으로 먼저 임원이 갖춰야 하는 덕목부터 찾아봅니다. 학토재에서 출시한 '씨앗 덕목 자석'을 모두가 볼 수

있게 칠판에 붙여 두고, 임원에게 꼭 필요한 덕목들을 다음과 같은 방법으로 추
려 냅니다.

① 모둠별로 포스트잇을 4장씩 나눠 줍니다.

② 모둠원끼리 씨앗 덕목 자석을 참고해 임원에게 필요한 덕목이 무엇인지 의논합니다.

③ 의논이 끝나면 모둠이 결정한 4가지 덕목을 각 포스트잇에 하나씩 씁니다.

④ 1모둠부터 돌아가며 친구들에게 우리 모둠이 고른 덕목과 그 이유를 발표합니다.

⑤ 모든 모둠이 덕목을 발표하면 가장 많이 뽑힌 덕목이 무엇인지 함께 확인합니다.

아이들이 고른 임원의 덕목들은 다음과 같았습니다.

• 씨앗 덕목 자석으로 만든 '임원의 덕목'

덕목	덕목을 고른 이유
배려	친구들을 잘 살피고, 어려운 친구들을 도와야 해서
협동	반에서 같이 힘 합칠 일이 많은데 그때마다 아이들의 협력을 이끌어야 하니까
경청	어려운 친구들의 이야기를 들어주고 도와야 하는 역할이니까
성실	자기 할 일에 최선을 다하면서 친구들에게 모범을 보여야 해서
책임	임원으로서 책임지는 행동을 해야 하고, 공약도 잘 지켜야 하니까

2. 나만의 시무 7조 만들기

이렇게 친구들과 함께 뽑은 임원의 덕목을 바탕으로 각자 나만의 '킹이 되기 위한 시무 7조'를 만들어 봅니다. 각자의 덕목이 구체적인 행동으로 잘 드러날 수 있도록 표현하고, 이 행동을 어떻게 할 것인지도 최대한 구체적으로 기술합니다. 이때 소공자의 시무 7조 내용과 구성을 충분히 참고하면 좋습니다.

3. 카드 뉴스 만들기

마지막으로 앞에서 작성한 활동지 내용을 보기 좋게 카드 뉴스로 만들어 봅니다. 각자 미리캔버스를 활용하여 카드 뉴스를 디자인하게 했지요. 고학년 기준으로 2차시 정도면 상당히 수준 높은 카드 뉴스가 탄생합니다. 물론 그 전에 미리캔버스의 기본 기능을 몇 번 연습해 놓는 과정은 필요합니다. 아이들이 만든 카드 뉴스는 패들렛을 활용해 온라인 전시관을 열거나 종이 인쇄를 한 뒤 교실에 게시해 둡니다. 이렇게 카드 뉴스로 시무 7조를 시각화해 놓으면 우리 반 임원이 갖춰야 하는 조건으로 교실에 자리매김하게 된답니다.

1조. 어려운 친구들을 도와라.

힘든 일을 하고 있거나, 도움이 필요한 친구들에게 먼저 다가가서 아무 말 없이 돕는다. 대가를 바라지 말 것!

2조. 모두와 친하게 지내라.

절대 내 의견을 먼저 내세우지 말고, 모두와 협력해 친하게 지내는 게 중요하다. 그래야 믿음직하니까!

3조. 할 말을 할 땐 확실하게!

자신감 있는 모습을 꼭 보여 주는 것이 중요하다. 할 말을 해야 할 때는 용기 있게, 크게, 확실하게!! 그래야 친구들도 리더십이 있다고 생각한다.

4조. 절대 지각하지 마라.

시간 약속은 가장 중요한 약속이다. 절대 지각하면 안 된다. 약속을 잘 지키면 공약도 잘 지킬 것 같다.

5조. 선생님을 존경해라.

그래야 학교가 평화롭다. 반항하면 안 된다.

6조. 가끔 간식을 사 쥐라.

뇌물이 아니다. 우정의 표시일 뿐.

7조. 진심으로 기도해라.

• '킹이 되기 위한 시무 7조' 카드 뉴스

미리캔버스 활용이 어렵다면?

저학년이거나 교실 상황에 따라 미리캔버스로 카드 뉴스 만들기를 하기 어렵다면 책날개 큐알코드에 있는 활동지를 활용해 보세요.

미술 시간과 연계해 색연필과 사인펜만 활용해서 그려도 멋진 작품을 얻을 수 있습니다. 학습자 수준에 따라 중요한 1~2개 조항만 표현해도 괜찮습니다.

누군가의 삶을 대신 살 수 있다면

『일기 고쳐 주는 아이』
박선화 글, 김완진 그림
잇츠북어린이

현재는 친구들의 일기를 고쳐 주고 돈을 받는 아르바이트를 합니다. 생활고에 시달리는 부모님에게 단체복을 사 달라는 말을 하지 못해 아르바이트에 열을 올리지요. 그 과정에서 만난 고객이 바로 책의 또 다른 주인공, 준모입니다. 준모는 주말마다 해외를 다녀올 정도로 부유한 삶을 살고 있지요. 현재는 준모를 바라보며 상대적 박탈감을 느낍니다.

그러던 어느 날, 놀라운 일이 벌어집니다. 수상한 아저씨에게 단돈 300원을 주고 산 빨간 일기장 때문이었지요. 준모의 일기를 대신 쓰기 위해 빨간 일기장을 펼친 순간, 다음과 같은 글이 눈앞에 펼쳐집니다. "문으로 들어가면 이 일기장의 주인과 당신의 삶의 바뀝니다. (……) 현재의 삶과 일기장 주인의 삶. 선택은 당신의 몫입니다."

현재는 준모와 자신의 삶을 바꾸기로 합니다. 가난을 벗어나 새로운 삶을 선택한 것입니다. '나'를 버리고 내가 부러워했던 '누군가'의 삶을 대신 살기로 한 현재의 선택은 과연 어떤 결과를 가져올까요? 자신의 꿈과 희망을 간절히 찾아가는 두 소년의 가슴 뭉클한 성장기를 만나 보세요.

나를 들여다봐요: 씽킹맵 만들기

『일기 고쳐 주는 아이』는 도덕 교과에서 '자주적인 삶'을 공부할 때 아이들과 함께 읽은 책입니다. 나를 버리고 다른 이의 삶을 선택한 현재의 모습을 통해 자주적인 삶에 대해 깊이 들여다봤지요. 그렇다면 자주적인 삶의 시작은 무엇일까요? 자신을 소중히 여기는 마음을 갖고 나를 정확히 파악하는 것으로부터 시작하는 것이 아닐까요? '씽킹맵 만들기'는 아이들이 자신을 들여다보고 스스로를 체계적으로 정리하는 데 도움을 주어 자주적인 삶의 뿌리를 굳건히 내릴 수 있도록 돕는 활동입니다. 다양한 교과와 주제에서 유용하게 활용하면 좋겠습니다.

이럴 때, 이 활동!

- ▸ 어떤 주제의 내용들을 체계적으로 정리하게 하고 싶을 때
- ▸ 여러 가지 생각을 시각적으로 도표화하도록 할 때
- ▸ 사건의 순서 또는 원인과 결과를 정리하도록 할 때

---

1. 씽킹맵 ❶ : '나 써클맵' 만들기

가장 먼저 아이들과 함께 만들어 본 씽킹맵은 바로 써클맵입니다. 써클맵은 이름 그대로 가운데의 작은 원과 작은 원을 둘러싼 바깥의 큰 원, 이렇게 두 개

의 원으로 이루어져 있는 형태의 씽킹맵입니다. 우선 가운데의 작은 원에는 자신을 상징하는 캐릭터를 그리거나 자기 이름을 적게 합니다. 그다음 바깥쪽 원에는 '나'에 관한 모든 정보를 브레인스토밍 해서 자유롭게 적습니다. 나이, 키, 혈액형부터 나의 특기, 관심사까지 그 어떤 것도 괜찮습니다. 다만 주의할 점은 너무 긴 문장으로 적지 않아야 한다는 것입니다. 최대한 단순한 문장 또는 간단한 단어로 표현할 수 있도록 독려해 주세요.

• 브레인스토밍을 해서 만든 나 써클맵

나 써클맵을 작성하라고 하면 아이들이 "선생님, 쓸 게 없어요." 하고 투정을 부리기도 합니다. 한동안 종이만 가만히 바라보는 친구들도 있지요. 하지만 충분히 시간을 주면 조금씩 채워 나갑니다. 아주 단순한 정보부터 시작해 나의 취향과 생각들이 꼬리에 꼬리를 물고 이어지게 되거든요. 처음과 달리 풍성해진 써클맵을 보면서 하나같이 수줍게 고백합니다. "선생님, 쓰다 보니까 은근히 쓸게 많았어요."

나 써클맵을 모두 완성한 뒤에는 그중에서 나를 잘 드러내는 단어나 문장을 색깔 펜으로 선택합니다. 그리고 이것들을 합쳐 나를 상징하는 긍정 문장을 만듭니다. 예를 들어 축구, 애니 덕후, 민초를 선택한 친구라면 "나 ○○○은 축구를 사랑하고, 애니메이션을 즐겨 보며, 민트 초코를 맛있게 먹는 여유 넘치는 사람입니다."로 표현할 수 있습니다. 문장을 다 만든 뒤에는 한 사람씩 일어나서 큰 소리로 발표합니다. 내가 정의한 나를 다른 사람들에게 자신 있게 드러내는 과정에서 아이들은 나 자신을 존중하고 사랑하는 법을 배우게 될 것입니다. 활동을 끝마치고 "내가 나의 주인이고, 항상 아끼며 지켜야 하니까 나에 대해 잘 알아야 한다."라던 아이의 소감처럼 말이지요.

2. 씽킹맵 ❷ : '나 트리맵' 만들기

『일기 고쳐 주는 아이』속 준모는 골프를 좋아하지도 않고 재능도 없지만, 아버지에게 골프 선수의 삶을 강요받는 아이입니다. 골프 코치가 "자기가 좋아해야 하는 일을 해야 잘되는 것."이라고 넌지시 진로 변경을 권유하기까지 하지만 준모 아버지는 들은 척도 하지 않습니다. 이 부분까지 읽고 난 뒤, 아이들에게 골프 코치의 말에 어느 정도 동의하는지 의견을 물어보았습니다.

> ▸ 좋아하는 일에는 관심도 커지고 노력도 많이 할 것이기 때문에 골프 코치의 말에 동의한다.
> ▸ 자기가 하고 싶은 일을 해야 오래 할 수 있고, 더 잘될 수 있다.
> ▸ 하기 싫은 일이어도 오래 하다 보면 실력이 늘 수는 있을 것이다. 하지만 할 때마다 지루하고 억지로 하면 행복하지 않다. 자기가 좋아하는 것을 찾아서 행복하게 살 방법을 찾는 것이 좋을 것 같다.

아이들 대부분은 내가 진정으로 좋아하는 것을 해야 잘될 수도 있고 행복해질 수 있다고 생각했습니다. 이를 토대로 우리는 자주적인 삶의 시작은 자신이 좋아하는 것을 정확히 파악하고 실천하는 것이라는 결론을 얻게 되었습니다. 그래서 아이들과도 내가 좋아하면서 오래 하고 싶은 일이 무엇인지를 찾고, 이 일을 위해 내가 가지고 있는 강점과 약점을 정리해 보는 시간을 가졌습니다. 이때 함께 만든 것이 바로 나 트리맵입니다. 한 가지 대주제를 하위 주제로 나눈 뒤, 일정한 기준에 맞춰 하위 주제의 내용을 채워 나가는 것입니다. 자신의 강점과 약점을 시각화하여 체계적으로 정리하기에 가장 적합한 씽킹맵 형식이지요.

• 자신을 알아가도록 돕는 나 트리맵

이렇게 나 트리맵을 만들고 난 뒤에는 반드시 장점을 강화하고 약점을 보완하기 위한 방법을 마련합니다. 아주 세세한 실천 계획을 세우는 것도 좋지만 장기적인 관점에서 어떤 노력을 할 것인지 큰 틀에서 다짐하는 정도만 해도 괜찮습니다. 다만, 이 다짐들을 구체적으로 표현하는 것이 좋습니다. 예를 들어 내가 하고 싶은 일이 '노래와 춤'이고 나의 장점이 '노래를 잘 부르고 춤을 잘 춘다.', 약점이 '끈기가 부족하고 감정 기복이 심하다.'라면 나의 다짐은 '매주 3회 이상 노래와 춤 연습을 꾸준히 하고, 자기 전에 항상 명상하면서 감정 조절을 연습한다.'라고 씁니다. 이렇게 정한 다짐은 미술 교과와 연계해서 표어처럼 만들어 각자 방에 달아 놓고 매일 아침저녁 큰 소리로 읽도록 독려합니다. 내가 만든 다짐을 버리지 않고 일상에 계속 녹여 나가는 것! 그 과정에서 아이들은 행복하고 자주적인 삶을 살기 위한 첫걸음을 힘차게 내디딜 수 있을 겁니다.

진짜 하고 싶은 것: 이미지 버킷리스트 만들기

씽킹맵 활동으로 나에 대해 자세히 알아봤으니 자주적인 삶을 위해 스스로 어떤 일을 성취할 것인지 고민하는 시간도 필요하겠지요. 앞서 소개한 나 트리맵이 장기적으로 달성할 목표를 찾는 활동이었다면, 지금 소개하는 이미지 버킷리스트 활동은 1년 안에 달성할 수 있는 단기 목표를 세우고 시각적으로 구체화하는 활동입니다. 실현 가능한 목표를 성취하기 위해 열심히 노력하는 과정에서 아이들은 자주적인 삶에 한 발자국 다가가게 됩니다. 좌충우돌 고난과 역경에 부딪히고 극복하면서 비로소 자신의 삶을 긍정하게 된 『일기 고쳐 주는 아이』 속 현재처럼 말이지요.

이럴 때, 이 활동!

- ▸ 학년 초, 한 해의 목표를 명확히 세우게 할 때
- ▸ 자신의 목표를 위해 노력하는 주인공이 등장하는 책을 아이들과 함께 읽었을 때
- ▸ 자신의 목표를 이미지로 구체화하도록 할 때

---

1. 1년 목표 정하기

버킷리스트에 있어서 가장 중요한 것은 실현 가능한 목표를 세우는 것입니다. 기간은 딱 1년으로 하고, 1년 동안 성취할 수 있는 4~5가지 목표를 세우게

합니다. 아주 소소한 것도 괜찮습니다. 꾸준히 할 수 있고 반드시 성취하고 싶은 일이면 어떤 것이든 좋다고 미리 이야기해 주세요. 단, 온종일 게임하기, 매일 드러누워 있기처럼 의미 없는 일을 나열하지 않도록 주의합니다. 버킷리스트 속 목표들은 내 인생에 어떤 식으로든 '가치 있는 일'이어야 한다는 점을 정확히 안내해 주세요.

2. 이미지로 표현하기

1년 목표를 정했다면 그 목표를 이미지로 표현합니다. 아이들이 직접 그림을 그리는 것도 좋지만 시중에 나와 있는 이미지 카드를 활용해도 좋습니다. 이미지 카드를 활용할 경우 그림 그리기에 들이는 부수적인 시간을 줄이고 목표 세우기에 더욱 집중할 수 있습니다. 저는 '도란도란 스토리텔링 스티커'를 활용했습니다. 도란도란 스토리텔링 스티커는 '도란도란 스토리텔링 카드'를 스티커로 만든 교구인데, 100장에 5,000원 정도로 저렴하게 살 수 있습니다. 여러 교과와 활동에 두루 적용할 수 있으므로 학년 초에 구매해 놓는 것을 추천합니다.

3. 버킷리스트 북 만들기

자기 목표에 어울리는 이미지를 고른 뒤에는 목표와 이미지를 한데 모아 나만의 버킷리스트 북을 만듭니다. A4 색지를 활용해 소책자를 만들거나 '도란도란 스토리북'을 사용하면 좋습니다. 도란도란 스토리북 역시 학생 수에 맞춰 준비해 두면 필요할 때 편하게 사용할 수 있습니다. 버킷리스트 북을 만드는 방법은 간단합니다. 한 면당 목표와 관련된 이미지를 그리거나 붙이고, 그 밑에 자신의 목표를 구체적으로 정리하면 됩니다.

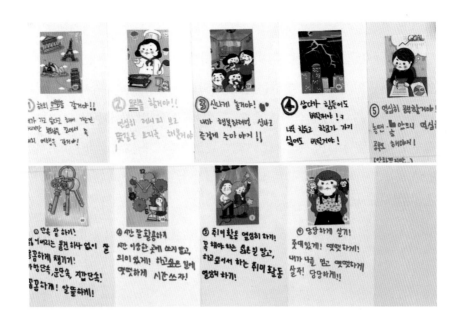

• 도란도란 스티커와 스토리북으로 만든 '이미지 버킷리스트'

이렇게 만든 버킷리스트는 교실에 게시하고 매일 확인할 수 있게 합니다. 목표를 달성한 사람은 선생님에게 스티커를 받아서 해당 목표 아래에 붙이게 해도 좋아요. 친구들의 버킷리스트 북에 스티커가 붙는 것을 보면서 '나도 더 열심히 해야겠다'라고 마음먹는 아이들이 많아져 목표 달성에 속도가 나게 됩니다. 그렇게 1년을 보내고 난 뒤에는 꼭 이렇게 이야기해 주세요.

"벌써 1년을 마무리하는 순간이 왔네요. 어제 여러분이 하교하고 난 뒤에, 예전에 여러분이 만든 버킷리스트 북을 다시 한번 살펴보았어요. 목표한 모든 것을 이룬 친구도 있었고, 절반 정도 이룬 친구도 있는 것 같아요. 무엇이 되었든 선생님은 여러분이 자랑스럽습니다. 자신이 세운 목표를 달성하기 위해 열심히 노력했을 테니까요. 그 마음을 잊지 않고 앞으로도 자신의 삶을 의미 있게 만들어 가는 멋진 친구들이 되기를 바랍니다. 선생님도 앞으로 쭉 여러분을 마음 다해 응원할게요."

모든 것을 가질 순 없어

『곧 재능 교환이
시작됩니다』
임근희 글, 메 그림
책읽는곰

다른 사람의 능력을 부러워한 적이 한 번쯤 있을 겁니다. 하지만 우리는 각자 잘하는 것을 하나쯤은 갖고 살아갑니다. 이 책의 주인공 예나는 수학 실력은 형편없지만 줄넘기는 잘합니다. 하지만 예나는 자신이 마음에 들지 않습니다. 수학 시험을 망칠 때마다 혼나는 것도 싫고, 짝사랑하는 정후에게 수학 점수를 들키는 것도 싫거든요.

또 수학 시험을 망친 어느 날, 예나는 우연히 '재능 교환 센터'라는 간판이 달린 가게에 발을 들이게 됩니다. 그곳에서 아주 놀라운 제안을 받지요. 바로 자신이 갖고 싶은 재능을 받을 수 있다는 것! 물론 공짜는 아닙니다. 원하는 재능을 얻는 대신에 내가 가진 재능 중 하나를 반납해야 하니까요. 예나는 속는 셈 치고 자신의 줄넘기 재능과 수학 재능을 교환합니다. 그리고 이틀 뒤 다시 본 수학 시험에서 전에 없이 높은 성적을 거둡니다. 정말로 재능이 교환된 것입니다. 예나는 더 이상 다른 사람들을 부러워하지 않고 행복하게 살 수 있을까요? 나라면 과연 어떻게 했을까 고민하면서 이 책을 읽어 보세요.

서로의 재능을 살펴요: 재능 교환 쇼핑몰

『곧 재능 교환이 시작됩니다』를 보면 정말 다양한 재능이 나옵니다. 예나가 꼭 갖고 싶어 했던 수학 재능뿐 아니라 줄넘기 재능, 골고루 먹기 재능, 독서 재능, 인사 잘하기 재능, 발표 재능, 비밀 잘 지키기 재능까지 우리에게 참 수많은 재능이 있다는 생각이 듭니다. 그런데 아이들에게 재능을 물어보면 "저는 재능이 없는데요." 하는 맥 빠진 대답만 들려오기 일쑤지요. 재능 교환 쇼핑몰은 바로 이런 친구들을 위해 고안한 활동입니다.

자신이 가진 재능을 찾고 친구들과 즐겁게 교환하는 활동을 통해 다채롭게 빛나는 재능을 발견하고, 서로의 재능에 박수를 보내는 신나고 재미있는 시간을 가져 보세요.

이럴 때, 이 활동!

▸ 실과 및 진로 시간에 아이들이 각자의 재능을 찾고 발표해야 할 때
▸ 학년 초, 부담 없이 자기소개하는 시간을 만들고 싶을 때
▸ 서로의 재능을 칭찬하고 응원하는 분위기를 만들고 싶을 때

1. 나의 재능 브레인스토밍

"전 잘하는 것도 없고, 재능도 없어요."라고 말하는 아이들에게 용기를 불어

넣어 주기 위해 활동을 시작하기 전, 내가 잘하는 것이 무엇인지 충분하게 브레인스토밍 하는 시간을 갖습니다. 눈에 확 띄지 않아도 의미 있는 재능이 있다고 말해 주세요. 이를테면 인사 잘하기나 골고루 먹기, 책상 깨끗하게 쓰기, 옷장 정리하기 같은 재능들을 찾아보게 하는 것이지요. 각각 따로따로 찾아보기 전에 전체적으로 다 같이 이야기를 나눠도 좋습니다. 생각나는 재능들을 자유롭게 말하라고 한 뒤, 선생님이 쭉 칠판에 정리해 주세요. 그러면 아이들은 그중에서 자신이 가진 재능을 쉽게 찾을 수 있습니다.

2. 재능 교환판 만들기

재능을 충분히 찾아보았다면 아이들에게 각자 포스트잇 6장과 B4 용지 1장씩을 나눠 줍니다. 먼저 포스트잇 오른쪽 귀퉁이에 자기 이름을 씁니다. 이름을 모두 썼다면 포스트잇 1장당 내가 가진 재능을 하나씩 쓰고 자신이 생각하는 재능 점수를 함께 기재합니다. 예를 들어, '인사 잘하기'가 내 재능이고 나는 인사를 큰 소리로 잘 한다고 생각하면 '인사 잘하기' 옆에 95점이라고 쓰면 되겠지요.

이런 식으로 6장의 포스트잇을 완성한 뒤에 처음에 나눠 준 B4 용지에 잘 붙입니다. 마지막으로 색연필과 사인펜을 사용해서 간단하게 B4 용지를 꾸며서 나만의 개성이 드러나는 재능 교환판을 완성합니다.

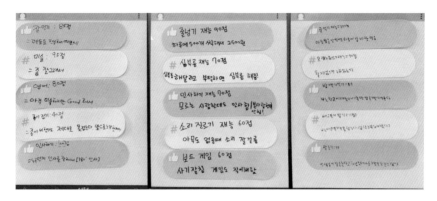

• 각자의 재능을 소개하는 재능 교환판

3. 재능 교환 쇼핑하기

모두 재능 교환판을 완성했다면 재능 교환 쇼핑몰 활동을 시작합니다. 활동 방법은 다음과 같습니다.

① 살짝 신나는 음악을 틀어 주면서 아이들을 일으켜 세웁니다.

② 각자 자신이 만든 재능 교환판을 들고 교실을 돌아다닙니다.

③ 음악이 멈추면 가장 가까이 있는 친구와 하이파이브를 하고 짝을 짓습니다.

④ 서로의 재능 교환판에 붙어 있는 재능들을 소개합니다.

⑤ 친구의 재능 소개를 들으면서 가장 교환하고 싶은 재능을 생각합니다.

⑥ 재능 소개가 끝나면 협상을 통해 서로가 가진 재능 중 하나를 교환합니다.

⑦ 위와 같은 방법으로 제한 시간 동안 친구들을 만나며 재능을 교환합니다.

⑧ 활동이 끝나면 제자리로 돌아가서 어떤 재능을 교환했는지 확인합니다.

• 자신과 친구를 이해하도록 돕는 재능 교환 쇼핑 활동

이렇게 재능 교환을 하면서 아이들은 내가 가진 소소한 재능이 누군가에게는 꼭 필요한 재능일 수도 있음을 알게 됩니다. 이는 긍정적 자아 형성과 자존감 향상에도 도움을 줄 수 있습니다. 또한, 재능을 소개하는 과정에서 친구를 더욱 깊이 이해할 수 있으므로 학년 초 자기소개 활동으로 활용해도 좋습니다.

4. 재능 교환 자랑하기

재능 교환 쇼핑몰이 끝났다면 교환한 재능 중에서 가장 마음에 드는 재능을 골라서 발표합니다. 시간이 허락한다면 의자 대형을 동그라미 형태로 만들고 난 뒤 이야기 나누는 것이 가장 좋습니다. 발표는 한 사람씩 돌아가면서 하되, 내용에 '내가 산 재능 – 그 재능이 필요한 이유 – 재능 계발을 위한 앞으로의 노력'이 들어갈 수 있도록 미리 안내해 주세요.

예) "저는 성규의 '의자 앉아 있기' 재능을 샀습니다. 저는 사실 의자에 앉아서 책을 읽거나 공부하는 게 조금 힘들어서 성규의 재능이 꼭 필요했습니다. '의자 앉아 있기' 재능을 샀으니까 앞으로 하루 10분이라도 더 앉아서 책을 읽도록 노력하겠습니다."

친구의 발표가 끝날 때마다 응원과 격려의 마음을 담아 크게 박수를 치기로 합니다. 그러면 더 따뜻한 분위기를 만들 수 있습니다. 친구의 재능을 자랑하는 동시에 더 나은 내가 되기 위한 다짐도 하게 되는 '재능 교환 쇼핑몰' 활동을 추천합니다.

서로의 재능을 나눠요: 재능 교환 축제

교실을 들여다보면 정말 다양한 재능을 가진 아이들이 어우러져 지냅니다. 모두가 각자 잘하는 것이 있고 못하는 것이 있기에 서로의 부족한 부분을 채워 주며 살아가는 것이지요. 이것이 바로 공동체가 안정적으로 유지되는 이유이기도 합니다. 이러한 삶의 모습을 보다 즐겁게 경험해 보고 싶어서 아이들과 함께 계획한 활동이 있습니다. 바로 서로의 재능을 기꺼이 나누는 '재능 교환 축제'입니다. 이 활동이 함께 모여 어울려 웃고, 떠들고, 즐기며 아이들이 공동체 안에서 할 수 있는 것을 찾아 실천하는 연습을 하는 데 도움이 되었으면 좋겠습니다.

이럴 때, 이 활동!

‣ 도덕 시간에 협동과 협력의 가치를 이야기할 때
‣ 실과 또는 진로 시간에 나의 특기를 나누는 활동을 할 때
‣ 학교 및 학년 축제를 계획할 때

1. 내가 나누고 싶은 재능 정하기

재능 교환 축제 준비의 첫 단계는 나누고 싶은 재능을 정하는 것입니다. 가장 잘하고 자신 있는 것으로 고르되, 학교에서 친구들과 나눌 수 있는 것으로 선

택하게 합니다. 선택지가 자유로우면 보드게임, 종이접기, 댄스, 페이스 페인팅, 개그, 공기놀이, 알까기 등 다양한 재능이 쏟아져 나옵니다. 이때 같은 재능을 선보이고 싶은 친구들이 있다면 힘을 합쳐 모둠으로 활동해도 된다고 안내해 줍니다.

2. 준비물 구입하고 연습하기

친구들과 나눌 재능을 선정했다면 재능을 잘 나눌 수 있도록 개인 또는 모둠 별로 프로그램을 기획합니다. 필요한 준비물이 있다면 선생님께 부탁해서 구매 할 수 있다고 안내하고, 연습이 필요한 재능 같은 경우에는 점심시간과 방과 후 시간을 활용해서 자율적으로 연습하도록 합니다. 준비 기간은 2주 정도가 적당 합니다. 그동안 선생님은 아이들마다 재능 교환 축제를 어느 정도로 준비했는 지 진척도를 확인합니다. 부족한 부분이 있다면 적절하게 조언하여 보완할 수 있도록 돕습니다.

3. 재능 교환 센터 간판 만들기

축제 하루 전, 자기 재능을 잘 드러내는 '재능 교환 센터' 간판을 만듭니다. 각자 4절지에 유성 매직과 같은 색칠 도구로 자유롭게 표현할 수 있게 합니다. 간판에는 재능 교환의 내용, 지켜야 하는 규칙과 유의점, 최대로 함께 즐길 수 있는 인원, 참가 상품 등을 함께 명시해 주면 더욱 좋습니다.

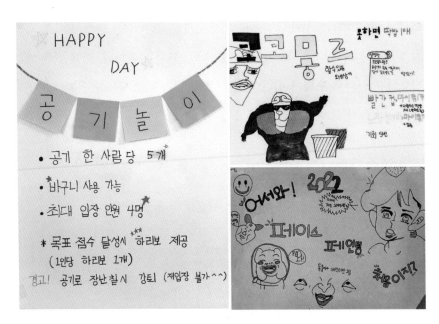

• 재능 교환 축제를 준비하며 만든 간판

4. 재능 교환 축제 즐기기

모든 준비가 끝났으니 이제 마음껏 즐기면 됩니다. 학급을 반으로 나눠 1팀은 호스트, 2팀은 게스트 역할을 합니다. 40분 동안 1팀이 준비한 여러 가지 재능들을 2팀 게스트들에게 소개합니다. 40분이 지나면 역할을 바꿔 1팀이 게스트를, 2팀이 호스트 역할을 합니다. 학급 인원이 부족한 경우에는 학년과 연계하여 학년 행사로 운영해도 뜻깊습니다. 다른 반과 자연스럽게 어울리는 교류 활동을 할 수 있고, 학년을 단단하게 묶는 학생 행사로서도 충분한 가치가 있습니다.

5. 좋-아-해 회의로 축제 소감 나누기

축제가 마무리되면 '좋-아-해 회의'로 축제가 어떠했는지 소감을 나눠 봅니다. 좋-아-해 회의란 어떤 일을 하고 난 뒤 좋았던 점, 아쉬웠던 점, 해결해야 하는 점을 순차적으로 확인하는 회의 방식 중 하나입니다. 축제를 마친 아이들의 소감은 이러했습니다.

좋았던 점	- 각자 준비한 것들을 충분히 나눌 수 있어서 즐거웠다. - 모두 열심히 준비했고 정말 재미있었다. 다 재능이 많은 것 같다.
아쉬웠던 점	- 시간이 너무 짧아서 친구들의 재능을 모두 경험하지 못했다. - 한 재능에만 몰리는 경우가 있어서 기다릴 때도 있었다.
해결해야 할 점	- 다음에는 예약제를 도입해 보면 좋겠다. - 시간을 1시간만 더 늘리면 더 여유 있게 재능을 교환할 수 있을 것이다.

어떤가요? 꽤 진지하게 축제를 되돌아봤지요? 이처럼 좋-아-해 회의는 여러 아이의 의견을 확인하고 점검하는 데 유용할 뿐 아니라 재능 교환 축제를 학급 공동체를 세우는 행사로 인식하는 데 도움을 줍니다. 열심히 노력한 만큼 꾸준히 성찰하는 것! 그것이 또한 아이들이 가진 재능을 키우는 또 다른 방법이 아닐까 생각합니다.

외모만 뛰어나면 행복할까?

『얼굴 바꾸기』
강유진 글, 시은경 그림
별숲

메리는 외모 콤플렉스가 심한 친구입니다. 다른 사람을 대할 때 외모로 점수를 매기는 버릇까지 있습니다. 그래서일까요? 자신을 둘러싼 모든 것이 마음에 들지 않습니다.

그러던 어느 날, 아이돌 스타 가인이가 메리의 집에 찾아옵니다. 그리고 자기 얼굴에 대한 불만을 쏟아 내는 메리에게 '얼굴을 바꾸자'고 제안합니다. 놀랍게도 그 말이 이루어지지요. 메리는 하루아침에 스타의 삶을 살게 됩니다. 화려한 외모도 마음에 들고 쏟아지는 관심도 즐겁기만 합니다. 하지만 기쁨도 잠시, 메리는 몸이 이상하다고 느낍니다. 먹지 않아도 배고프지 않고, 씻지 않아도 전혀 냄새가 나지 않았거든요. 사람이 아닌 것처럼요! 그제야 덜컥 겁이 난 메리는 몸을 되찾고자 노력하지요. 그리고 무시무시한 진실을 마주하게 됩니다. 과연 가인이가 숨긴 건 무엇이었을까요? 메리는 자기 몸을 되찾을 수 있을까요?

책을 읽고 난 뒤 우리 반 아이는 이렇게 말했습니다. "예쁘다고 해서 좋은 것도 아니고, 돈이 많다고 해서 좋은 것도 아니다. 사랑만 많이 받으면 된다고 생각했다. 나도 나를 사랑해야겠다."

당신은 외모를 바꾸시겠습니까?: PMI 토론

초등학교 고학년 국어에서 가장 중요하게 요구되는 것이 바로 '토의·토론 능력'입니다. 그래서 교실에서 찬반 대립 토론뿐 아니라 다양한 형식의 토론을 많이 경험하게 되지요. 지금 소개할 'PMI 토론'은 토론을 처음 접한 친구들이 부담 없이 참여할 수 있을 뿐 아니라 사안의 장단을 따져 최대한 합리적인 결론을 찾는 연습을 하는 데 매우 적합한 토론 형식입니다.

『얼굴 바꾸기』의 두 번째 챕터까지 읽고 난 뒤, '메리는 가인이와 얼굴을 바꿔야 한다.'라는 주제로 PMI 토론을 진행하면 좋습니다. 등장인물의 선택을 고민하며 가장 현명한 선택을 하고자 노력하는 아이들의 진지한 표정을 마주하게 될 것입니다.

이럴 때, 이 활동!

▸ 국어 토론 단원에서 가벼운 형식으로 토론 수업을 시작하고 싶을 때
▸ 등장인물이 마주한 선택의 장단점을 파악하도록 해야 할 때
▸ 여러 사람의 의견을 최대한 많이 듣도록 할 때

1. PMI 토론 안내하기

토론을 시작하기 전, PMI 토론의 형식과 순서를 안내합니다. PMI 토론은 어

떠한 주제의 긍정적인 면^{Plus}과 부정적인 면^{Minus}를 면밀히 살피고, 내가 느낀 흥미로운 점^{Interesting}과 합리적 선택과 대안을 찾을 수 있도록 진행하게 됩니다. 특히 모든 학생이 부담 없이 참여할 수 있어서 토론 실력과 관계없이 의사소통의 재미를 느낄 수 있고, 어느 교과든 손쉽게 적용할 수 있다는 장점도 있습니다. 치열한 찬반 경쟁을 지양하고 모두의 의견을 존중해야 하는 독후 활동에서 자주 활용합니다. PMI 토론에 대해 안내하고 난 뒤에 논제를 제시합니다. 논제는 앞서 소개한 것처럼 '메리는 가인이와 얼굴을 바꿔야 한다.'입니다.

2. 긍정적인 면(P) 찾기

『얼굴 바꾸기』의 챕터 2까지 읽고 난 뒤, 아이들에게 각자 씽킹 보드와 마카를 나눠 줍니다. 그리고 메리의 입장이 되어 가인이와 얼굴을 바꿨을 때의 장점을 생각해 쓰도록 합니다. 아이들의 생각은 다음과 같았습니다.

가인이와 얼굴을 바꾸면 좋은 점
- ▸ 얼굴이 예뻐지니까 외모 콤플렉스에서 벗어날 수 있다.
- ▸ 사람들의 관심을 받고, 인기도 높아진다.
- ▸ 가인이가 아이돌 스타이기 때문에 돈도 많이 벌고 여유로운 생활을 할 수 있다.
- ▸ 짝사랑하는 동하에게 고백해서 사랑을 쟁취할 가능성이 높아진다.
- ▸ 더 이상 친구들에게 무시당하지 않고 당당하게 살 수 있다.

각자가 생각한 장점을 칠판에 쭉 붙이고 난 뒤, 선생님과 함께 확인하는 시간을 가집니다. 비슷한 의견을 모으고 특이한 의견이 있다면 왜 그렇게 생각했

느지도 물어봅니다. 이 과정에서 아이들은 내 생각과 다른 친구들의 생각을 이해하고 되고, 자신이 미처 생각하지 못한 여러 가지 장점이 있다는 것을 깨닫게 됩니다.

3. 부정적인 면(M) 찾기

긍정적인 면이 있다면 부정적인 면도 분명히 존재하겠지요? 앞선 활동과 마찬가지로 새로운 씽킹 보드를 나눠 준 뒤, 이번에는 부정적인 면을 생각해 적게 합니다. 씽킹 보드가 충분치 않다면 포스트잇을 사용해도 무방합니다.

> 가인이와 얼굴을 바꾸면 안 좋은 점
> ‣ 가인이는 아이돌 스타인데 메리가 춤과 노래에 재능이 없다면 고생할 수 있다.
> ‣ 가족, 친구들과 헤어져야 한다.
> ‣ 완전히 새로운 곳에서 시작해야 해서 혼란스러울 것이다.
> ‣ 새로운 인생에 적응하지 못하면 망할 수도 있다.
> ‣ 관리를 못해서 점점 못생겨질 수 있다.

부정적인 면 역시 선생님과 함께 전체적으로 확인합니다. 긍정적인 면과 달리 부정적인 면은 서로의 생각이 조금씩 상이합니다. 친구들의 의견에 궁금한 점이 있다면 질문하고 답하는 시간을 가지는 것이 좋습니다. "메리는 아빠도 싫어하고 자기 인생을 완전히 바꾸고 싶어 했으니 새로운 곳에서도 잘 적응할 수 있지 않을까?", "메리도 가인이처럼 춤과 노래를 잘한다면 별문제 없는 것 아닐까? 아직 메리의 능력이 어떤지 밝혀지지 않았잖아." 이러한 의사소통을 통해 학생들은 자기 의견을 점검하고, 앞서 찾은 장점만큼 단점도 만만치 않다는 것을 확인할 수 있습니다.

4. 흥미로운 점(工)과 대안 찾기

장점과 단점을 확인했으니 이제는 장점을 극대화하고, 단점은 최소화하는 대안을 고민해 봅니다. 모둠원끼리 궁금하거나 흥미로운 점에 대해 이야기를 나눈 뒤에 대안을 적어도 좋습니다.

궁금하거나 흥미로운 점	- 가인이는 어떻게 메리와 얼굴을 바꿀 수 있는 능력을 갖게 된 것일까? - 얼굴을 바꾸고 난 뒤에도 부작용은 없을까? - 얼굴만 바뀌는 걸까? 아니면 능력까지 바뀌는 걸까?
대안	- 가인이와 얼굴을 바꾼 다음, 아빠에게 솔직하게 이야기하고 평소처럼 메리의 삶을 살면 된다. 그러면 새로운 곳에 적응하지 않아도 되고 예쁜 외모를 얻어서 더욱 행복한 삶을 살 수 있을 것이다. - 얼굴을 바꾸고 난 뒤에 우선 아이돌 스타의 삶을 살아 보고, 적성에 맞지 않는다면 그만두고 새로운 직업을 찾는다.

아이들이 꺼내 놓은 대안은 의외로 꽤 현실적입니다. 물론 이 대안들 역시 완벽한 것은 아닙니다. 그 어떤 것이든 장단점은 있는 법이니까요. 친구들과 이야기를 나누면서 어떤 대안이 가장 매력적인지 살펴봅니다.

5. 최종 결정 내리기

최종 결정을 내릴 때는 개인적으로 결정을 내리도록 합니다. 찬반 대립 토론이 아니기 때문에 누군가를 격렬하게 설득할 필요는 없으므로 지금까지의 의견 교환을 바탕으로 각자가 생각하는 가장 합리적인 선택을 하면 됩니다.

찬성

얼굴을 바꿔야 한다. 아이돌 스타의 얼굴은 도저히 포기하기 힘들다. 신이 주신 마지막 기회이자 지금까지의 외모 콤플렉스를 한 번에 날려 버릴 수 있기 때문에 우선 얼굴을 바꿔야 한다. 얼굴을 바꾸고 난 뒤에 문제가 발생하면 그때 상황을 봐서 해결하면 된다. 미리 걱정할 필요는 없다.

반대

얼굴을 바꾸지 말아야 한다. 얼굴을 바꾼다고 해도 재능까지 바뀌는 것은 아니기 때문에 안 맞는 옷을 입고 평생 살아가는 기분을 느껴야 한다. 오히려 인기가 떨어져서 더 비참해질 수 있고 가족과도 생이별을 해야 한다. 그리고 나이가 들면 얼굴도 늙어간다. 영원하지 않은 외모보다 중요한 건 능력이니 능력을 키워서 인정받는 것이 마음 편할 것이다.

아이들은 저마다 자기 생각을 아주 확실하게 펼쳤습니다. 물론 이 선택에 정답은 없습니다. 어떤 선택이든 그에 따른 책임이 있는 법이니까요. 이렇게 PMI 토론으로 메리의 선택을 자세히 들여다본 덕분에 아이들은 『얼굴 바꾸기』를 끝까지 아주 재밌게 읽을 수 있었습니다. 책을 읽을 때마다 몇몇 친구는 잊지 않고 PMI 토론 이야기를 꺼냈습니다. "거봐! PMI 토론에서 내가 얼굴 바꾸지 말자고 했잖아! 이럴 줄 알았다니까!" 하고요. 책을 읽고 즐겁게 토론하는 재미를 꼭 한 번 느껴 보길 바랍니다.

우리는 모두 예뻐!: 예뻐 액자 선물하기

『얼굴 바꾸기』의 메리는 얼굴을 바꿔 가인이의 삶을 대신 살면서 비로소 자신이 얼마나 소중한 존재였는지를 깨닫게 됩니다. 그러면서 외모로 모든 것을 판단했던 과거를 버리고, 자신과 다른 사람을 대할 때도 예쁘고 좋은 점을 더 많이 찾는 사람으로 성장합니다. '예뻐 액자' 선물하기 활동은 우리 아이들도 메리처럼 성숙한 마음을 가졌으면 하는 마음으로 구상한 활동입니다. 미술 디자인 활동과 연계하여 나의 예쁜 점뿐 아니라 친구의 예쁜 점까지 찾아 주는 이 활동을 통해 우리 모두 예쁜 사람이라는 것을 확인하는 따뜻한 시간을 가져 보세요.

이럴 때, 이 활동!

▸ 나와 친구의 장점을 찾고 칭찬하는 활동을 하게 할 때
▸ 미술 교과와 연계하여 독후 활동을 진행하고 싶을 때
▸ 작품 속 인물의 삶과 내 삶을 연계하는 수업을 할 때

1. 친구 제비뽑기

예뻐 액자는 자신의 예쁜 점을 담은 액자 하나와 친구의 예쁜 점을 담은 액자, 총 2개를 만듭니다. 활동을 시작하기 일주일 전에 예뻐 액자를 선물할 친구를 뽑습니다. 직접 액자를 선물하고 싶은 친한 친구를 고르게 하는 것도 나쁘지

는 않지만 골고루 액자 선물을 주고받게 하려면 제비뽑기가 더 좋습니다. 단, 고학년의 경우에 학급 분위기에 따라 남자와 여자가 서로 액자를 주고받는 것을 부담스러워할 가능성도 있습니다. 이럴 땐 남자는 남자끼리, 여자는 여자끼리 제비를 뽑을 수 있게 해 주세요.

제비를 뽑았다면 일주일 동안 친구의 예쁜 점은 무엇인지 최대한 많이 찾아봅니다. 물론 나의 예쁜 점 역시 충분히 고민해 봐야겠지요.

2. 나와 친구의 예쁜 점 떠올리기

제비뽑기 일주일 뒤에 본 활동을 전개합니다. 나와 친구의 가장 예쁜 점을 하나씩 떠올려서 한 문장으로 정리해 봅니다. 이때 겉으로 보이는 조건이 아닌 내면의 아름다움을 드러내는 조건들을 찾을 수 있도록 합니다. 예를 들어 활발하게 친구들과 잘 어울리는 아이라면 "항상 친구들을 웃음 짓게 만드는 ○○○" 같이 표현할 수 있습니다. 정해진 정답이 없는 활동이니만큼 자신이 찾은 예쁜 점들을 당당하게 자랑해도 된다고 꾸준히 독려해 주세요.

3. 예뻐 액자 만들기

예뻐 액자는 스쿨토리에서 출시한 '허니컴 종이 액자'를 활용합니다. 교구의 질이 매우 좋을뿐더러 액자를 만드는 데 부수적 시간을 들이지 않고 예쁜 점 표현 활동에 집중할 수 있어 추천합니다. 허니컴 종이 액자를 나눠 주고 난 뒤, 각자 액자에 들어갈 내용을 적고 미술 도구를 활용해서 캐릭터 그리기와 색칠 등을 진행하게 합니다.

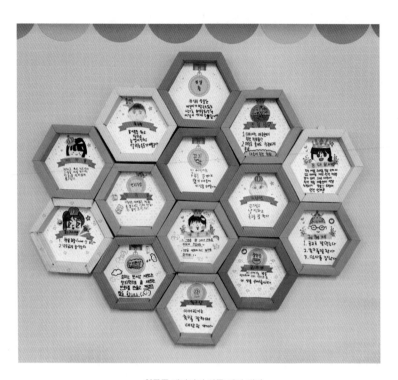

• 친구를 생각하며 만든 예뻐 액자

4. 예뻐 액자 선물하기

이제 친구에게 선물하는 시간입니다. 책상을 양옆으로 밀고 의자를 동그랗게 놓아 원으로 만든 뒤에 진행합니다. 반장부터 자신이 만든 예뻐 액자를 가지고 중앙으로 나와서 선물할 친구를 소개합니다. 소개 문구는 하나로 통일합니다.

"제가 액자 선물을 할 친구는 평소에 말이 많지 않지만, 그만큼 친구들의 말에 귀 기울여 주는 시현이입니다."

소개 문구 형식은 아이들이 참고할 수 있도록 칠판에 미리 적어 놓거나 TV에 PPT로 띄워 놓습니다. 소개를 받은 친구는 가운데로 나와서 "고마워." 하고 액자 선물을 받습니다. 나머지 친구들은 큰 박수로 환호해 줍니다. 그다음 이어서 다시 자기가 선물할 친구를 호명합니다. 이와 같은 방법으로 모든 친구가 액자 선물을 받을 때까지 활동을 진행합니다. 활동이 끝나면 다음과 같은 말로 수업을 마무리합니다.

"여러분이 받은 액자를 보니 어떤가요? '아, 내게 이런 예쁜 점이 있구나.' 하는 생각이 들지요? 여러분은 모두 예쁜 점을 가진 친구들입니다. 그러니 나와 다른 사람들을 대할 때 항상 존중과 사랑의 마음을 가졌으면 좋겠습니다. 우리는 모두 소중하니까요. 자, 같이 힘차게 소리치면서 수업을 끝낼까요? 우리는! (우리는!) 예쁘다! (예쁘다!)"

동화 속 한 장면: 나무 인형 만들기

『얼굴 바꾸기』에는 극적인 장면이 많이 등장합니다. 그래서 한 번 책을 펼치면 앉은 자리에서 끝까지 읽어야 할 만큼 한시도 눈을 떼기 힘든 흡인력을 발휘하지요. 그중에서 인상 깊었던 장면들을 골라 나무 인형으로 표현해 보는 활동을 해 보세요. 책의 내용을 되새길 수 있을 뿐 아니라 인형극을 하는 듯한 재미가 있습니다. 그런데 왜 하필이면 '나무 인형'이냐고요? 그 이유는 『얼굴 바꾸기』를 읽은 사람만 알 수 있답니다.

이럴 때, 이 활동!

▸ 국어 연극 단원과 독후 활동을 연계하고 싶을 때

▸ 책을 읽고 인상 깊은 장면을 이야기 나누게 할 때

▸ 등장인물을 구체물로 표현하도록 하고 싶을 때

1. 등장인물 고르기

『얼굴 바꾸기』의 주요 인물은 메리, 가인이, 401호 할머니, 연아람 대표, 유하 언니, 메리 아빠, 동하, 수민이가 있습니다. 모둠원끼리 상의해서 표현하고 싶은 인물을 선택합니다. 4인 1조 기준으로 한 사람이 등장인물 2명을 고르면 됩니다. 물론 모든 등장인물을 다 표현하지 않아도 됩니다. 인기 있는 등장인물을 더 많이 만들고 싶어 한다면 중복해서 골라도 된다고 허락해 주세요. 단, 주인공인 메리와 가인이는 필수로 들어가야 합니다.

2. 나무 인형 만들기

각자 나무 인형을 2개씩 나눠 주고 등장인물 캐릭터를 표현하게 합니다. 나무 인형은 쇼핑몰에서 '관절 목각 인형'이라고 검색하면 나오는 상품 중에 가장 저렴한 것으로 구매했습니다. 개당 500원 정도여서 대량 구매해도 크게 부담이 없습니다. 나무 인형을 색칠할 때는 매직과 네임펜을 활용하는 것이 좋습니다. 사인펜은 손에 많이 묻어나고, 색연필은 색이 선명하게 드러나지 않기 때문에 추천하지 않습니다.

3. 인상 깊은 장면 표현하기

나무 인형을 만든 뒤에는 모둠끼리 힘을 합쳐 인상 깊은 장면을 표현해 보는 시간을 가집니다. 그리고 모둠별로 만든 나무 인형을 들고 교실을 돌아다니며 다른 모둠은 어떤 장면을 만들었는지 확인하는 시간을 가져 봅니다.

• 모둠별로 만든 나무 인형

4. 1분 인형극 공연하기

시간이 허락한다면 국어 연극 단원과 연계해서 인형극 공연을 하는 것도 추천합니다. 상황 설정 후, 간단하게 등장인물의 대사를 정하고 친구들 앞에서 '1분 인형극' 공연을 하는 활동입니다. 역할극의 부담을 줄이면서 모두가 알고 있는 책 속 장면을 인형으로 구현하기 때문에 아이들의 참여도가 매우 높습니다. "이것도 표현하고 싶었는데 또 하면 안 돼요?" 하는 아우성이 이곳저곳에서 들려올 정도로요. 수업이 끝나도 한참 동안 책 이야기를 하며 나무 인형으로 역할극을 즐길 만큼 아이들이 재밌어한답니다.

2장

관계를 배우는
동화책

우리도 함께 걸었어요

『열세 살의 걷기 클럽』
김혜정 글, 김연제 그림
사계절

『열세 살의 걷기 클럽』에는 서로 다른 개성과 아픔을 가진 친구 4명이 등장합니다. 과거의 상처 때문에 친구를 사귈 자격조차 없다고 생각하는 윤서, 새침하고 직설적인 탓에 친구들 무리에서 쫓겨난 혜윤, 외모에 콤플렉스가 있는 재희, 겉으로 보기엔 명랑하고 쾌활하며 오지랖도 넓지만 말 못 할 비밀을 간직하고 있는 강은이까지. 얼떨결에 '걷기 클럽'으로 뭉친 이 친구들은 서로의 아픔과 상처를 보듬으며 잊지 못할 열세 살을 함께하게 됩니다. 학대, 따돌림, 짝사랑, 사이버 폭력 등의 소재를 활용하면서도 이를 자극적이지 않게 다룬 작가의 수완에 감탄할 뿐입니다.

이 책을 읽고 나면 아이들과 함께 걷고 싶어질 거예요. 책을 읽는 동안 아이들과 자주 걸으며 이야기 나눠 보세요. 운동장을, 학교를, 우리 마을을 천천히 걷다 보면 평소엔 신경 쓰지 않았던 표정이 보이고, 미처 알지 못했던 아이들의 이야기를 접하게 된답니다. 그러다 보면 알게 될 거예요. 우리도 '걷기 클럽'처럼 함께 성장하고 있다는 사실을요.

우리 같이 걸어요: 마을 걷기

"선생님, 저 이 책 읽고 진짜 힐링이 되었어요. 눈을 감아도 동화책 내용이 머릿속에 막 떠올라요. 제 인생 책 중 하나예요!" 『열세 살의 걷기 클럽』을 다 읽고 난 뒤, 우리 반 친구가 이 말을 했던 순간이 생생합니다. 저 또한 "그렇지? 선생님한테도 인생 동화책이야!" 하고 신나서 맞장구를 쳤거든요. 도대체 어떤 매력이 있기에 이 동화책 한 권이 우리의 마음을 단숨에 사로잡은 걸까요?

『열세 살의 걷기 클럽』은 세 곳의 작은 학교(수회초, 용원초, 오석초)가 '작은 학교 공동 교육과정'을 기획하고 함께 선정해 읽은 책이었습니다. 세 학교의 5~6학년 학생 수를 모두 합치니 딱 17명이 되더군요. 그래서 우리도 '열일곱의 걷기 클럽'을 만들었습니다. 얼굴도 모르는 세 학교의 학생들이 책 하나에 영감을 받아 용감하게 걷기 클럽을 만든 것입니다. 그리고 화창한 어느 가을날, 17명의 아이들은 함께 걷기 위해 처음 한데 모였습니다. 『열세 살의 걷기 클럽』속 윤서와 친구들처럼 말이지요.

이럴 때, 이 활동!

‣ 학교 자율 수업 시간에 지역과 연계한 수업을 개설하고 싶을 때
‣ 사회 과목에서 '지역 이해하기' 수업을 진행할 때
‣ 작은 학교 연합 활동을 진행하고 싶을 때

1. 친구 빙고 만들기

마을 걷기의 시작은 자기소개로 열었습니다. 많아 봤자 한 반에 5~6명이 생활하는 작은 학교 아이들은 학년이 바뀌어도 같은 반 친구가 바뀌지는 않기 때문에 자기소개를 할 일이 거의 없습니다. 그런데 서로 다른 세 학교의 학생 17명이 모이니 자기소개 시간이 꼭 필요했습니다. 기회는 이때다 싶어 큰 학교에 다니는 학생들이나 할 수 있는 '친구 빙고 만들기'를 해 보았습니다. 방법은 다음과 같습니다.

① 16개의 빙고판을 갖고 친구를 만납니다.

② 친구와 하이파이브를 하고 '가위바위보'를 합니다.

③ 이긴 친구가 진 친구의 이름과 취미, 장점 등 묻고 싶은 하나를 물어봅니다.

④ 진 친구는 이긴 친구의 질문에 대답합니다.

⑤ 이긴 친구는 진 친구의 대답을 빙고판에 정리합니다.

⑥ 위와 같은 방법으로 모든 친구의 이름을 수집합니다.

⑦ 모두 빙고판을 완성했다면 1명이 일어나 자신이 조사한 친구 중 1명의 이름을 부릅니다.

　(예: 책 읽는 걸 좋아하는 성규!)

⑧ 친구 이름이 적힌 칸에 O 표시를 합니다.

⑨ 이름이 불린 친구가 일어나 새로운 친구를 지명합니다.

⑩ 4줄 빙고를 먼저 완성한 사람이 '오늘의 친구 빙고왕'이 됩니다.

이렇게 게임으로 자기소개를 하면 모든 아이가 적극적으로 참여하게 되어 서로의 이름과 얼굴을 훨씬 더 자연스럽게 익힐 수 있습니다.

2. 마을 속 장소를 찾아라

자기소개를 마친 뒤, 본격적으로 마을 걷기를 시작했습니다. 우선 아이들을 세 팀으로 나눈 뒤, 마을의 여러 장소가 담긴 사진을 나눠 주었습니다. 그다음, 마을을 돌아다니며 사진 속 장소를 찾고 그곳에서 단체 사진을 찍어 패들렛에 올리도록 했지요. 처음에는 잘할 수 있을까 걱정을 많이 했습니다. 마을 구석구석을 찾는 것이 쉬운 일은 아니니까요. 하지만 기우일 뿐이었습니다. 아이들은 너나 할 것 없이 신나게 마을을 돌아다니면서 아주 적극적으로 활동에 임했고, 놀라울 정도로 빠르고 정확하게 마을의 여러 장소를 잘 찾아냈으니까요.

더욱 인상적이었던 것은 마을을 걸을수록 밝아지는 아이들의 표정이었습니다. 사진을 찍으며 마을을 걷다 보니 조금 남아 있던 어색함조차 모두 사라진 듯한 표정이었거든요. 함께 걸었을 뿐인데 이렇게나 가까워지다니! 새삼 '함께 걷기'의 힘이 느껴지는 순간이었습니다.

• 마을 곳곳에서 아이들이 찍은 단체 사진

3. 협동 미션을 해결하라

모든 장소를 찾아 협동 사진을 찍은 아이들은 최종 목적지에 도착해 2가지 협동 미션(협동 컵 쌓기, 협동 공 굴리기)에 도전하게 했습니다. 협동 컵 쌓기는 모둠원이 줄을 하나씩 잡고 컵을 잡아서 1층부터 3층까지 쌓는 활동이고, 협동 공 굴리기는 파이프라인을 하나로 이어 제한 시간 내에 공을 목적지까지 골인시키는 활동입니다. 마음이 급한 나머지 중간중간 실수가 나오기는 했지만 아이들 모두 끝까지 포기하지 않고 협동 미션을 해결했습니다. 위기의 순간마다 서로의 손을 맞잡아 줬던 『열세 살의 걷기 클럽』 속 친구들처럼, 우리 아이들 역시 실패의 순간마다 서로를 응원하는 모습이 참 아름다웠습니다. 그렇게 연대와 협력의 힘을 확인한 우리는 단체 사진과 함께 즐거웠던 첫 만남을 마무리할 수 있었습니다.

• 첫 만남이 있던 날에 남긴 단체 사진

지금 뵈러 갑니다: 경로당 버스킹

『열세 살의 걷기 클럽』에서 강은이는 보이스 피싱에 당할 뻔한 할머니를 구해 주게 됩니다. 이 장면을 보면서 "우리 마을 할머니들은 괜찮을까?" 하고 걱정하는 친구가 많았습니다. 그 순간 문득 아이들이 마을에 계신 할머니들을 만나고 공연까지 하면 어떨까 하는 생각이 들었지요. 열일곱의 걷기 클럽 두 번째 만남 장소는 자연스럽게 마을 경로당으로 결정되었습니다.

이럴 때, 이 활동!

▸ 사회와 음악, 도덕 과목을 연계해서 수업하고 싶을 때

▸ 마을 공동체를 가까이 느끼게 하고 싶을 때

▸ 아이들이 공연을 준비하며 기쁨을 느끼기를 바랄 때

1. 마을 경로당 섭외하기&경로당 버스킹 홍보하기

가장 먼저 한 일은 마을 경로당을 섭외하는 것이었습니다. 평소 마을 교육과정에 열의를 갖고 실천한 용원초 김은진 선생님이 두 팔 걷어붙이고 나선 덕분에 생각보다 수월하게 마을 경로당을 섭외할 수 있었습니다. 자기 마을 할머니들을 모시고 '경로당 버스킹'을 하게 된 용원초 친구들은 최대한 많은 할머니가 오실 수 있게 홍보하는 역할을 아주 적극적으로 수행해 주었답니다.

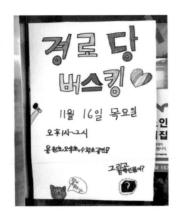

• 힘을 모아 만든 경로당 버스킹 홍보 포스터

2. 경로당 버스킹 연습하기

용원초 아이들이 열심히 홍보하는 동안 나머지 학교 학생들은 경로당 버스킹을 준비했습니다. 우리 학교 친구들은 방과 후 학교에서 배운 방송 댄스, 사물놀이, 기타를 공연하기로 하고 남은 시간 동안 맹연습을 했습니다. 누가 시키지도 않았는데 쉬는 시간 틈틈이 모여서 합을 맞추는 모습을 종종 목격할 수 있었어요. 고학년이라 "하기 싫어요."라고 할 법도 한데 "할머니들을 위한 일이니까 힘들어도 기쁘게 하자."라고 하니, 얼마나 감동적이었는지 모릅니다.

3. 경로당 버스킹

한 달여의 준비 기간이 끝나고 찾아온 대망의 '경로당 버스킹' 날! 가는 날이 장날이라고 하필이면 아침부터 비가 추적추적 내리는 길을 악기까지 짊어지고 걸어가야 했습니다. 걸어가는 내내 "선생님, 긴장되어요. 공연 망하면 어떡해요?"하고 걱정하는 아이들 탓에 저 역시 덩달아 긴장이 되었지요. 하지만 경로당에 들어서자마자 "아이고, 추운데 잘 왔다." 하며 반갑게 맞이해 주신 할머니

• 할머니들의 환대 속에 열린 경로당 버스킹

들의 환대가 그간의 긴장과 걱정을 사르르 녹여 주었습니다.

아이들의 공연은 환상적이었습니다. 좁은 경로당을 가득 메운 흥겨운 사물놀이 소리는 절로 몸을 들썩이게 만들었고, 조금은 어설프지만 노력이 엿보였던 노래와 댄스 공연에는 진심 어린 응원과 격려가 쏟아졌습니다. 1시간에 가까운 공연 시간 동안 할머니들은 단 한 분도 자리를 비우지 않으시고 끝까지 아이들과 눈 마주치며 "잘한다!" 하고 박수 쳐 주셨지요. 마치 한 편의 동화 장면이 눈앞에 펼쳐진 듯한 기분이 들었습니다.

공연을 끝내고 학교로 돌아오는 길에 아이들은 "올해 우리가 한 일 중에 가장 잘한 일 같아요."라고 이야기하더군요. 모르는 할머니를 위해 기꺼이 용기를 낸 『열세 살의 걷기 클럽』 강은이만큼이나 모르는 할머니들을 위해 기꺼이 무대에 오른 우리 아이들 역시 참 멋지다는 생각이 절로 든 날이었답니다.

친구야, 너를 응원해: 응원 쪽지 남기기

『열세 살의 걷기 클럽』에서 가장 밝고 친화력이 좋던 강은이는 과거에 겪은 사건이 인터넷에 왜곡되어 퍼지며 악플 세례를 받게 됩니다. 결국 강은이는 학교에 나오지 않고 집에 틀어박혀 지내고 말지요. 그런 친구를 위해 윤서, 혜윤, 재희는 강은이 집 앞에 매일 쪽지를 씁니다.

'날씨가 좋아. 걷기 좋은 날씨인데……. 학교 언제 올 거야?'

'걷기 대회 이제 며칠 안 남았어. 우리 같이 걷기로 했잖아. 올 거지?'

친구들의 이런 응원과 격려 덕분에 강은이는 다시 세상 밖으로 나오게 됩니다. 이 장면을 보며 우리가 만든 '열일곱의 걷기 클럽'의 마지막도 이러했으면 좋겠다는 생각이 들었어요. 어느새 다가온 헤어짐의 순간, 17명의 친구들은 다시 만날 날을 약속하며 서로를 응원하는 쪽지를 남겼답니다.

이럴 때, 이 활동!

- ▸ 졸업을 앞두거나 학기 마무리를 앞뒀을 때
- ▸ 건강하게 이별하는 방법을 알려 주고 싶을 때
- ▸ 등장인물의 마음을 더욱 깊이 들여다보는 활동을 할 때

1. 응원 쪽지 쓰기

'열일곱의 걷기 클럽'의 마지막 만남 장소는 오석초였습니다. 즐거운 레크리

• 마음을 전하는 응원 쪽지

에이션을 하면서 함빡 웃기도 하고, 『열세 살의 걷기 클럽』 독서 골든벨을 하면서 경쟁하고 협력하기도 했지요. 모든 활동을 마무리한 순간, 아이들은 약속이나 한 듯 "이제 응원 쪽지 쓸래요!" 하고 소리쳤습니다. 아이들에게 예쁜 모양의 포스트잇을 나눠 주고 친구들에게 하고 싶은 말을 쓰라고 했습니다. 『열세 살의 걷기 클럽』 속 강은이가 받은 쪽지만큼이나 아이들이 쓴 쪽지 역시 읽을수록 힘이 나는 말들이 가득했습니다.

"졸업 정말 축하하고 나중에 꼭 만나자! 원하는 중학교에 가기를 바라!"

"얘들아! 내가 많이 좋아하는 거 알지? 꼭 연락해."

"우리는 걷기 클럽 원정대! 중학교 가서도 잘 지내길."

하나라도 더 써서 붙이려는 아이들의 모습 속에서 헤어짐의 아쉬움이 물씬 느껴졌습니다.

2. 단체 사진 찍고 소감문 남기기

응원 쪽지를 모두 나누고 마지막으로 단체 사진을 찍었습니다. 짧다면 짧고,

길다면 긴 3개월의 '작은 학교 공동 교육과정'이 마무리되는 순간이었지요. 『열세 살의 걷기 클럽』이라는 책 하나로 무작정 뭉쳐 마을 걷기, 경로당 버스킹, 응원 쪽지까지 함께한 아이들은 어느새 *끈끈한 정*을 나눈 진짜 '걷기 클럽'이 되어 있었습니다.

아쉬움을 뒤로하고 학교로 돌아와 걷기 클럽 소감문을 작성하는 시간에 우리 반 친구가 아래와 같은 글을 썼더군요. 이 글이 우리가 함께한 열일곱의 걷기 클럽을 가장 멋지게 정리하는 글이 아닐까 싶어 마지막으로 소개합니다.

「만남」
그렇게 빨리 친해질지 몰랐고
이렇게 빨리 헤어질지 몰랐다

> 만남
>
> 그렇게 빨리 친해질지 몰랐고
>
> 이렇게 빨리 헤어질지 몰랐다.

'열일곱의 걷기 클럽'이 있게 해 준 책, 『열세 살의 걷기 클럽』! 이 책은 나의 마지막 초등학교 생활에 잊지 못할 추억을 남긴 소중한 책이 되었다. 원 없이 걷고, 원 없이 떠들고, 원 없이 놀면서 나의 열세 살을 마무리해서 좋았다. 나도 윤서처럼 조금 궁금해진다. 앞으로 펼쳐질 우리의 열네 살이.

응원 쪽지 나누기, 이렇게도 해 보세요!

응원 쪽지 나누기 활동을 책 내용과 더 긴밀히 연결하고 싶다면 다음과 같이 진행해 보세요. 등장인물의 마음을 더욱 깊이 들여다볼 수 있답니다.

1. 강은이에게 악플을 쓴 사람들에게 해 주고 싶은 따끔한 충고를 씁니다. 어떤 충고를 썼는지 돌아가며 읽어 보고 가장 마음에 드는 충고를 뽑아 봅니다.

> 제목: 이것 좀 봐라! 악플러들아!
>
> 남의 말만 듣고 확신하지 마세요. 지금 강은이가 얼마나 힘든 줄 아세요? SNS, 인터넷. 그런 것이 사람을 망친다고요. 적어도 생각을 하고 글 올리세요. 생각하고, 결정하고, 판단하라고. 뇌가 있으니 그 뇌를 좀 쓰시라고요! 강은이는 5 대 1로 싸워서 이기는 그런 애 아니에요. 그리고 강은이 영악한 애 아니니까 이런 댓글 달 시간에 뇌를 예쁘게 가꾸세요!

2. 강은이의 집 앞에 남기고 싶은 응원 쪽지를 쓰고 꾸밉니다.

3. 모두 썼다면 교실을 돌아다니며 친구들을 만나 '가위바위보'를 합니다. 진 사람이 윤서가 되고, 이긴 사람이 강은이가 됩니다.
4. 진 사람이 이긴 사람에게 응원의 말 하나를 골라 해 주고, 이긴 사람은 "응원해 줘서 고마워."라고 대답합니다. 정해진 시간 동안 진행합니다.
5. 활동을 마치면 친구에게 응원의 말을 들었을 때, 어떤 기분이 들었는지 소감을 나눠 봅니다.

> ‣ 평소에 하면 오글거리는 말이었을텐데, 이렇게 들으니 왠지 기분이 좋았어요.
> ‣ 책 활동으로 한 건데도 친구의 눈을 바라보며 응원하니 살짝 뭉클했어요.
> ‣ 강은이가 왜 세상으로 나올 수 있었는지 알게 되었어요.

질풍노도의 시기

『열세 살 우리는』
문경민 글, 이소영 그림
우리학교

이 책이 그리는 열세 살은 결코 낭만적이지 않습니다. 오히려 말 못 할 불안과 고민을 안고 치열하게 삶을 살아 내는 아이들의 모습을 사실적으로 담고 있지요. 주인공 보리의 열세 살도 순탄치 않습니다. 회사의 부당해고에 맞서 싸우는 아빠와 그런 아빠를 이해하지 못하는 엄마의 불화가 극에 이르렀기 때문이지요. 보리를 더욱 괴롭게 하는 것은 바로 친구를 향한 '열등감'과 '질투'입니다. 실직한 아버지와 쌍둥이 동생, 새엄마와 살고 있음에도 행복해 보이는 루미와 자신을 비교하며 마음이 망가져 갑니다. 그러던 중 전학생 세희가 나타납니다. 보리는 학교 안과 학교 밖의 모습이 다른 세희를 보며 묘한 쾌감을 느낍니다. 자신의 어둡고 망가진 모습을 세희에게서 발견한 것입니다. 보리는 세희와 급속도로 친해지며 이른바 '일진'으로 군림하게 되고 결국 단짝 친구 루미와도 서서히 멀어집니다.

　이 책은 질풍노도의 시기에 들어선 이 세상 모든 어린이를 위한 책입니다. 삶은 쉽지 않다는 것, 하지만 희망을 잃어버리면 안 된다는 것. 이 평범하고도 비범한 진리를 나눠 보길 바랍니다.

동화 내용 되새기기: 줄거리 필름 만들기

『열세 살 우리는』처럼 글밥이 꽤 되는 동화책을 읽을 때는 중간 정도 읽고 난 뒤, 전체적으로 줄거리 요약을 한 뒤에 다시 읽는 것이 좋습니다. 등장인물, 사건, 배경을 정리하며 작품의 감정선을 촘촘하게 따라갈 수 있기 때문입니다. 줄거리를 요약하는 방법은 여러 가지가 있지만 그중에서도 윈도우 패닝 기법을 활용한 '줄거리 필름'은 아이들의 선호도가 가장 높은 활동입니다. 국어 교과의 '이야기를 읽고 요약하기', '경험을 떠올리며 이야기 읽기', '인물, 사건, 배경을 생각하며 이야기 읽기' 단원 등과 연계하기에도 좋은 활동이니 여러 수업에 적극적으로 활용하기를 추천합니다.

이럴 때, 이 활동!

▸ 글밥이 많은 책의 내용을 중간에 되새기도록 하고 싶을 때

▸ 이야기를 읽고 요약하는 수업을 할 때

▸ 이야기 속 인물, 사건, 배경을 정리하도록 할 때

1. 요약할 줄거리 파트 나누기

줄거리 필름 만들기는 개인별로 진행해도 되고, 모둠별로 진행해도 되는 활동입니다. 다만,『열세 살 우리는』처럼 글밥이 많은 책이라면 모둠별로 진행하

는 것을 권장합니다. 모둠원끼리 협력하여 책의 내용을 더욱더 자세히 정리할 수 있어 내용 되새기기에 훨씬 효과적입니다.『열세 살 우리는』의 경우 10개의 챕터로 구성된 제1부까지 읽고 난 뒤 모둠원끼리 토의하여 요약할 챕터를 분배합니다. 4인 1모둠 기준으로 2명은 3개의 챕터를, 나머지 2명은 2개의 챕터를 요약합니다.

2. 줄거리 필름 만들기

줄거리 필름은 학토재의 '필름앤아이' 교구를 활용하거나 책날개 QR코드에서 제공한 활동지를 활용하여 만듭니다.

활동 방법은 간단합니다. 우선 자신이 맡은 챕터를 네 문장으로 요약합니다. 줄거리를 요약할 때는 아래와 같은 방법을 미리 제시해 반드시 주요 내용이 들어가도록 독려합니다.

① 내가 맡은 파트의 가장 중요한 내용이 잘 드러날 수 있도록 합니다.
② 중요하지 않은 내용을 삭제해서 이야기를 간추립니다.
③ 각각의 내용들을 잘 연결해서 간결하게 요약합니다.

줄거리 요약을 끝냈다면 모둠원끼리 돌아가며 내용을 확인합니다. 내용에 이상이 없다면 관련된 그림을 필름에 그리고 그림 밑에 요약한 문장을 씁니다.

3. 줄거리 필름 이어 붙이기

줄거리 필름을 모두 만들었다면 모둠원끼리 이어 붙여 하나의 큰 줄거리 필름을 완성합니다. 완성한 줄거리 필름은 모둠 책상에 두고, 다른 모둠으로 자유롭게 이동해 어떻게 요약했는지 확인합니다. 같은 챕터를 요약하더라도 사람에 따라 조금씩 내용이 달라질 수 있음을 이해하며 지금까지 읽은 내용을 되새겨 봅니다. 줄거리 필름은 책을 끝까지 읽은 뒤 한 번 더 진행해도 좋습니다.

• 이야기를 요약해 만든 줄거리 필름

너의 머릿속이 보여: 교실 복권&머릿속 돋보기

책을 읽다 보면 등장인물들의 머릿속이 궁금해질 때가 많습니다. 등장인물이 어떤 생각을 하는지, 무엇을 더 중요하게 생각하는지, 작가가 등장인물을 통해 전달하고 싶은 의도가 무엇인지를 생각하며 사건을 따라가는 것이 책을 읽는 큰 재미니까요. 지금 소개하는 '머릿속 돋보기'는 '뇌 구조도 그리기'로 교실에서 이미 많이 활용되는 활동입니다. 단순한 이미지와 단어로 등장인물의 머릿속을 직관적으로 표현하기 때문에 모든 교과에 적용 가능하나, 특히 국어 교과의 '추론 수업' 단원과 연계하면 효과가 더욱 좋습니다.

이럴 때, 이 활동!

‣ 등장인물을 자세히 탐색하게 하고 싶을 때
‣ 등장인물의 말과 행동을 바탕으로 생각을 추론하는 수업을 전개할 때
‣ 작가의 의도를 파악하여 직관적으로 나타내도록 할 때

1. 등장인물 교실 복권

활동을 시작하기 전, 등장인물을 파악하는 사전 활동으로 '등장인물 교실 복권'을 합니다. 교실 복권은 다음과 같은 방법으로 진행합니다.

① 출제자를 1명 선택합니다. 1라운드 출제자는 선생님으로 합니다.

② 출제자가 작품 속 등장인물의 이름을 부릅니다.

③ 모든 사람이 등장인물을 떠올렸을 때 생각나는 단어 6개를 순서대로 씁니다.

④ 출제자가 자신이 쓴 단어를 1번부터 6번까지 차례로 부릅니다.

⑤ 나머지 사람들은 출제자가 부른 단어와 자신이 적은 단어를 비교하며 점수를 계산합니다. 점수 계산은 아래와 같이 합니다.

- 출제자가 부른 단어가 있고, 순서도 일치했다면: 50점

- 출제자가 부른 단어가 있고, 순서는 일치하지 않았다면: 30점

- 출제자가 부른 단어가 없다면: 0점

⑥ 가장 높은 점수를 얻은 사람이 2라운드 출제자가 됩니다.

2. 등장인물 선택하기

교실 복권을 끝내고 난 뒤, 각자 등장인물을 선택합니다. 마음에 드는 등장인물을 자유롭게 선택하게 해도 좋고, 제비뽑기로 골고루 나눠 갖게 해도 무방합니다. 다만, 머릿속 돋보기의 등장인물들은 작품 속에서 말과 행동을 충분히 드러낸 주요 인물들을 대상으로 해야 합니다.

3. 머릿속 돋보기 만들기

책을 읽으면서 추론한 등장인물의 생각, 관심사, 흥미와 특기 등을 토대로 활동지를 채워 나갑니다. 책에 직접 드러나 있는 내용뿐 아니라 등장인물의 평소 말과 행동을 바탕으로 생각을 추론하여 적어도 좋습니다. 이때, 등장인물이 더 많은 관심을 쏟고 있는 내용은 큰 공간에, 상대적으로 적은 비중을 차지하는

생각들은 작은 공간에 적습니다. 활동지는 학토재에서 판매하는 '브레인앤아이 점착지'를 미리 구매하여 나눠 주거나, 제공한 활동지를 인쇄해서 활용합니다.

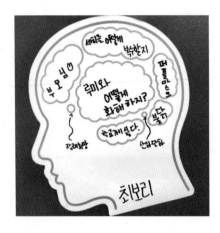

• 브레인앤아이 점착지에 적은 머릿속 돋보기

4. 머릿속 돋보기 비교하기

모두 활동지를 완성했다면 같은 등장인물을 선택한 친구들끼리 모여서 무엇이 같고, 무엇이 다른지 비교해 보며 등장인물의 성격과 생각에 대해 다시 한 번 탐색하는 시간을 갖습니다.

머릿속 돋보기, 이렇게도 해 보세요.

아이들과 학기를 마무리하면서 머릿속 돋보기 활동을 해 보세요. 친구의 이름을 뽑아서 자기만 본 뒤, 내가 한 학기 동안 경험한 친구의 머릿속을 활동지에 표현합니다. 친구가 자주 하는 말, 습관, 행동 등을 적으면 됩니다. 물론 부정적인 건보다 긍정적인 건들을 찾아 적는 센스도 필요합니다. 모든 아이가 활동지를 완성했다면 활동지를 걷어 실물 화상기로 보여 주며 어떤 친구인지 맞히는 시간을 가져 보세요. 교실에서 웃음이 떠나질 않는답니다.

동화책 활동 19
한 줄로 쓰는 독후감: 촌철살인 한 줄 평

출간된 책의 띠지나 뒷면을 살펴보면 한 줄로 된 추천사가 많습니다. 겨우 한 줄이니 대충 써도 될 것 같지만 사실 이 한 줄을 쓰기 위해서는 엄청나게 많은 시간과 고민이 필요합니다. 책을 충분히 읽고 작가의 의도를 파악한 뒤, 감상과 평가를 더해 가장 의미 있는 한 줄을 만들어 내야 하니까요. 문득 궁금해졌습니다. 아이들이 만약 이 책의 한 줄 평을 쓴다면 어떤 문장이 탄생할지 말입니다. 의외로 날카로운 아이들의 '촌철살인'을 함께 보시지요.

이럴 때, 이 활동!

▸ 생각과 감정을 요약해서 전달하는 수업이나 독후감을 쓰는 수업을 할 때
▸ 도덕 교과의 '감정과 욕구' 수업과 연계하여 진행할 때
▸ 책을 끝까지 읽고 마무리 활동을 할 때

---

1. 한 줄 평 살피기

한 줄 평을 쓰기 전에 한 줄 평을 어떻게 쓰는 것인지부터 확인하는 시간이 필요합니다. 『열세 살 우리는』의 뒤표지에 있는 한 줄 평을 읽어 보면서 한 줄 평에는 읽은 이의 생각, 책에 대한 냉철한 평가, 작가의 의도와 책의 주제 등이 명확하게 드러나야 한다고 이야기해 줍니다.

2. 책 훑어보기

한 줄 평의 의미에 대해 알았다면 지금까지 읽은 책을 쭉 다시 한번 훑어보게 합니다. 이미 읽은 책이기에 자세히 읽을 필요는 없으나 책에서 받은 인상과 감정들을 선명하게 떠올리기 위해 책을 훑어보는 시간은 반드시 필요합니다.

3. 촌철살인 한 줄 평 쓰기

각자의 생각과 평가를 담아 한 줄 평을 씁니다. 책을 처음 접하는 사람이 한 줄 평만 봐도 책의 매력을 느낄 수 있다면 가장 좋은 한 줄 평이라고 안내해 주세요. 우리 반 아이들이 쓴 한 줄 평은 다음과 같습니다.

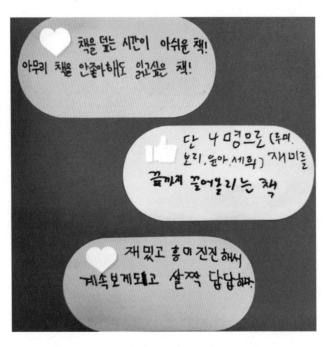

• 책의 매력을 표현한 한 줄 평

4. 내가 쓴 촌철살인 한 줄 평 소개하기

한 줄 평을 쓰고 난 뒤에는 왜 이런 한 줄 평을 썼는지 이야기를 나눠 봅니다. 대화를 하다 보면 한 줄 평에 왜 그런 생각을 담았는지가 더욱 명확해집니다.

교사: 왜 점점 가면서 빡침과 화남이 몰려온다고 썼나요?

학생❶: 보리가 세희와 어울리면서 일진 노릇을 하고, 단짝 친구인 루미를 멀리하는 것도 화가 났고요, 특히 세희가 거짓말하는 게 너무 싫었어요.

교사: 그래도 공감이 되기는 했나 보네요?

학생❷: 맞아요. 화가 나기는 하는데 또 보리의 마음이 완전히 이해가 안 되는 건 아니었 거든요. 저희가 이제 사춘기잖아요. 그래서 왔다 갔다 하는 보리가 딱 열세 살 같기도 했 어요.

교사: 살짝 답답하다고 한 친구도 있네요. 왜 답답했어요?

학생❸: 보리가 세희한테 휘둘린 것도 답답했고요. 세희가 그 이후에 어떻게 되었는지가 안 나와 있잖아요. 저는 벌을 받고 혼나야 한다고 생각했는데 그런 내용이 없어서 답답 했어요. 세희의 이야기를 담은 2편도 나올까요?

교사: 하하하, 그건 모르지요. 작가님께 달린 문제일 것 같은데요?

이렇듯 한 줄 평 소개를 통해 자연스럽게 독서 대화를 하는 학급 분위기도 만들어 보세요. 아이들의 일상 속에 시나브로 책이 스며들게 될 것입니다.

말하지 않으면 모르는 것들

『우리 집에 왜 왔니?』
황지영 글, 이명애 그림
샘터

우리 집에 매일 친구가 찾아온다면? 그 친구가 나보다 우리 가족과 더 친하게 지낸다면? 자연스럽게 내 방을 사용한다면? 상상만 해도 소름이 오싹 돋지 않나요? 지금 소개할 책은 바로 이 오싹한 설정으로 시작합니다. 작품에 깔린 긴장감은 마치 미스터리 영화를 보는 것 같지요.

날마다 한별이 집에 오는 예빈이. 한별이는 예빈이의 행동에 묘한 질투와 두려움을 느끼기 시작합니다. 예빈이가 다른 친구 집에서도 같은 행동을 했다는 사실을 알게 되면서 불안은 더욱 커지고요. 결국 참다못한 한별이는 불같이 화를 내고, 관계는 파국으로 치닫습니다.

이때부터 『우리 집에 왜 왔니?』는 성장 동화로서의 진가를 제대로 드러냅니다. 예빈이가 한 행동의 이유가 설득력 있게 그려지며, 아이들 내면 깊숙한 외로움을 비로소 마주하게 되거든요. "우리가 어리다고 슬픔까지 어린 건 아닌데."라는 작품 속 대사처럼 두 친구는 서로의 슬픔을 어루만지며 상처를 보듬고 결핍을 채워 나갑니다. 무엇보다 그 과정이 작위적이지 않고 시종일관 따뜻합니다. 초반부의 서늘함부터 후반부의 따뜻함까지, 두 가지 매력을 지닌 작품입니다.

등장인물 방 꾸미기: 너를 위한 러브하우스

예빈이는 완벽해 보이는 겉모습과 달리 불우한 가정사를 가진 친구입니다. 그 때문에 자기 집에 들어가지 않고 가족의 정을 느낄 수 있는 친구네 집을 전전하지요. 책을 읽으며 아이들은 예빈이가 편하게 머물 수 있는 따뜻하고 정감 있는 방을 선물해 주고 싶어 했어요. 마침 실과 교과에 '쾌적한 생활공간 관리' 차시가 있어 이와 연계한 활동으로 구상한 활동이 바로 '너를 위한 러브하우스' 입니다.

이럴 때, 이 활동!

▸ 실과 교과의 생활공간 관리 수업과 연계할 때
▸ 등장인물을 위한 공간을 구상해 보도록 하고 싶을 때
▸ 디자인한 작품을 자세히 묘사하는 연습을 하게 할 때

---

1. 러브하우스 콘셉트 잡기

가장 먼저 해야 할 일은 방의 콘셉트를 잡는 것입니다. 피스모모 감정 카드나 학토재 느낌 자석 같은 감정 교구 중에서 긍정 감정 단어만 골라 칠판에 쭉 붙여 두고, 예빈이 방에 담고 싶은 감정을 골라보라고 합니다. 이 감정이 바로 러브하우스를 구상하는 콘셉트가 됩니다. 아이들이 고른 감정들은 다음과 같습니다.

감정	이 감정을 고른 이유
편안하다	예빈이가 편안하게 누워서 쉬는 방을 만들고 싶다.
정겹다	예빈이가 친구 집에 자꾸 가지 말고 자기 방에 정을 붙일 수 있게 만들고 싶다.
평화롭다	지금까지 마음고생 심했을 예빈이가 평화로워지는 방이었으면 좋겠다.
푸근하다	엄마 품처럼, 언니의 미소처럼 푸근하고 따뜻한 방을 선물하고 싶다.

2. 러브하우스 구상하기

콘셉트를 잡았다면 그 콘셉트에 맞는 방을 구상합니다. 가구의 색깔과 재질, 침대 이불의 폭신함 정도까지도 세세하게 구상하는 것이 좋습니다.

3. 러브하우스 표현하기

대략적인 구상을 마쳤다면 러브하우스를 그림으로 표현해 봅니다. 활동지를 활용해 예빈이의 방을 그리고, 왜 이렇게 방을 꾸몄는지도 설명합니다.

종이접기나 레고 블록을 활용해서 입체적으로 표현해 봐도 좋습니다. 이때도 아이들에게 설명 쪽지를 나눠 주고 방에 대한 설명을 적을 수 있게 합니다.

4. 러브하우스 전시하기

아이들이 만든 러브하우스는 아이들이 쓴 설명 쪽지와 함께 교실 뒤편에 전시합니다. 모델 하우스에 온 것 같은 기분이 들 정도로 작품 하나하나가 멋지고 훌륭합니다. 게다가 설명 쪽지를 읽어 보면 예빈이를 위한 따뜻한 위로의 마음까지 느껴집니다. 정성을 다해 누군가를 위한 방을 만들어 준다는 것! 그 작은 위로의 경험이 아이들에게 잊지 못할 마음의 씨앗으로 남을 것입니다.

예빈이의 방은 따뜻하고 포근한 방으로 만들었다. 침대에는 베개를 2개 놓았다. 예빈이와 언니가 같이 잘 수 있게, 액자에는 예빈이가 사랑을 많이 받았으면 하는 마음으로 하트를 넣었다. 예빈이의 편안한 안식처가 됐으면 좋겠다.

• 다양한 콘셉트의 러브하우스(입체)

우리 같이 밥 먹자: 따뜻한 밥상 선물

한별이와 예빈이의 갈등이 극으로 치닫다가 결국 한별이의 화가 폭발한 곳은 저녁 식사를 하던 식탁이었습니다. 자기 자리에서 엄마와 함께 밥을 먹는 예빈이를 보다 못한 한별이가 "예빈아, 너 일어나. 거기 내 자리야."라고 이야기한 것이지요. 감정이 상할 대로 상한 두 친구의 식사 시간이 행복했을 리 만무합니다. 이런 두 친구를 위로하는 마음을 담아 다시 한번 밥상을 차려 준다면 어떤 메뉴가 어울릴까요? 한별이와 예빈이가 마주 앉아 도란도란 대화 나누며 웃음 지을 수 있는 따뜻한 저녁 식사를 아이들과 함께 고민해 보았답니다.

이럴 때, 이 활동!

‣ 실과 교과의 균형 잡힌 식생활 단원을 가르칠 때
‣ 미술 교과의 점토(아이클레이)를 이용한 표현 활동을 진행할 때
‣ 국어와 도덕 교과에서 마음을 전하는 글쓰기와 경험 나누기 활동을 할 때

1. 균형 잡힌 식생활 이해하기

별다른 사전 작업 없이 아이들에게 메뉴를 구성하라고 하면 햄버거, 피자, 치킨처럼 배달 음식이나 패스트푸드로 구성된 식단을 짜는 경우가 많습니다. 하지만 누군가에게 식사를 대접하는 것은 어마어마한 정성과 사랑이 들어가 있

는 것입니다. 허투루 만들어서는 먹는 이를 결코 행복하게 할 수 없지요. 그러니 생각나는 대로 메뉴를 구성하기보다는 균형 잡힌 식생활에 대해 충분히 공부하고 활동을 해야 합니다. 실과 교과와 연계하여 영양소의 종류와 기능, 식품 구성 자전거를 탐색하면서 균형 잡힌 식단을 마련할 수 있게 독려합니다. 특히 식품 구성 자전거의 경우 각 영양소가 어떤 음식과 재료에 많이 들어 있는지를 쉽게 확인할 수 있게 돕기 때문에 고학년뿐 아니라 저학년과 중학년 수업에 활용하기에도 좋습니다.

2. 메뉴판 만들기

균형 잡힌 식생활에 대해 어느 정도 이해했다면 이를 바탕으로 메뉴를 구성합니다. 한식, 양식, 중식, 일식 등 음식의 종류는 상관없지만 예빈이와 한별이

• 먹는 사람을 생각하며 만든 메뉴판

의 건강과 입맛을 모두 챙기는 메뉴들로 고민하게 합니다. 메뉴 구성이 끝났다면 메뉴판을 만듭니다. 식당에서 흔히 볼 수 있는 코스 요리 메뉴판처럼 어떤 메뉴들을 식탁에 올릴 것인지를 적고, 메뉴에 대한 간단한 설명도 곁들입니다.

3. 따뜻한 밥상 만들기

메뉴를 모두 구성했다면 이제는 만들 차례입니다. 아이들이 실제로 칼과 불을 사용해서 음식을 만들기는 쉽지 않기 때문에 미술 교과와 연계해 '아이클레이'를 활용해 밥상을 만들게 합니다. 최대한 실제 음식처럼 구현하는 것을 돕기 위해 아이클레이 활용 영상을 미리 살펴보는 것이 좋습니다. 핸드폰을 활용해 음식 모양을 참고해서 만드는 것 역시 허용합니다.

• 아이클레이 점토로 만든 여러 가지 음식 모형

4. 한별이와 예빈이에게 편지 쓰기

마지막으로 밥상과 함께 놓을 위로와 격려의 편지를 씁니다. 왜 이런 메뉴를 구성했는지, 자신이 차린 음식을 먹으며 어떤 마음이었으면 좋겠는지, 앞으로 두 친구가 어떻게 살아갔으면 좋겠는지가 내용에 들어가게 합니다.

한별이와 예빈이에게.

안녕, 나는 너희를 위해서 이 메뉴를 개발한 ○○이야. 내가 준비한 메뉴는 맛있는 분식이야. 떡볶이, 어묵같이 맛있으면서도 영양이 가득한 메뉴들로 구성해 봤어. 분식을 만든 이유는 내 경험 때문이야. 나는 학교 끝나고 친구들하고 어울려서 떡볶이 많이 먹거든? 그때마다 행복하고 친구들이랑 친해지는 기분이 들었어. 너희도 나처럼 그랬으면 좋겠어. 너희의 우정이 변치 말고 분식을 먹을 때마다 행복했으면 좋겠다. 너희를 응원해!

시간이 허락한다면 앞서 소개한 갤러리 워크 활동(23쪽)을 적용해서 친구들에게 서로 자신의 밥상을 소개하는 시간까지 가지면 더욱 좋습니다.

자세히 보아야 예쁘다

『꿈 요원 이루』
김경미 글, 김주경 그림
잇츠북어린이

　지금 소개하는 『꿈 요원 이루』는 평소에 관심이 없었던, 혹은 관심이 없는 것을 넘어 별로 좋아하지 않았던 친구들까지 자세히, 오래 들여다보게 하는 작품입니다.

　　주인공 이루는 '꿈 설계 센터'에서 아이들이 꾸는 꿈을 만드는 꿈 요원이 되고자 합니다. 하지만 넘어야 할 산이 있습니다. 바로 '어린이들을 위한 행복한 꿈 10개'를 만드는 것! 게다가 이루가 배정받은 친구들은 하나같이 반 아이들 모두 싫어하거나 말썽을 부려서 선생님께 혼나는 아이들이었습니다. 처음에는 그저 정식 꿈 요원이 되고 싶어 시작한 일이었지만 시간이 지나며 이루는 진심으로 친구들의 마음을 들여다보려 노력합니다. 그리곤 깨닫게 되지요. 자세히 보아야 예쁘고, 오래 보아야 사랑스러운 친구들이 주변에 많다는 것을요. 여러분 주변의 풀꽃 같은 사람은 누구인가요? 그 사람들을 사랑할 준비가 되었나요? 그렇다면 주저하지 말고 『꿈 요원 이루』를 펼쳐 보세요.

내가 만든 꿈 선물하기: 나도 꿈 요원

『꿈 요원 이루』를 읽다 보면 자연스럽게 꿈에 대해 대화하게 됩니다. 원하는 꿈은 무엇인지, 꿈을 선물하는 능력을 갖게 된다면 누구에게 어떤 꿈을 선물하고 싶은지 이야기 나누다 보면 시간 가는 줄 모르지요. 그러다 보면 자연스럽게 "우리도 꿈 만들기 해요!"라는 아이들의 제안이 쏟아집니다. 아이들은 모두 꿈 요원이 될 만한 자격이 있으니 바로 꿈 만들기를 해 보세요. 미처 상상하지 못한 여러 가지 꿈속에서 그간 꼭꼭 숨겨 두었던 아이들의 속마음도 마주하게 될 것입니다.

이럴 때, 이 활동!

▸ 문학 작품을 읽고 생각과 느낌을 나누는 수업과 연계할 때
▸ 생각한 것을 자세히 묘사하는 글쓰기 연습을 진행할 때
▸ 도덕 교과에서 친구와 우정에 대해 다룰 때

1. 다섯 손가락 꿈 쓰기

아이들을 행복하게 만드는 꿈은 어떤 것이 있는지부터 '다섯 손가락 꿈 쓰기'로 모아 보았습니다. 방법은 간단합니다. 다섯 손가락이 그려진 활동지나 학토재의 '엄지척 앤 아이'를 활용해서 아이들이 원하는 꿈 5가지를 적게 합니다.

직접 자기 손을 본따 그림을 그린 뒤에, 그 안에 적어도 좋습니다. 아이들이 고른 꿈은 다음과 같습니다.

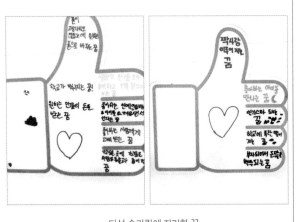

• 다섯 손가락에 자리한 꿈

짝사랑이 이루어지는 꿈
좋아하는 아이돌 만나는 꿈
학교가 부서지는 꿈
가고 싶은 곳에 가는 꿈
부자 되는 꿈
원하는 만큼 키가 크는 꿈
아무리 놀아도 시험 100점
받는 꿈

아이들의 꿈은 각양각색입니다. 그 꿈을 선택한 이유를 듣다 보면 마음속 고민이 '툭' 하고 튀어나오기도 합니다.

교사: 00이는 아무리 놀아도 시험 100점 받는 꿈을 1등으로 썼네요?

학생: 네, 맞아요. 그러면 되게 행복할 것 같아서요.

교사: 왜 행복할 거 같아요?

학생: 요즘 열심히 노력하는데도 단원평가를 기대만큼 잘 못 봐서 스트레스를 받아요. 그래서 꿈이라도 100점 받으면 좋을 것 같아요.

교사: 00이는 점수에 별로 연연 안 하는 줄 알았는데 의외네요?

학생: 저도 은근히 신경 많이 써요. 겉으로만 괜찮은 척한 거예요.

단순히 꿈을 쓰고 이야기를 나누는 것뿐인데 아이들은 평소보다 훨씬 진지하게 자기 이야기를 꺼내고, 귀 기울여 듣습니다. 이것이 바로 글이 가진 힘이겠지요. 시간이 허락하는 만큼 두런두런 꿈 이야기를 충분히 나누도록 합니다.

2. 꿈 선물하기

다양한 꿈을 만나 봤으니 이제 꿈 선물을 해 볼 차례입니다. 이루처럼 꿈 선물을 할 수 있는 능력을 가진다면 누구에게 어떤 꿈을 선물하고 싶은지 쓰는 시간을 갖습니다.

꿈 내용만큼이나 가족, 친구, 선생님 등 꿈을 선물하고 싶은 대상들 또한 각양각색입니다. 그중에서 제 기억에 오래 남아 있는 꿈이 있어 소개합니다.

> ▸ 선물하고 싶은 사람 : 엄마
> ▸ 이 꿈을 선물하고 싶은 이유: 엄마 생신 때 제대로 축하드리지 못한 것도 있고, 하나뿐인 선물을 만들어 주고 싶어서
> ▸ 꿈 내용: 엄마가 집에 들어왔다. 집은 마치 아무도 없는 듯 깜깜했다. 엄마가 "하."라고 한숨 쉬며 앉는 순간, 나와 아빠가 케이크를 들고 나와서 엄마의 생신을 축하해 드렸다. 엄마가 선물을 받고 이렇게 좋은 생일은 처음이라면서 기뻐했다.

> ▸ 선물하고 싶은 사람 : 나
> ▸ 이 꿈을 선물하고 싶은 이유: 요즘 가족들과 너무 여행을 가고 싶다.
> ▸ 꿈 내용: "언제 가는 거예요?" 내가 말했다. "조금만 기다려" 어머니가 말했다. 나는 기대가 되었다. 그야, 기다리고 기다리던 여행이었으니 그럴 수밖에. 나는 내가 제일 좋아하는 음식을 먹으면서 가족과 즐겁고 행복한 추억을 쌓았다. "엄마가 최고야!"

앞의 글을 쓴 아이는 부모님이 음식 장사로 바빠셔서 얼굴을 아침에만 잠깐 본다면서, 꿈 선물을 할 수 있다면 자신에게 하고 싶다고 이야기했습니다. 꿈 이야기를 하면서 평소에 잘 드러내지 않던 묘한 외로움과 슬픔이 아이의 얼굴에 스쳐 지나가 제 마음을 찌릿하게 했답니다. 고민하다 아이가 쓴 활동지를 찍어 학부모에게 전했습니다. 그랬더니 '평소엔 무덤덤하게 의젓하게 있어서 이런 생각을 하는지 몰랐네요. 주말에 놀이공원이라도 다녀와야겠어요^^'라고 답문이 오더군요. 덕분에 아이는 자신이 만든 꿈 선물처럼 주말에 부모님과 함께 놀이공원 여행을 다녀왔다고 좋아했답니다. 이렇게 아이들이 쓴 꿈들은 학급 SNS 등을 활용해 가정과 공유하면 좋습니다. 학부모 역시 미처 알지 못했던 자녀들의 마음을 살피는 기회가 될 것입니다.

자세히 보아야 예쁘다: 너를 관찰한 DAY

이루가 친구들이 행복해할 꿈을 선물하기 위해 가장 먼저 한 일이 바로 자세히 관찰하는 것이었습니다. 하지만 이루처럼 일상에서 누군가를 자세히 관찰하는 건 말처럼 쉽진 않아요. 그래서 일부러라도 아이들이 이런 경험을 할 수 있도록 활동을 구성해 보았습니다. 바로 지금 소개할 '너를 관찰한 데이(DAY)!'라는 활동입니다.

이럴 때, 이 활동!

▸ 친구를 자세히 관찰하는 계기를 마련해 주고 싶을 때
▸ 친구 사랑 주간과 연계한 학급 행사를 운영하고자 할 때
▸ '우정'을 다룬 교과 수업을 진행할 때

1. 활동 안내&친구 뽑기

'너를 관찰한 데이'는 1교시부터 마지막 교시까지 종일 진행하는 활동입니다. 그러니 아침 시간을 이용해 아이들에게 활동의 취지를 간단히 설명해 줍니다. 친구를 자세히 관찰하다 보니 친구를 이해하게 된 이루처럼 우리도 종일 친구를 관찰하면서 더 깊이 이해하는 시간을 보내자고 이야기한 다음, 한 사람씩 나와서 관찰할 친구를 뽑습니다. 이때 자신이 뽑은 친구를 절대 다른 사람에게

이야기해서는 안 됩니다. 제비뽑기 후에는 최대한 무표정을 유지하게 합니다. 주의할 것은 자신과 평소에 친하지 않은 친구를 뽑았다고 해서 싫은 티를 내거나 짜증을 내서는 안 된다는 점입니다. 이 활동의 목적이 '잘 몰랐던 친구를 관찰하며 좋은 점을 찾아보는 것'이라는 점을 강조해 주세요.

2. 친구 관찰하기

이제 아이들은 하루 동안 내가 뽑은 친구를 잘 관찰하며 활동지를 기록합니다. 활동지는 다음와 같은 모양으로 구성되어 있습니다.

• 친구를 관찰하며 적어 내려 갈 활동지 예시

아이들은 친구의 말과 행동 중 눈에 띄거나 기록하고 싶은 것을 골라 활동지에 적습니다. 마지막으로 내가 알고 있거나 오늘 알게 된 친구의 장점 또한 함께 기록합니다. 활동지를 기록할 때도 제비뽑기와 마찬가지로 다른 친구들에게 들키지 않도록 몰래 기록하도록 합니다.

3. '이 친구는 누구게?' 친구 공개하기

마지막 교시에 친구를 공개합니다. 우선 선생님이 아이들 중 1명의 이름을 뽑습니다. 이름이 뽑힌 아이는 자신이 기록한 활동지를 선생님께 제출합니다. 선생님은 아이가 쓴 말과 행동, 장점을 읽어 주며 어떤 친구인지 추측해 보게 합니다. 친구들이 평소에 습관처럼 쓰는 말이나 하는 행동들이 등장하면 반 곳곳에서 웃음이 터지고 분위기가 화기애애해집니다. 정답을 맞혔다면 그다음 친구가 자기 활동지를 가지고 나와서 같은 방식으로 진행합니다. 이렇게 모든 아이가 자신이 관찰한 친구들을 소개하고 난 뒤에는 돌아가며 소감을 나눕니다.

> ‣ 나는 이 친구가 말이 없다고 생각했는데 생각보다 재밌고 활발했다. 친구의 다른 면을 발견해서 좋았다.
> ‣ 내가 그런 말과 행동을 했는지 몰랐는데 친구가 말해 줘서 알게 됐다. 나와 친구 모두를 알게 된 시간이었다.
> ‣ 정말 자세히 관찰하니까 장점이 보였다. 그렇게까지 친한 사이는 아니었는데 오늘 왠지 마음이 가까워진 것 같았다.

오래 보아야 사랑스럽다: 짝꿍 사용 설명서

너를 관찰한 데이가 겉으로 드러나는 친구의 말과 행동을 적는 활동이라면 '짝꿍 사용 설명서'는 보다 내밀한 친구의 마음까지 들여다보는 활동입니다. 5학년 국어 교과의 '대상을 생각하며 설명하는 글 쓰기' 수업과 연계하여 친구에게 궁금한 점을 묻고, 이를 통해 알게 된 점을 바탕으로 설명문을 쓰는 수업으로 진행했습니다. 5학년뿐 아니라 3~6학년에서 반복해서 나오는 설명문 단원에서 유용하게 적용할 수 있는 활동입니다.

이럴 때, 이 활동!

▸ 친구를 대상으로 설명문 쓰기 수업을 진행할 때
▸ 면담 내용을 요약하고 정리하는 수업을 진행할 때
▸ 친구를 깊이 이해하는 시간을 만들고 싶을 때

---

1. 친구 인터뷰 게임

몸풀기 활동으로 친구 인터뷰 게임부터 진행합니다. 먼저 모둠별로 인터뷰할 친구를 한 명 정합니다. 가위바위보로 정해도 되고, '생일이 가장 늦은 친구'처럼 조건을 미리 제시해도 좋습니다. 인터뷰 대상이 정해졌다면 제한 시간 5분 동안 친구에게 최대한 많은 정보를 캐냅니다. 생일, 형제 관계, 좋아하는 음식

등 친구에게 궁금한 모든 것을 물어보고 이를 잘 기억합니다. 이때 주의할 점은 절대 기록할 수 없다는 것입니다.

제한 시간 5분이 끝나면 인터뷰에 응했던 친구들은 교실 앞으로 나옵니다. 각 모둠에 화이트보드를, 인터뷰이에게는 A4 용지를 나눠 줍니다. 그다음 선생님이 10개의 질문을 합니다. 질문 예시는 다음과 같습니다.

- 친구가 태어난 달은?   - 친구를 행복하게 하는 것은?

- 친구가 가장 좋아하는 음식은?   - 친구가 요즘 듣는 노래는?

- 친구가 가장 좋아하는 과목은?   - 친구의 장래 희망은?

- 친구가 가장 좋아하는 가수는?   - 친구의 혈액형은?

- 친구의 MBIT는?   - 친구의 형제자매는 몇 명?

모둠원은 선생님이 제시한 질문을 듣고 친구의 정보를 최대한 기억해서 적습니다. 인터뷰이 친구들 역시 A4 용지에 질문에 대한 정답을 적습니다. 모든 모둠이 답을 적었다면 정답을 확인합니다. 인터뷰이의 답과 모둠이 적은 답을 비교해서 채점하고, 가장 많은 정답을 맞힌 모둠이 승리합니다. 이렇게 활동하고 난 뒤, 짝꿍 사용 설명서 활동도 이런 방법으로 하는 것이라고 안내합니다. 놀이를 할 때 친구의 정보를 묻고 난 뒤, 기록할 수 없어서 어려웠다는 사실 또한 확인하면서 누군가를 소개하고 설명하는 글을 쓸 때는 반드시 기록해야 한다는 것 역시 강조해 주세요.

2. 인터뷰 질문 만들기

인터뷰 전에 짝꿍에게 묻고 싶은 질문을 다 같이 브레인스토밍합니다. 이름, 생일, 혈액형 같은 기본적인 정보 외에 '요즘 어떤 영상을 제일 즐겨 보는지?', '너를 가장 사랑하는 사람은 누구라고 생각하고, 그 이유는 무엇인지?', '너를 가장 행복하게 하는 것, 너를 가장 슬프게 하는 것은?', '제일 좋아하는 음식과 그 이유는?' 등과 같이 다양한 질문을 만들어 보게 합니다. 단순한 질문을 피할 수 있도록 좋은 질문의 예시를 제시해 주세요. 브레인스토밍을 하는 동안 선생님은 칠판에 아이들이 말하는 질문들을 쭉 정리합니다. 브레인스토밍이 끝나면 어떤 내용이 있는지 다시 한번 확인하고 이를 바탕으로 친구에게 하고 싶은 질문 10가지를 활동지에 골라 쓰게 합니다.

3. 짝꿍 인터뷰 하기

질문을 모두 골랐다면, 본격적으로 짝꿍과 대화를 나눕니다. 번갈아서 인터뷰어와 인터뷰이가 되어 서로에게 질문을 하고, 질문에 대한 답을 활동지에 기록합니다. 대화를 나눌 때에는 평상시처럼 자연스럽고 편안한 분위기인 것이 좋습니다. 인터뷰를 하다가 준비한 질문 외에 추가로 묻고 싶은 질문이 있다면 해도 좋다고 미리 이야기해 주세요. 아이들의 소통 과정에서 교실이 다소 소란스러울 수 있으나 장난을 치거나 수업에 방해되지 않는 행동이라면 폭넓게 용인해 줍니다.

4. 짝꿍 사용 설명서 쓰기

인터뷰가 끝나면 '내 짝꿍 사용설명서'를 작성합니다. 작성하기 전에 설명하는 글의 형식을 정하게 합니다. '비교와 대조'도 좋고, '열거'도 좋습니다. 비교와 대조의 경우, 나의 특징과 비교해서 공통점과 차이점을 쓰면 되고, 열거의 경우에는 친구를 인터뷰한 내용을 쭉 정리하면 됩니다. 설명서 작성 전, 선생님이 간단하게 예를 들어주면 좋습니다.

예) "내 친구 성규는요, 보시다시피 남자이고요, 생일은 12월 25일이에요. 혈액형은 O형이고, 가장 좋아하는 음식은 갈비라고 해요. 요즘 재밌게 보는 유튜브 채널은 '흔한 남매'라고 하네요."

5. 짝꿍 사용 설명서 발표하기

친구 사용 설명서를 다 작성했다면 모둠원끼리 완성한 친구 사용 설명서를 돌아가며 발표해 봅니다. 사용 설명서를 다 듣고 난 뒤에 궁금한 점이 있다면 친구에게 더 물어보게 해도 좋습니다. 모둠 활동 시간을 어느 정도 준 뒤에는 전체 발표 시간을 갖습니다. 모두가 발표하기는 힘드니 원하는 친구가 발표할 수 있게 합니다. 발표할 때 영화 〈엽기적인 그녀〉에 나온 OST를 틀어 주면 분위기가 훨씬 살아나니 꼭 활용해 보세요. 여유가 된다면 전체 발표가 끝나고 선생님이 활동지를 모두 걷은 뒤에 "이 친구는 누구일까? 사용설명서를 읽어 줄 테니까 맞혀 보세요. 정답을 이미 알고 있는 친구들은 쉿!" 하고 퀴즈 형식으로 진행해도 재밌습니다. 수업 시간이 끝나면 짝꿍 사용 설명서는 교실에 일정 기간 게시하여 아이들이 읽을 수 있도록 독려해 주세요.

서로를 이해하는 시간

『외로움 반장』
백혜영 글, 남수 그림
국민서관

『외로움 반장』은 외로움이 무엇인지 알아가는 사춘기 아이들의 이야기를 흥미롭게 풀어낸 동화책입니다. 그리고 그 중심에는 '외로움 반장'으로 뽑힌 도운이가 있지요. 외로움 반장이 된 도운이는 친구들이 저마다의 이유로 외로워하고 있다는 것, 그리고 그 외로움을 참고 견디면서 치열하고 묵묵히 자기 삶을 살아가고 있다는 것을 이해하기 시작합니다. 그러면서 동시에 자기 마음속에 꼭꼭 숨겨 둔 외로움도 발견하게 됩니다. 책에는 다양한 외로움의 이야기가 담겨 있습니다. 10대라면 누구나 공감할 만한 외로움들이지요. 누구에게 쉽게 털어놓지 못할 이 외로움들이 '외로움 반장'을 만나며 서서히 치유되는 과정은 마음 한편을 찡하게 만듭니다.

"외로움은 어쩌면 나를 알아가는 시간인지도 몰라."

외로움 속에서 나와 너를 발견하며, 서로에게 손 내밀어 함께 외로움을 극복하는 것! 이 동화책을 이 세상 모든 외로운 사람에게 선물하고 싶습니다.

마음을 담아요: 포토 스탠딩&한 줄 시 짓기

한없이 해맑아 보이는 우리 반 아이들도 '외로움'이라는 것을 느껴 본 적이 있을까? 『외로움 반장』을 함께 읽으며 문득 그런 생각이 들었답니다. "한 번이라도 외로움을 느껴 본 적이 있다면 손들어 볼래요?" 했더니 거의 모든 아이가 손을 번쩍 들더라고요. 아이들이 느낀 외로움은 어떤 모습일까요? 아이들은 각자 외로움을 어떻게 정의하고 있을까요? 포토 스탠딩과 한 줄 시 짓기 활동은 바로 이런 궁금증으로부터 시작되었습니다.

이럴 때, 이 활동!

▸ 어떤 상황이나 개념을 한 문장으로 정리하도록 할 때
▸ 비유 표현과 이를 활용한 수업을 진행할 때
▸ 독서 수업과 시 수업을 연계하여 운영할 때

1. 외로웠던 순간 떠올리기

포토 스탠딩을 하기 전, 각자 외로웠던 순간을 떠올려 보게 합니다. 잔잔한 음악을 틀어 주고 눈을 감은 뒤 1분 정도의 시간을 준 다음 눈을 뜹니다. 어떨 때 외로움을 느끼는지 발표하고 싶은 친구들만 발표해 보게 합니다.

> ‣ 같이 다니는 친구가 나 포함해서 3명인데, 때때로 나만 외로울 때가 있다.
>
> ‣ 동생은 칭찬받는데 나는 칭찬 한마디 못 듣고 혼만 날 때 외롭다.
>
> ‣ 집에 들어갔는데 아무도 없을 때 외롭고 무섭다.
>
> ‣ 학원에서 공부 다 마치고 집에 갈 때 가끔 '언제까지 이러고 살아야 되나.' 싶어서 외롭다.
>
> ‣ 학년 바뀌고 친한 친구가 아무도 없으면 불안하고 미친 듯이 외롭다.

『외로움 반장』 속 아이들처럼 우리 아이들 역시 외로움과 싸우고 있다는 생각이 듭니다. 그때의 상황과 감정을 마음속에 잘 담으라고 당부하며 포토 스탠딩을 시작합니다.

2. 카드 뽑기

포토 스탠딩은 이미지 카드를 고르고 난 뒤, 그 이미지와 내 생각을 결합하여 "○○은 무엇이다. 왜냐하면…"으로 정의 내리는 활동입니다. 포토 스탠딩에 활용할 이미지 카드를 뽑은 방법은 2가지입니다.

첫 번째는 원하는 이미지를 고르는 방법입니다. 이미지 카드를 칠판이나 바닥에 쭉 배열해 놓습니다. 충분한 시간을 주어 이미지를 관찰하게 한 뒤에 원하는 것을 가져가도록 합니다. 수업 시간과 공간이 충분할 때, 10~15명 안팎의 소규모 인원일 때, 이미지 카드를 모둠별로 제공할 수 있을 때 좋은 방법입니다.

두 번째는 무작위로 이미지를 고르는 방법입니다. 카드를 뒷면으로 쭉 펼쳐두고 아이들이 순서대로 나와 카드를 뽑아 갑니다. 이른바 '강제 결합법'이지요. 학생 수가 20명이 넘어갈 때, 수업 시간과 공간이 제한적일 때, 이미지 카드가 한 세트밖에 없을 때 활용합니다. 저는 강제 결합법으로 카드를 뽑도록 했고, 카드는 스쿨토리의 '비유카드'를 활용했습니다.

3. 포토 스탠딩 하기

각자 뽑은 카드로 포토 스탠딩을 진행합니다. 포스트잇에 "외로움이란 (내가 뽑은 카드)이다. 왜냐하면 …이기 때문이다."라는 문장을 적어 카드 밑에 붙입니다. 모두 적었다면 번개 발표로 전원이 발표하게 하거나, 교실을 돌아다니면서 친구들과 자유롭게 만나 서로의 결과물을 공유하게 합니다. 아이들은 외로움을 이렇게 표현했습니다.

아이들이 뽑은 카드	포토 스탠딩
공	외로움이란 공이다. 마구 튕기면서 내 마음을 헤집어 놓으니까.
가위	외로움은 가위다. 가끔 마음을 찢어놓는 아픔을 줄 때가 있다.
주사기	외로움은 주사기다. 마치 예방접종 주사처럼 따끔하게 다가오고 그걸 극복하면 더 성장하게 만들어 준다.
신호등	외로움은 신호등이다. 빨간불이 들어오면 잠깐 멈춰 기다리면서 쉬게 하고 파란불이 들어올 때 다시 힘내게 한다.

4. 한 줄 시 짓기

시간이 허락한다면 포토 스탠딩 결과물 공유를 한 줄 시 짓기로 해도 진행해도 됩니다. 한 줄 시 짓기는 이름 그대로 주제에 맞게 각자 한 줄씩 시를 지어 하나의 시로 합치는 활동입니다. 모둠별로 모둠원이 쓴 포토 스탠딩을 모아 연과 행을 나눠 배치한 뒤, 말을 다듬어 시처럼 표현합니다. 시로 다듬는 과정에서 선생님이 조금 도와주면 수준이 훨씬 높아집니다. 제목까지 그럴듯하게 붙여 주면 아래와 같이 멋진 모둠 시가 탄생합니다.

외로움을 말하다

　　　　　1모둠

외로움은 통통 튀는 공
내 마음을 헤집어 놓는다

외로움은 날카로운 가위
마음을 찢어 놓는 아픔까지 준다

하지만 외로움은 예방 접종 주사기가 되어
날 더 성장하게 만들고

빨간 신호등처럼 날 쉬게 만들어
파란불이 켜지면 다시 뛰게 만든다.

이렇게 쓴 모둠 시는 잔잔한 배경음과 함께 낭송할 수 있는 시간을 주세요. 친구들이 쓴 시를 통해 내 마음속 외로움 또한 진솔하게 마주하게 될 것입니다.

내가 손 내밀어 줄게: 외로움 반장 체험

"우리 반에도 외로움 반장 있었으면 좋겠다." 책을 읽으면서 아이들이 툭 던진 이 한마디가 제 귀에 콕 박혔습니다. "맞아! 왜 그 생각을 못 했지!" 하면서요. 아이들이 직접 외로움 반장을 체험해 보면 무엇인가 더 많이 깨닫고 느끼는 바가 생기지 않을까 하는 기대와 함께 무턱대고 시작한 활동이 바로 '외로움 반장 체험'이었습니다. 학급 자치, 친구 사랑 주간 등과 연계하여 진행하면 시너지가 더욱 커지는 활동이랍니다.

이럴 때, 이 활동!

▸ 작품 속 상황을 직접 경험하게 하고 싶을 때

▸ 서로를 이해하는 학급 분위기를 만들고자 할 때

▸ 학급 자치, 친구 사랑 주간 등의 행사를 운영할 때

---

1. 외로움 반장 운영 방법 소개하기

동화책에서는 선거를 통해 외로움 반장을 뽑았지만 학급에서는 모두 돌아가며 외로움 반장을 경험해 봅니다. 하기 싫다고 안 하는 친구는 없어야 합니다. 하기 싫은 것도 해 봐야 배우고 성장하는 힘이 생기기 때문에 모두의 참여를 원칙으로 합니다. 외로움 반장 체험을 하기 전, 외로움 반장이 하는 일을 미리 소

개하고 자신이 할 수 있는 만큼 최선을 다할 수 있도록 독려합니다.

> 외로움 반장은 이렇게 운영해요.
> ① 매일 돌아가며 '외로움 반장' 역할을 해요.
> ② 교실에 혼자 있는 친구가 있다면 "같이 놀래?"라고 물어봐요.
> ③ 도움이 필요한 친구가 있다면 도와줘요.
> ④ 친구의 걱정과 고민을 들어주고 같이 해결책을 찾아봐요. (친구의 요청이 있을 때!)
> ⑤ 마지막 교시에 '외로움 반장' 일지를 작성하고, 선생님께 제출해요.

2. 외로움 반장 체험하기

1번부터 마지막 번호까지 돌아가며 하루 동안 외로움 반장을 체험합니다. 평소에 크게 친하지 않은 친구에게도 같이 놀자고 하는 용기, 도움이 필요한 친구에게 먼저 다가가는 배려, 점심을 다 먹고 교실로 이동할 때 혼자 가는 친구가 없게 하는 사려 깊음 등을 연습하는 날입니다. 잘하지 못해도 괜찮습니다. '내가 할 수 있는 만큼' 최선을 다하는 것이 중요합니다. 한 번이라도 진심을 담아서 했다면 그것만으로도 괜찮습니다.

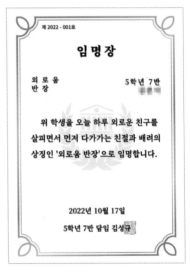

• '외로움 반장' 체험을 위한 임명장

외로움 반장 체험 기간, 아침 시간에는 오늘 하루를 책임질 외로움 반장에게 담임 선생님 명의의 임명장과 일지를 전달합니다. 친구들은 응원의 마음을 담아 오늘의 외로움 반장에게 힘껏 손뼉 쳐 줍니다. 사소해 보이지만 이 과정은 체험 활동에 큰 동기로 작용합니다. 특히 한 번도 친구들 앞에서 임명장이나 상장을 받아 보지 못한 아이들에게는 이것만으로도 엄청난 보상이 된답니다. 마지막 교시에는 '외로움 반장 일지'를 작성합니다. 오늘 어떤 활동을 했는지 정리한 다음 선생님께 제출합니다. 선생님은 일지를 잘 받아 두었다가 다음 날 외로움 반장에게 임명장과 함께 전달합니다.

• 매일매일 기록한 외로움 반장 일지

3. 소감 나누기

외로움 반장 체험이 종료되면 다 같이 소감을 나눕니다. 먼저 아이들이 쓴 외로움 반장 일지를 쭉 읽어 줍니다. 서로 어떤 도움을 주고받았는지 일지 속 기록을 통해 확인하며 체험 활동을 되돌아봅니다. 그다음 포스트잇에 소감 쪽지를 작성하고 번개 발표로 모두 이야기할 시간을 줍니다.

> ▸ 외로움 반장을 하니까 혼자 있는 친구가 있으면 괜히 신경 쓰이고 도와줘야 할 것 같다는
> 생각이 들었다. 평소 친하지 않았던 친구랑 같이 놀 수 있어서 좋았다.
> ▸ 나는 외로움 반장이 아닌 날에도 외로운 친구가 있을까 봐 신경이 쓰였다. 홀수로 같이
> 다니는 경우가 많았는데 그때마다 소외되는 친구가 없으려고 노력했다. 다 같이 노력하
> 는 것 같아서 나도 안심되었다.
> ▸ 한 번도 반장을 해 본 적이 없는데 외로움 반장을 할 수 있어서 좋았다. 임명장도 받고 박
> 수도 받아서 뿌듯했다.
> ▸ 친구들이 쓴 일지를 들으면서 좀 창피했다. 나는 잘하지 못한 것 같은데 친구들이 열심히
> 해줘서 미안하기도 했다. 다음에 다시 할 수 있다면 열심히 해 보고 싶다.

모두의 소감을 듣고 난 뒤 서로에게 응원과 격려의 손뼉을 쳐 줍니다. 마지막으로 감사장을 인쇄하거나 미니 트로피를 구매해서 나눠 주세요('슈퍼쌤 닷컴'에서 '미니 골드 칭찬 트로피'로 검색하면 구매할 수 있습니다). 외로움 반장을 열심히 한 우리 반 아이들에게 큰 선물이 됩니다.

• 응원과 격려를 담은 상장

3장

말과 소통의 중요성을
아는 동화책

때론 상냥하게 때론 단호하게

『마음 뽑기』
김경미 글, 심보영 그림
책읽는곰

서우의 별명은 '버럭이'입니다. 마음에 들지 않으면 버럭 화를 내고, 감정을 직설적으로 드러내서 붙은 별명이지요. 서우의 쌍둥이 형제 서율이는 정반대입니다. 감정을 속으로 삭이고 꾹꾹 참아내는 '꾹꾹이'랍니다.

어느 날 인형 뽑기 기계를 발로 찬 서우가 갑자기 작아져 버렸습니다. 서우는 서율이 주머니에 들어간 채로 학교에 가지요. 매번 친구의 장난에 당하기만 하던 서율이 대신 주머니 속 서우가 "이게 뭐 하는 짓이야!"라고 소리칩니다. 그리고 서우와 매일 싸우던 친구가 서율이의 말에는 미안하다고 사과합니다. 너무나 다른 두 아이는 이렇게 서로를 이해하게 됩니다. 서율이는 내 감정과 욕구를 정확히 전달해야 존중받을 수 있다는 사실을 깨닫게 되지요. 서우는 감정을 강하게 쏟아 내는 것보다 상대를 배려하면서 내 요구를 단호하게 말하는 것이 훨씬 효과적이라는 점을 배웁니다.

교실에서 조금도 참지 못하고 화를 내는 아이들, 하고 싶은 말을 꾹 참고 눈물만 흘리는 아이들과 이 책을 읽어 보시기를 추천합니다.

감정의 색깔을 찾아요: 색깔로 말해요

책을 읽으며 등장인물이 처한 상황을 살피고, 그 상황에서 느끼는 감정을 이해하는 것은 동화책 읽기의 기본입니다. 특히 『마음 뽑기』처럼 내 마음을 살피는 연습을 하는 작품이라면 더더욱 그렇지요. '색깔로 말해요'는 등장인물의 감정을 색깔로 단순하게 표현하면서도 작품에 관한 아이들의 생각을 풍성하게 들어 볼 수 있는 활동입니다. 어떤 학년이든 쉽게 적용 가능하며, 문학 작품을 읽고 난 뒤 별다른 준비 없이 바로 진행할 수 있는 독후 활동이니 자주 사용해 보시면 좋겠습니다.

이럴 때, 이 활동!

▸ 등장인물이 처한 상황과 감정을 들여다보도록 할 때
▸ 등장인물의 감정을 시각적으로 표현해 보게 할 때
▸ 도덕 교과에서 '감정과 욕구' 수업을 진행할 때

1. 감정-색깔 연결 놀이

다짜고짜 등장인물의 감정을 색깔로 표현해 보라고 하면 머뭇거릴 수 있습니다. 감정은 눈에 보이지 않는 것인데 이를 눈에 보이는 색깔로 표현하라고 하니 어리둥절할 수밖에요. 이럴 땐 '감정-색깔 연결 놀이'를 먼저 하는 것이 좋습니다. 감정-색깔 연결 놀이는 이렇게 합니다.

① 색깔 8개와 감정 8개를 제시합니다.

　　예) 색깔: 빨강, 노랑, 초록, 파랑, 보라, 분홍, 하양, 검정

　　감정: 슬픈, 기쁜, 행복한, 평화로운, 조용한, 사랑스러운, 무서운, 화난

② 색깔과 감정을 잘 살펴본 뒤, 어울리는 것끼리 연결합니다.

　　예) 빨강-화난 / 초록-평화로운 / 노랑-기쁜 등

③ 1라운드는 선생님이 정답자가 되어 정답을 부릅니다. 선생님과 일치한 만큼 점수를 얻습니다.

　　예) 선생님: "빨강은 '화난'과 연결했어요." – 빨강과 '화난'을 연결한 아이들은 +10점

④ 선생님과 가장 많이 일치한 사람이 2라운드 정답자가 됩니다.

⑤ 2라운드가 시작되면 다른 색깔과 감정 8개를 다시 제시하고 위 행동을 반복합니다.

⑥ 총 3~5라운드를 진행합니다.

✱ 정답자가 정답을 부를 때 이유까지 이야기하게 하면 더욱 효과적입니다.

　　예) "분홍은 '사랑스러운'과 연결했어요. 분홍색을 보면 하트 모양이 떠오르고, 분홍색 벚꽃길에도

　　데이트하는 사람들이 많아서요."

　감정-색깔 연결 놀이를 하고 나면 색깔로 감정을 드러낸다는 의미를 쉽게 이해할 수 있어 본 활동을 하는 데 큰 도움이 됩니다.

2. 인상 깊었던 장면 찾아보기

본 활동으로 들어서면 먼저 등장인물의 감정을 살펴볼 인상 깊은 장면부터 브레인스토밍 해 봅니다. 책을 읽고 난 뒤, 가장 기억에 남는 장면들을 이야기하게 하고 이를 칠판에 빠르게 기록합니다. 아이들이 고른 『마음 뽑기』속 인상 깊은 장면들은 아래와 같습니다.

> ‣ 서우가 갑자기 몸이 작아져서 인형 크기가 되어 버렸을 때
> ‣ 서율이 주머니 속에 있던 서우가 갑자기 태호에게 버럭 소리를 질렀을 때
> ‣ 태호가 서율이의 바나나 우유를 두고 장난쳤을 때
> ‣ 친구들에게 자기 의견을 말하고 사과를 받는 서율이의 모습을 봤을 때
> ‣ 서율이랑 서우가 대화하면서 서로를 이해할 때
> ‣ 마지막 부분에서 화를 내던 아저씨가 갑자기 서우처럼 인형이 되었을 때

3. 감정의 색깔 찾아보기

아이들이 말한 인상 깊었던 장면 중 3가지 정도를 골라 봅니다. 우리 반은 ‘서우가 갑자기 몸이 작아졌을 때’, ‘태호가 서율이를 괴롭혔을 때’, ‘서율이가 당당하게 사과를 받을 때’를 골랐습니다. 장면을 골랐다면 이때 등장인물들이 느낀 감정을 색깔로 표현하고 그 색깔을 고른 이유도 함께 정리합니다. 색깔은 색연필이나 사인펜으로 색칠하게 합니다. 색이 다양할수록 더욱 풍성한 생각이 들 수 있으니 24색 이상의 색깔 펜을 준비해 놓으면 좋습니다.

서우의 기분 색깔	이 색깔을 선택한 이유	서우의 기분 색깔	이 색깔을 선택한 이유

• 여러 색으로 표현한 '색깔로 말해요'

4. '색깔로 말해요' 활동 결과물 공유하기

마지막으로 활동 결과물을 공유합니다. 모두 자리에서 일어납니다. 선생님
이 "서우가 갑자기 몸이 작아졌을 때의 감정부터 살펴볼게요."라고 아이들과 함
께 고른 장면 중 하나를 제시합니다. 아이들은 교실을 돌아다니며 친구들의 색
깔을 살펴보고 같은 색깔을 고른 친구들끼리 삼삼오오 교실 곳곳에 모이도록
합니다. 상황에 따라 혼자 있는 친구들도 있을 수 있고, 10명 이상 무리 지어 있
는 친구들이 있을 수도 있습니다. 모두 무리를 지었다면 왜 그 색깔을 골랐는지
이유를 들어 봅니다. 이런 방법으로 활동 결과물을 공유하면 한 사람도 빠짐 없
이 모두 즐겁게 수업에 참여할 수 있을 뿐 아니라 아이들이 가장 많이 선택한
색도 한눈에 살펴볼 수 있어 좋습니다.

이럴 땐 어떤 감정?: 감정 더블 매칭

내 안의 '꾹꾹이'와 '버럭이'를 적재적소에 사용하기 위해서는 나와 상대가 느끼는 감정을 자세히 들여다볼 줄 알아야 합니다. 같은 상황이더라도 나와 상대의 감정이 다름을 이해하고 그에 맞는 소통법을 활용해야 하기 때문이지요. '감정 더블 매칭'은 코리아보드게임즈의 〈더블 매칭〉이란 보드게임의 규칙을 따온 활동으로 여러 상황에서 느껴지는 감정들을 살피고 다른 사람들과 공유하는 데 매우 효과적입니다.

이럴 때, 이 활동!

▸ 어떤 상황에서 느낄 수 있는 여러 가지 감정을 살펴보게 할 때
▸ 자신과 타인의 감정을 비교해 보도록 할 때
▸ 올바른 의사소통 방법에 대해 고민할 시간을 마련해 주고 싶을 때

1. 감정 목록표 제시하기

감정 더블 매칭을 시작하기 전에 아이들에게 감정 목록표가 적힌 활동지를 나눠 줍니다. 그다음 감정 목록표의 감정들을 하나씩 살펴보며 어떤 차이점이 있는지를 명확하게 확인합니다. 적절한 예시와 상황을 제시하며 감정에 대해 설명해 주면서 그 감정과 관련 있는 아이들의 경험도 충분히 들어 봅니다.

2. 감정 더블 매칭 진행하기

감정 더블 매칭 활동은 모둠끼리 진행하며 진행 순서는 다음과 같습니다.

① 선생님이 특정한 상황 하나를 제시합니다.

　　예) "저녁에 침대에 누웠는데 내가 짝사랑하는 친구가 "뭐 해?"라고 문자를 보냈다. 어떤 감정

일까?

② 아이들은 15초 동안 감정 목록표에서 2가지 감정을 골라 적습니다.

③ 1번 모둠원부터 자신이 쓴 감정 단어를 읽고, 그 이유를 말합니다.

　　예) "나는 '설레는'을 적었어. '왜 나한테 연락을 했지? 혹시 고백?' 이런 생각이 들 것 같아

서야."

④ 나머지 모둠원은 그 감정 단어가 있다면 "매칭!"이라고 외칩니다. 한 사람이라도 "매칭!"

을 외쳤다면 그 감정 단어는 매칭 단어가 됩니다. 매칭 단어에는 동그라미 표시를 합니다.

⑤ 위와 같은 방법으로 모둠원이 돌아가며 자신이 쓴 감정 단어를 모두 부릅니다.

⑥ 점수를 계산합니다. 자신이 쓴 2개의 단어를 모두 매칭시킨 사람은 3점, 1개의 단어만 매

칭시킨 사람은 1점, 하나도 매칭시키지 못한 사람은 0점을 얻습니다.

1번 모둠원	2번 모둠원	3번 모둠원	4번 모둠원
1. 설레는(매칭) 2. 떨리는(매칭 실패)	1. 설레는(매칭) 2. 당황한(매칭)	1. 행복한(매칭 실패) 2. 두려운(매칭 실패)	1. 당황한(매칭) 2. 기쁜(매칭 실패)
1점	3점	0점	1점

⑦ 정해진 라운드 동안 활동을 진행한 뒤, 가장 높은 점수를 얻은 학생이 승리합니다.

3. 감정 확인하기

감정 더블 매칭이 그저 단순한 게임 활동으로 끝나지 않으려면 라운드가 끝날 때마다 아이들이 어떤 감정을 적었는지 전체적으로 확인할 필요가 있습니다. 같은 상황이더라도 어떤 친구는 설레고, 어떤 친구는 두려운 감정을 느낀다는 것을 이해함으로써 우리는 모두 서로 다른 감정으로 상황을 이해하고 말한다는 것을 알 수 있습니다. 이를 통해 내 감정만 중시하며 '꾹꾹이'와 '버럭이'를 사용하는 것이 아니라, 전체적인 상황 속에서 적절하게 나를 지키는 방향으로 '꾹꾹이'와 '버럭이'를 사용하는 것이 진정으로 건강한 의사소통이라는 것 역시 가르쳐 주세요.

나를 지키는 꾹꾹이와 버럭이: 슈링클스 키링 만들기

반 아이들을 살펴보면 서율이처럼 자기 할 말을 제대로 못하고 꾹꾹 눌러 담는 친구도 있고, 서우처럼 내 감정이 생기는 대로 거침없이 드러내는 친구도 있습니다. 꾹꾹이에게는 버럭이가, 버럭이에게는 꾹꾹이가 좀 더 자리 잡을 수 있다면 참 좋겠다는 생각이 들 때가 많지요. 내가 갖지 못한 '마음 뽑기'를 조금씩 연습하겠다는 의지를 담아서 꾹꾹 버럭 슈링클스를 만들어 보세요.

이럴 때, 이 활동!

- ‣ 의사소통법을 점검하도록 할 때
- ‣ 독서 굿즈 행사를 할 때
- ‣ 독서 활동과 도덕, 미술 교과를 융합하여 운영할 때

---

1. 나의 의사소통 성향 확인하기

먼저 나는 '꾹꾹이'에 가까운지, '버럭이'에 가까운지부터 점검하는 시간을 갖습니다. 서율이가 겪었던 상황을 제시하고 나라면 어떻게 했을지 생각해 보고 그렇게 행동한 이유를 정리합니다. 모두 적었다면 '꾹꾹이'들부터 자리에서 일어나게 한 뒤에 적은 이유를 발표합니다. 이어서 '버럭이'들의 발표도 듣습니다. 이 활동은 아이들의 말하는 이유들이 거의 비슷하게 반복될 가능성이 높으므로 두더지 발표 방법을 활용하면 좋습니다. 두더지 발표란 자리에서 일어난

아이들이 앞 사람의 발표가 내가 적은 내용과 비슷하면 자리에 앉는 형식의 발표 방법으로, 발표 부담감이 높은 아이들도 편안하게 수업에 참여할 수 있다는 장점을 갖고 있습니다.

2. 꾹꾹 버럭 슈링클스 키링 만들기

이제 슈링클스를 만듭니다. 이때, 꾹꾹이는 버럭이 슈링클스를, 버럭이는 꾹꾹이 슈링클스를 만들도록 합니다. 내가 적게 가진 의사소통 성향을 구체물로 표현함으로써 꾹꾹이와 버럭이의 장점을 배우고 실천하겠다는 의지를 표현하는 것이지요. 작품은 아이들의 개성을 담아 자유롭게 구상하여 만들도록 합니다.

3. 키링 연결하기

오븐에 구워 키링을 만들었다면 잘 갖고 다니는 물건에 연결해 둡니다. 친구의 키링을 감상하면서 서로를 응원하는 시간까지 가진다면 금상첨화입니다.

• 가방에 연결해 자주보게끔 만든 슈링클스 키링

너의 목소리가 들려

『후의 목소리』
신지명 글, 조윤진 그림
웅진주니어

『후의 목소리』는 3가지의 서로 다른 이야기로 구성되어 있는 동화 단편집입니다. 그중에서 「후의 목소리」는 흥미진진한 소재와 극적인 반전으로 독자의 눈길을 사로잡는 작품이지요.

'후'는 인공지능 대화 앱입니다. 원한다면 언제나 말을 걸 수 있고, 때로는 후가 사용자에게 말을 걸기도 하지요. 출시 전에 앱을 사용할 기회를 얻은 재휘는 후와 매일 이런저런 이야기를 나누게 되고, 절친한 사이가 됩니다.

그런데 이상한 일이 벌어집니다. 상냥하고 친절했던 후가 날이 갈수록 폭력적으로 변하는 거예요. 비꼬는 말투로 비아냥거리는 것은 기본이고 듣기 힘든 욕설을 하기도 합니다. 도대체 왜 이렇게 변한 걸까요? 마침내 재휘는 후가 가진 엄청난 진실을 마주하게 됩니다.

「후의 목소리」는 욕설과 혐오가 만연한 이 시대에 습관처럼 쏟아 낸 말을 성찰하도록 돕는 작품입니다.

동화책 활동 30
마음에 남는 말 상처: 좋은 말 나쁜 말 스티커

교실살이를 하다 보면 무의식중에 욕을 하는 아이를 볼 수 있습니다. 추임새처럼 욕이 입에 붙어 있는 것이지요. 이런 아이들에게 말의 무게와 힘을 가르쳐 주고 언어폭력에 대한 경각심을 느끼도록 해 주고 싶었습니다. 그래서 『후의 목소리』를 함께 읽은 뒤, 곧바로 '좋은 말 나쁜 말 스티커' 활동을 전개했습니다. 일상 속에서 쏟아 내는 언어들을 시각적으로 표시하고 매주 성찰하는 시간을 가지며 아이들은 적어도 학교에서만큼은 입에 붙어 있는 욕설을 떼어 낼 수 있었습니다.

이럴 때, 이 활동!

▸ 언어폭력과 관련한 교실살이 방법을 고민할 때
▸ 국어 교과에서 '우리말 사용실태' 수업을 진행할 때
▸ 도덕 교과에서 '도덕적 성찰' 수업을 진행할 때

1. '좋은 말 나쁜 말 스티커' 안내하기

'좋은 말 나쁜 말 스티커'를 시작하기 전에 활동 방법을 간단하게 안내합니다. 진행 방법은 단순합니다. 교실 뒤편에 100개 정도 칸이 그려진 A4 용지 2장을 붙여 놓습니다. 1장은 좋은 말 게시판이고, 다른 1장은 나쁜 말 게시판입니

다. 아이들은 일상생활을 하다가 칭찬이나 격려, 기분 좋은 말을 들었다면 좋은 말 게시판에 파란 스티커를 붙입니다. 반대로 욕설, 혐오 표현, 폭력적인 언어를 들었다면 나쁜 말 게시판에 빨간 스티커를 붙입니다. 파란색과 빨간색 스티커 중 어떤 스티커가 더 많이 붙는지를 시각적으로 확인해 가면서 우리 반의 전체적인 언어 습관을 확인해 보게 하기 위함입니다. 스티커를 붙이는 것으로 끝나는 것이 아니라 '좋은 말 나쁜 말 쪽지'도 함께 적도록 하면 더 효과적입니다. 누구에게, 어떤 상황에서, 무슨 말을 들었는지를 구체적으로 쓴 뒤에 학급 우체통에 넣을 수 있는 환경을 조성해 주면 됩니다.

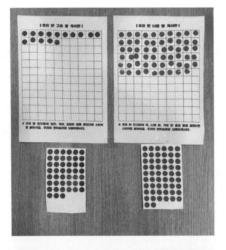

• 한눈에 보이는 '좋은 말 나쁜 말 스티커' 판

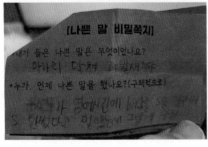

• '좋은 말 나쁜 말 쪽지'

2. 좋은 말과 나쁜 말 되돌려주기

한 주 동안 '좋은 말 나쁜 말' 스티커와 쪽지를 모았다면 학급 회의 시간에 이를 확인합니다. 좋은 말과 나쁜 말 중 어디에 스티커가 많은지를 확인하고 아이들이 쓴 언어 쪽지 중 나쁜 말부터 쭉 읽어 줍니다. 쪽지에 적힌 나쁜 말을 『후의 목소리』의 '후'처럼 아이들에게 되돌려주는 것이지요. 나와 친구들이 무의식중에 쏟아 낸 나쁜 말들을 듣는 순간 아이들의 표정은 순식간에 굳어 버립니다. 나쁜 말을 다 읽어 주고 난 뒤에 아이들의 생각과 감정을 들어 봅니다. "우리 반에서 이렇게까지 나쁜 말들이 나왔는지 몰랐어요.", "많이 놀랐어요.", "욕을 안 했으면 좋겠어요."라는 아이들의 반성 어린 말들이 쏟아집니다. 반대로 좋은 말 쪽지에 담긴 말들을 쭉 읽어 주면 "기분이 조금 나아졌어요.", "저도 이런 말을 해 줘야겠다는 생각이 들어요."라고 이야기합니다.

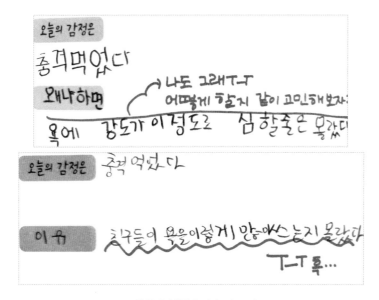

• 한 주간의 활동을 마치고 쓴 소감

"저는 좋은 말도 많이 했는데 친구가 안 적어 주고, 나쁜 말을 한 것만 적었어요!"라는 아이가 있다면?

만약 이런 불만을 털어놓은 친구가 있다면 이렇게 말해 주세요.

"좋은 말은 부드럽고 따뜻한 말이라 마음을 가볍게 스쳐 지나갈 때가 많아요. 반면 나쁜 말은 차갑고 나쁜 말이라 기억에 오래 남는 상처를 남기지요. 그래서 상처 주는 나쁜 말을 들으면 바로 스티커를 붙이게 된답니다. 좋은 말을 하기 이전에 나쁜 말을 먼저 줄여 봅시다. 그리고 누군가가 나에게 좋은 말을 해 줬다면 그 또한 마음속에 고이 간직하고 스티커를 붙여 줍시다. 그러면서 우리의 말은 조금 더 따뜻하고, 조금 더 아름다워질 거예요."

3. 실천 약속 정하고 실천하기

한 주간의 언어 습관을 되돌아보았으니 이제 개선할 방법을 고민하며 실천 약속을 정합니다. 이러한 방식으로 매주 '좋은 말 나쁜 말 스티커'의 활동 내용을 점검하다 보면 조금씩 나아지는 우리 반의 모습을 확인할 수 있습니다. 나쁜 말을 줄이는 것도 중요하지만 한 달 동안 좋은 말을 가장 많이 한 친구에게 상장이나 트로피 선물을 해 주는 활동도 병행해 보세요. 긍정적인 언어 습관 정착에 도움이 됩니다. '좋은 말 나쁜 말 스티커'는 한 번의 이벤트로 끝내는 것이 아니라 짧게는 한 달, 길게는 1년 내내 진행해야 효과적인 활동입니다. 진정성을 갖고 꾸준히 아이들과 실천하는 것을 추천합니다.

욕 대신 이 말로: 우리 반 대체어

아이들이 욕을 하는 가장 큰 이유는 '나의 기분 나쁜 감정을 확실하게 전달하고 싶어서'입니다. 좋게 말하면 못 알아들으니 세게 말해야 한다고 생각하는 것이지요. 그래서 필요한 것이 바로 '대체어'입니다. 욕설이 가진 폭력성은 제거하면서 감정은 효과적으로 전달할 수 있는 대체어를 활용하게 하면 입에 습관처럼 붙어 있는 폭력적인 언어 습관이 점점 사라지게 되거든요. 국어 교과의 토의 단원과 우리말 사용 단원을 연계하여 진행하면 좋은 활동이기도 합니다.

이럴 때, 이 활동!

▸ 국어 교과에서 '우리말 사용실태' 수업을 진행할 때
▸ 올바른 언어 사용과 관련한 토의 수업을 전개하고 싶을 때
▸ 도덕 교과에서 '도덕적 성찰' 수업을 진행할 때

1. 우리가 많이 쓰는 욕 찾기

우선 우리 반 친구들이 가장 많이 쓰는 욕을 찾아봅니다. 학생들에게 씽킹보드를 나눠 주고 가장 많이 하거나 듣는 욕을 써서 칠판에 붙이도록 합니다. 비슷한 욕끼리 분류하고 어떤 상황에서 이런 욕을 쓰는지 이야기 나눠 봅니다.

욕	상황
시발	친한 친구들이랑 얘기할 때, 게임할 때
미친	습관처럼 추임새로 넣음
개새끼	진짜 짜증 날 때, 누구를 욕할 때
개-, 존나	강조의 의미로 세게 이야기하고 싶을 때

2. 대체어 정하기

아이들이 쓰는 욕 중에서도 특히 많이 쓰는 욕을 골라 대체어를 결정합니다. 비하나 혐오의 의미가 없으면서도 내 생각을 강렬하게 전달할 수 있는 단어를 선택합니다. 대체적으로 예사소리보다 더 강하고 단단한 느낌을 주는 된소리가 들어가 있는 단어로 결정하면 좋습니다. 우리 반의 경우에는 '미친'은 '진미채'로, '시발'은 '짜파게티!'로 표현하기로 했습니다. '존나'의 경우에는 원래의 뜻을 살려 '엄청'을 사용하기로 약속했습니다.

3. 대체어 정착하기&줄이기

이렇게 약속한 대체어는 학교에서뿐 아니라 일상에서도 정착시켜 나갑니다. 대체어를 반복해서 사용하다 보면 어느새 습관이 되어 욕설 자체를 대체하는 힘을 발휘합니다. 앞서 소개한 '좋은 말 나쁜 말 스티커'와 연계하여 얼마나 잘 정착되었는지도 매주 확인하면 더욱 큰 효과를 볼 수 있습니다. 대체어가 어느 정도 정착되었다면 궁극적으로 대체어 자체를 아예 쓰지 않은 방향으로까지 끌고 가 주세요.

녀의 목소리가 들려: 우리 모두 후!

언어 습관이라는 것은 하루아침에 고치기 힘든 것입니다. 가정에서, 학교에서, 일상에서 긍정적인 언어 생활을 하기 위한 꾸준한 실천은 필수적이고 부모님과 선생님뿐 아니라 또래 집단인 친구들이 함께 노력하는 분위기를 만드는 것 역시 중요합니다. '우리 모두 후!'는 친구들끼리 서로의 후가 되어 언어를 살피고 점검할 수 있는 계기를 마련해 주는 활동입니다.

이럴 때, 이 활동!

▸ 국어 교과에서 '우리말 사용실태' 수업을 진행할 때

▸ 도덕 교과에서 '도덕적 성찰' 수업을 진행할 때

▸ 긍정적 언어 습관 정착을 위한 교실살이를 고민하고 있을 때

1. 친구 제비 뽑기

'우리 모두 후!'의 활동 방법은 다음과 같습니다. 우리 반 아이들의 이름이 적힌 쪽지를 돌아가면서 무작위로 뽑습니다. 만약 내 이름을 뽑았다면 다시 뽑습니다. 쪽지에 적힌 친구의 이름을 확인합니다. 그 친구가 바로 내가 일주일 동안 '후'가 되어 관찰할 친구가 되며 다른 사람에게는 공개하지 않습니다.

2. '우리 모두 후!' 활동하기

아이들은 매일 내가 뽑은 친구의 말과 행동을 관찰해서 '우리 모두 후!' 언어 쪽지에 기록합니다. 내가 뽑은 친구의 이름을 적고 그 친구가 오늘 하루 동안 한 말 중 예쁘고 고운 말은 무엇이었는지, 나쁘고 거친 말은 무엇이었는지를 기록합니다. 마지막으로 친구에게 하고 싶은 격려와 응원의 한마디도 적습니다. 이때 중요한 것은 이 활동이 친구를 고자질하는 것이 아니라는 점입니다. 서로의 언어 습관을 점검하는 데 목적이 있으며, 궁극적으로 이 활동을 통해 얻고자 하는 것은 학급의 평화와 발전이라는 것을 단호하게 이야기해야 합니다.

3. 쪽지 확인하기

하교 시간 전, 교실 앞 바구니에 쪽지를 제출하게 한 뒤 적힌 이름대로 쪽지를 나눠 줍니다. 아이들은 각자 어떤 말과 행동을 했는지 스스로를 되돌아보고, 더 나은 내일을 위해 어떻게 행동할 것인지 생각해 보는 시간을 갖습니다.

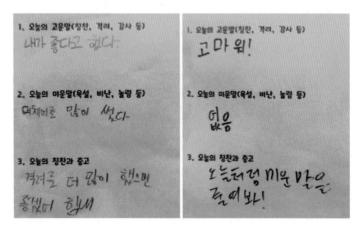

• 스스로 돌아보며 쓴 '우리 모두 후!' 쪽지

4. 소감 나누기

일주일 간의 활동이 끝나면 내가 뽑은 친구를 공개하면서 소감을 나눕니다. 활동을 마치며 아이들은 이런 소감을 남겼습니다.

> ‣ 내가 한 말을 보면서 조금 부끄러울 때도 있었다. 앞으로는 좀 더 부드럽게 말하는 법을 연습해야 할 것 같다.
> ‣ 나는 그냥 무심코 한 말인데 친구가 그 말을 고운 말이라고 칭찬해 줘서 기분이 좋았다. 그 이후로는 나도 내가 뽑은 친구의 고운 말을 적어 주려고 노력한 것 같다.
> ‣ 친구가 준 쪽지를 보면서 진심으로 날 걱정해 주는 것 같은 기분이 들었다. 서로 후가 되어 보는 게 재미있었다.

서로의 후가 되어 언어 습관을 점검해 주는 동안 아이들은 평소보다 조심스럽게 말하고 행동하려고 노력합니다. 이 경험을 토대로 아이들이 이 활동이 끝나도 '내 안의 후'가 언제나 나를 지켜보고 있다는 것을 명심하고 스스로에게 떳떳하고 부끄럽지 않게 말하기를 바라봅니다.

말하면 비로소 보이는 것들

『학폭위 열리는 날』
김문주 글, 박세영 그림
예림당

의도치 않은 사건 때문에 정면으로 충돌한 정윤이와 나리. 정윤이는 그동안 쌓아 놨던 불만까지 더해 나리에게 폭언을 쏟아붓습니다. 결국 나리 아빠가 학폭위를 신청하면서 사건은 걷잡을 수 없이 커지지요. 학교 폭력이 터지게 되면 사건에 연루된 사람들은 단 2가지 부류로만 나뉩니다. 가해자 그리고 피해자지요. 동화는 가해자와 피해자로 나뉜 두 아이의 시선으로 학폭위 진행 과정을 실감나게 그려 냅니다.

결국 정윤이와 나리의 관계를 회복시킨 것은 마음을 터놓은 대화였습니다. 잘잘못을 따지고 책임을 떠넘기기 급급한 어른들 사이에서 아이들은 자기 나름대로의 방법으로 사건을 해결하며 서로의 마음을 다독입니다. 그 덕분에 가해자와 피해자로 나뉘었던 두 친구는 원래 그들의 자리로 다시 돌아가게 되지요. '학폭위'라는 이름에 숨겨진 아이들의 진심은 무엇일까요? 비난과 고발만 난무한 학교 폭력 속 어른들이 진정으로 가르쳐 줘야 하는 것은 무엇인지 우리 모두 다시 한번 고민해 볼 때입니다.

동화책 활동 33
상처로 남은 말: 상처말&회복말 인형 만들기

정윤이가 나리에게 저지른 행동 중에 가장 큰 잘못은 폭언이었습니다. 나리에게 씻을 수 없는 상처를 준 말 때문에 결국 정윤이는 학교 폭력 가해자로 전락하고 말지요. 이처럼 말로 준 상처는 평생 마음에 남아 씻을 수 없는 흉터를 남깁니다. 반대로 툭 던진 따뜻한 말 한마디가 한 사람의 인생에 오랜 시간 좋은 영향을 미칠 때도 있지요. 우리 아이들에게도 이렇게 기억에 남는 말 한마디쯤 있지 않을까요? 아이들이 마음속에 꼭꼭 숨겨 둔 상처를 슬쩍 들여다보기 위한 활동이 바로 '상처말&회복말 인형 만들기'입니다.

이럴 때, 이 활동!

‣ 언어폭력 예방 교육을 할 때
‣ 아이들의 마음 상처를 살펴보고 싶을 때
‣ 도덕 교과와 연계하여 나를 되돌아보는 수업을 할 때

---

1. 상처말 인형 만들기

'상처말 인형'은 학토재 교구 중 '봄인형 꾸러미'를 활용하면 좋습니다. 따로 인형을 만드는 데 시간을 들이지 않아도 되기 때문에 활동에 온전히 집중할 수 있습니다. 먼저 각자 마음의 상처를 받았던 말이나 상황을 떠올려 인형에 적

습니다. 그리고 그때 어떤 감정을 느꼈는지 생각해 보고 감정 스티커를 붙여 봅니다.

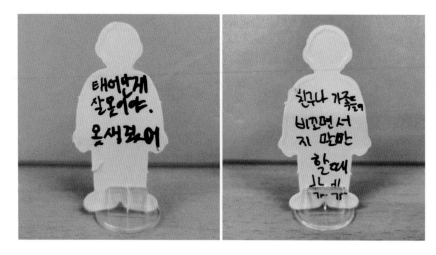

• 마음에 흉터를 남긴 상처말 인형

상처 받은 말이나 상황	그때 느낀 감정
너 공부 좀 해. 그러다 멍청이 된다.	힘든
친구나 가족들이 비꼬면서 자기 말만 할 때	화나는
이유 없이 화낼 때	당황스러운
너는 태어난 게 잘못이야	슬픈

2. 상처말 나누기

자기가 만든 상처말 인형을 돌아가면서 자세히 소개합니다. 이때 소개하는 친구와 눈을 마주치며 최대한 경청할 수 있는 분위기를 만들어 줍니다. 아이들은 각자 자신의 마음속에 담아 둔 상처말을 소개하며 눈물을 보이기도 하고, 때로는 그때가 생각나서 화를 내기도 합니다. 하지만 상처는 드러내면 회복하는 법입니다. 상처말을 꺼내 놓는 동안 친구들이 "진짜 짜증 났겠다!", "나도 그런 적 있는데. 진짜 속상해서 나도 울었어."라고 하면서 공감해 주는 말을 들으며 아이들은 곪아 있던 상처가 치유되는 경험을 합니다.

3. 회복말 인형 만들기

상처말 나누기를 한 뒤에는 상처말과 반대되는 회복말도 만들어 봅니다. 상처받은 마음을 회복하는 힘은 누군가에게 들은 따뜻하고 아름다운 말에서부터 시작하니까요. 이 또한 학토재 봄인형 교구를 활용하여 제작합니다.

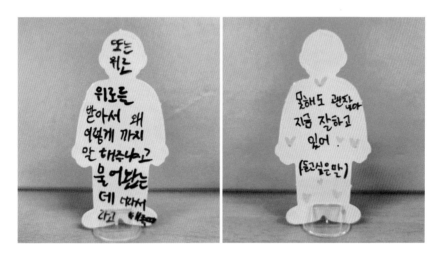

• 위로와 격려를 주는 회복말 인형

회복하는 말이나 상황	그때 느낀 감정
못해도 괜찮아. 지금 잘하고 있어.	힘이 나는
우리 OO이가 제일 예쁘네!	신나는 고마운
친구가 위로를 해 줘서 왜 이렇게까지 진심으로 위로해 주냐고 했는데 "그냥 너라서"라고 했을 때	감동받은

4. 회복말 나누기

돌아가면서 회복말을 이야기하고, 친구들이 큰 소리로 함께 외칩니다. 예를 들어 "지금 잘하고 있어!"라고 한다면, 발표자가 "너 지금 잘하고 있어!"를 선창하고 나머지 친구들이 발표자의 이름을 넣어 "○○아! 너 지금 잘하고 있어!"라고 크게 외치는 것이지요. 돌아가면서 회복말 샤워를 하다 보면 마음의 상처는 조금씩 치유되고, 다시 세상을 살아 나갈 용기와 힘을 얻게 된답니다.

이게 내 마음이야: 등장인물이 되어 편지 쓰기

나리와의 사건으로 학교 폭력 가해자가 된 정윤이는 나리와의 관계를 회복하기 위한 노력을 기울입니다. 그중 하나가 바로 자신의 생일 파티 초대였지요. 하지만 아빠의 반대로 나리는 결국 정윤이의 생일 파티에 가지 못하게 되고, 열심히 쓴 편지도 전달하지 못하고 맙니다. 이 대목에서 아이들이 많이 궁금해했어요. 나리가 과연 어떤 편지를 썼을지 말이지요. 책에 등장하지 않는 편지의 내용을 상상하며 아이들은 나리가 되어 편지를 쓰기 시작했답니다. 등장인물의 마음을 자세히 살펴보며 편지를 쓰는 활동은 책을 깊이 이해하는 데 큰 도움이 되니 언제든 편하게 적용해 보세요.

이럴 때, 이 활동!

- ▸ 국어 교과에서 편지 쓰기 수업을 할 때
- ▸ 책에 드러나 있지 않은 등장인물의 마음을 자세히 들여다보게 하고 싶을 때
- ▸ 나의 잘못을 성찰하고 반성하는 글을 편지로 표현하는 수업을 할 때

1. 나리의 감정 생각해 보기

내심 정윤이의 생일 파티에 가고 싶었지만 아빠 때문에 가지 못했던 나리의 감정은 어떠했을지 생각해 봅니다. 학토재 느낌 자석이나 피스모모 감정 카드

를 칠판에 쭉 붙여 놓은 뒤, 나리의 감정과 가장 비슷한 감정들을 함께 뽑아 봅니다. 왜 이런 감정을 느꼈을 것 같은지 이유도 나누도록 합니다.

2. 편지에 들어갈 핵심 문장 떠올리기

나리의 감정을 살펴보고 난 뒤, 나리가 정윤이에게 편지를 썼을 때 꼭 들어가야 할 것 같은 핵심 문장을 씽킹 보드에 써서 모아 봅니다. 글쓰기에 자신이 없거나, 학습 수준이 다소 떨어져 글의 핵심을 제대로 표현하지 못하는 친구들을 돕기 위한 활동입니다. 이렇게 핵심 문장만 뽑아서 읽어 보는 것만으로도 편지에 어떤 내용이 들어가야 할지 대략적인 감이 잡히기 때문에 편지글을 쓰는데 큰 도움이 됩니다.

> 아이들이 모은 핵심 문장
> 초대해 줘서 고마워, 그때는 내가 미안해, 앞으로 사이좋게 지냈으면 좋겠어,
> 나도 너랑 오해를 풀고 잘 지내고 싶었어.

3. 나리가 되어 편지 쓰기

앞서 모은 핵심 문장을 잘 생각하면서 나리의 감정과 생각들을 잘 드러내는 편지를 써 봅니다. 내용이 너무 빈약하지 않으면서 등장인물의 마음을 명확히 잘 드러낼 수 있도록 독려해 주세요.

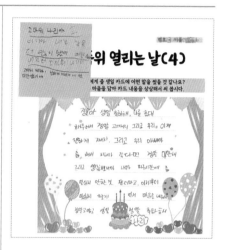

정윤아, 생일 축하해.

나를 초대해 줘서 정말 고마워. 우리 이제 친하게 지내자. 그리고 우리 아빠가 좀 세서 너에게 피해가 갔다면 정말 미안해.

생각해 보니까 내가 피구 시간에 좀 열심히 안 한 것 같더라고. 이제부터 열심히 할게.

먼저 마음을 내줘서 정말 고맙고, 생일 정말 축하해.

-나리가

• 나리가 되어 쓴 편지

4. 모둠 시계 돌리기

편지를 썼다면 모둠 시계 돌리기 활동으로 편지를 돌아가며 읽고 댓글 달기 활동을 합니다. 각자 자기가 쓴 편지 한 귀퉁이에 포스트잇을 붙이고 오른쪽 친구에게 넘깁니다. 다른 친구의 편지를 받았다면 어떤 내용이 있는지 잘 읽어 보고, 포스트잇에 댓글을 답니다. 이때는 만약 정윤이가 이 편지를 받았다면 어떻게 반응했을지 잘 생각하면서 댓글을 달 수 있도록 합니다. 길지 않아도 괜찮습니다. 같은 방법으로 계속 활동을 진행하다가 내 편지가 나에게 돌아오면 어떤 댓글이 달렸는지 확인합니다. 마지막으로 만약 이 댓글을 나리가 봤다면 어떤 감정을 느끼게 될지도 나누며 활동을 마무리 짓습니다.

이렇게 살 거예요: 좌우명 만들기

우리는 책을 읽으며 등장인물의 삶을 대신 살아 봅니다. 그 과정에서 오늘을 살아가는 나의 모습을 성찰하기도 하고, 내일을 살아갈 나의 모습을 계획하기도 하지요. 특히『학폭위 열리는 날』처럼 학교생활을 현실적으로 그려 낸 작품의 경우, 아이들이 읽는 내내 '나라면 어떻게 했을까?', '나는 어땠지?'를 끊임없이 생각하며 앎과 삶을 일치시키는 경험을 하게 됩니다. 이러한 생각의 결론을 한 문장으로 강렬하게 드러내는 것이 바로 '좌우명 만들기'입니다. 아이들은 이 작품을 읽고 어떤 좌우명을 떠올렸을까요?

이럴 때, 이 활동!

▸ 책에서 배운 앎과 나의 삶을 일치시키는 활동을 할 때
▸ 도덕 교과에서 좌우명 만들기 수업을 진행할 때
▸ 미술에서 디자인 수업을 할 때

1. 등장인물의 좌우명 정하기

나의 좌우명을 정하기 전에『학폭위 열리는 날』등장인물의 좌우명부터 정해 봅니다. '늘 곁에 두고 가르침으로 삼는 말이나 문구'라는 좌우명의 정확한 뜻을 안내해 주고 난 뒤, 정윤이의 좌우명은 무엇이면 좋을지 써서 모아 봅니다.

아이들이 정한 정윤이의 좌우명은 다음과 같습니다.

> ‣ 사람 괴롭히지 말고 인생 똑바로 살자.
> ‣ 착하게 살자.
> ‣ 주변을 챙기자.
> ‣ 잘못하면 마음 다해 사과하라.

2. 나의 좌우명 정하기

좌우명이 그 사람이 추구하는 삶의 방향을 나타내는 것이자 그동안의 삶을 성찰하는 마음이 담긴 것임을 확인했다면 이제 본 활동인 '나의 좌우명'을 정합니다. 『학폭위 열리는 날』을 통해서 배운 삶의 태도부터 지금까지 살아 온 나의 인생을 쭉 돌이켜 본 뒤, 앞으로 어떻게 살 것인지 정리하여 한 문장으로 나타낼 수 있게 합니다. 아이들은 깊은 고민 끝에 이러한 문장을 자신의 좌우명으로 삼았습니다. 그중 몇 개를 소개합니다.

> ‣ 실패는 해도 되지만 포기는 하지 말자.
> ‣ 이 또한 지나가리라.
> ‣ 사람이 먼저다.
> ‣ 용기를 내라.

3. 좌우명 명패 만들기

이렇게 만든 좌우명은 항상 방에 걸어 두고 볼 수 있게 명패로 제작합니다.

미술 수업과 연계하여 미리캔버스나 캔바를 활용해 마음에 드는 템플릿에 예쁘게 디자인합니다. 에듀테크 도구 활용이 어려운 환경이라면 종이와 색칠 도구로 만들어도 좋습니다. 아이들이 만든 작품은 보관이 용이하도록 코팅해 주는 것이 좋습니다. 입체감 있게 걸어 두고 싶다면 뒤에 박스나 우드록을 붙이도록 합니다.

• 미리캔버스로 만든 좌우명 명패

4. 좌우명 소개하기

마지막으로 자신의 좌우명 명패를 들고 친구들에게 나의 좌우명을 소개하는 시간을 갖습니다. 전체적으로 진행해도 좋고, 각자 교실을 돌아다니며 자유롭게 친구를 만나 소개 시간을 가져도 좋습니다. 자유롭게 소개하는 방법은 다음과 같이 진행합니다.

① 조금 신나는 음악을 틉니다.
② 아이들은 의자에서 일어나 좌우명 명패를 들고 교실을 자유롭게 돌아다닙니다.

③ 선생님이 음악을 멈춥니다.

④ 아이들은 내 주변에 있는 가장 가까운 친구와 하이파이브를 하고 서로의 좌우명을 소개합니다. 이때, 왜 이런 좌우명을 결정했는지도 자세히 소개하도록 합니다.

⑤ 다시 음악이 나오면 친구와 헤어지고 다른 친구를 만납니다.

⑥ 위와 같은 방법을 여러 번 반복해 많은 친구와 만나 서로의 좌우명을 공유하는 시간을 보냅니다.

잘못을 인정하는 용기

『선우와 나무군』
최소희 글, 김진미 그림
봄볕

전래 동화 『선녀와 나무꾼』에서 나무꾼은 날개옷을 훔친 것으로도 모자라 억지로 결혼까지 합니다. 하지만 끝끝내 사과하지 않지요. 떠나간 선녀의 마음을 이해하지 못하고 자기 처지만 비관하다 닭이 되고요. 그렇다면 『선우와 나무군』의 두 주인공은 어떨까요?

학교에 가다가 우연히 고라니를 구해 준 무군이. 고라니는 단짝 친구를 만들고 싶다면 친구의 점퍼를 숨기라고 조언하지요. 사건은 이상한 쪽으로 흘러갑니다. 점퍼가 사라진 일은 학급 도난 사건으로 바뀌고, 전학을 온 진구가 범인으로 지목되었거든요. 한편 진구에게도 숨겨진 사정이 있습니다. 선우라는 친구를 괴롭히다 강제 전학을 왔거든요. 진구는 자신이 장난이라고 생각한 행동이 선우에게는 엄청난 폭력이었다는 사실을 뒤늦게 깨닫습니다.

두 아이는 자기 행동의 무게를 깨닫고 진심으로 사과하는 법을 배웁니다. 우리 아이들에게 가장 필요한 태도는 잘못한 사람이 잘못했다고 사과하고, 진심으로 자기 행동을 반성하고 뉘우치는 것이 아닐까요? 묵직한 메시지를 유머러스하게 풀어내며 '책임'과 '반성'이 무엇인지를 고민하게 하는 책입니다.

스스로를 돌아봐요: 반성 꼬리표 만들기

전래 동화에서 선녀의 날개옷을 훔치라고 이야기한 사슴이 있었다면, 『선우와 나무군』에는 아이들에게 잘못된 행동을 부추기는 고라니가 있습니다. 고라니가 죄를 지을 때마다 사냥꾼은 고라니를 쫓아다니며 꼬리표를 붙입니다. 꼬리표에는 '반성하지 않은 죄', '무군이를 나쁜 일에 끌어들인 죄' 등 고라니가 잘못한 일들이 잔뜩 적혀 있지요. 이 꼬리표는 억지로 떼어 낼 수 없습니다. 떼어 낼 방법은 단 하나. 진심으로 잘못을 반성하고 피해자에게 용서를 구하는 것이지요. 아이들과도 나의 모습을 반성하는 꼬리표를 만들어 보세요. 나를 반성하고 행동에 책임을 지는 연습을 할 수 있을 겁니다.

이럴 때, 이 활동!

▸ 도덕 수업에서 '나'를 성찰하는 활동을 할 때
▸ 학교 폭력 예방 교육을 할 때
▸ 실과 수업에서 가족과 관련된 활동을 할 때

1. 나의 행동 돌아보기

각자 사냥꾼의 마음으로 평소 나의 행동을 돌아보는 시간을 갖습니다. 이때 막연하게 돌아보게 하면 아이들이 "잘못한 게 딱히 생각나지 않는데요?"라고 말하는 경우가 많습니다. 이런 일을 방지하기 위해서 아래와 같은 항목을 자세히 제시해 주는 것이 좋습니다.

- 가족에게 했던 말과 행동 중 후회되는 것
- 친구에게 했던 말과 행동 중 후회되는 것
- 내가 했던 가장 나쁜 말이 있다면?
- 내가 했던 가장 나쁜 행동이 있다면?

이렇게 항목을 제시하면 아이들 대부분 자신이 했던 말과 행동을 깊이 들여다보며 자연스럽게 반성과 성찰의 과정을 거치게 됩니다. 단, 앞서 제시한 4가지 항목을 모두 채우라고 강요할 필요는 없습니다.

2. 반성 꼬리표 만들기

이어서 되돌아본 잘못 중 가장 후회되는 일을 골라 『선우와 나무군』의 고라니에게 붙은 꼬리표처럼 나만의 '반성 꼬리표'를 만듭니다. 구체적인 상황과 내용을 세세히 쓰기보다는 어떤 잘못을 했는지만 명확하게 쓰도록 합니다. 꼬리표는 사인펜과 색연필로 간단히 꾸며도 좋으나, 꾸미는 데 너무 많은 시간을 투입하지는 않아야 합니다.

엄마 잔소리에 대든 죄	
친구 말을 일부러 무시한 죄	
아빠가 뽀뽀하려고 했는데 정색한 죄	
거짓말하고 학원 빠진 죄	
숙제 안 하고 게임만 한 죄	
친구에게 "씨발"이라고 욕을 한 죄	• 후회되는 일을 골라 만든 반성 꼬리표

3. 반성 꼬리표 소개하기

반성 꼬리표를 모두 만들었다면 교실 책상을 한쪽으로 밀고 의자만 둥글게 배치해 원으로 모여 앉습니다. 각자 일어나서 자신의 반성 꼬리표를 소개합니다. 이때는 조금 자세하게 꼬리표의 내용을 소개하도록 합니다. 언제, 어디서, 누구에게 잘못을 했는지 고백하면서 앞으로 어떻게 행동할 것인지 다짐합니다. 전체가 집중한 상태에서 내 잘못을 솔직하게 고백하는 이 시간 자체가 아이들의 성장에 큰 도움이 됩니다. 모두가 발표를 마쳤다면, 이렇게 이야기해 주세요.

"여러분의 잘못을 솔직하게 고백해 줘서 정말 고맙습니다. 친구의 이야기를 끝까지 집중력 있게 들어 줘서 그 또한 고맙습니다. 우리는 모두 실수를 하고 삽니다. 중요한 건 실수를 반성하고 책임 있게 행동하는 태도입니다. 앞으로 여러분이 꼬리표에 붙은 잘못들을 더 이상 저지르지 않길 바랍니다. 모두 약속할 수 있겠지요? (대답 듣고) 고맙습니다. 선생님은 여러분을 응원합니다."

4. 반성 꼬리표 떼기

아이들이 만든 반성 꼬리표는 사물함에 붙여 둡니다. 매일 자신의 행동을 반성하면서 일주일 동안 반성 꼬리표에 붙은 내용을 하지 않았는지 스스로 점검합니다. 만약 해당 잘못을 저지르지 않았다면 반성 꼬리표를 사물함에서 떼어 선생님에게 확인을 받고, 집으로 가져가게 합니다. 이 같은 활동은 가정과 함께 연계하여 지도하면 더욱 효과가 좋습니다.

제대로 사과해요: 평화 대화법, '행감바'와 '인사약'

장난이라고 생각했지만 사실은 심각한 학교 폭력임을 깨닫게 된 진구는 그제야 피해자인 선우에게 찾아가 진심 어린 사과를 하려고 노력합니다. 하지만 사과라는 것이 단순하게 미안하다는 한마디로 끝나는 것은 아닙니다. 제대로 된 방법으로 정확하게 사과해야 그 의미가 살아날 수 있으니까요. 그래서 아이들에게 평화 대화법을 가르쳐 주는 것이 중요합니다. '행감바'와 '인사약'으로 이어지는 평화 대화법을 통해 아이들은 제대로 사과하고, 정확히 사과받는 삶의 지혜를 얻게 될 것입니다.

이럴 때, 이 활동!

▸ 교실살이에 평화 대화법을 정착시키고 싶을 때
▸ 국어와 도덕 교과에서 사과하는 마음을 담은 편지 쓰기 수업을 할 때
▸ 친구 사랑 주간과 애플 데이에 활동을 할 때

1. '행감바'와 '인사약' 배우기

평화 대화법의 큰 뼈대는 행감바와 인사약입니다. 사람과 교육 연구소의 정유진 선생님이 정리해서 교육 현장에 뿌리 깊게 자리 잡은 대화법이지요. 인사약은 누군가에게 사과를 해야 할 때 정확히 사과하는 방법입니다.

1) [평화 대화법, 하나] 행감바

행감바는 나의 안 좋은 감정을 솔직하게 상대에게 전달할 때 쓰는 방법입니다. 누군가 내게 기분 나쁜 행동을 했을 때, 즉각적으로 화를 내거나 짜증을 내지 않고 다음과 같이 나의 감정과 욕구를 확실히 이야기합니다.

친구가 내 별명을 부르고 놀릴 때	
행동	네가 내 별명을 부르고 나를 자꾸 놀려서(친구가 한 기분 나쁜 행동 말하기)
감정	내가 좀 짜증나기도 하고, 너한테 많이 서운해. (나의 감정 말하기)
바라는 점	그러니까 이제 날 그만 놀렸으면 좋겠어. (내가 바라는 점 정확히 말하기)

2) [평화 대화법, 둘] 인사약

인사약은 누군가 나에게 행감바로 기분 나쁜 감정을 이야기했을 때 사용하는 대화법입니다. 솔직하고 담백하게 사과하면서 재발 방지를 약속하게 되지요.

친구가 "네가 자꾸 놀려서 화가 나."라고 행감바로 표현했을 때	
인정	맞아. 내가 널 자꾸 놀린 것 같아. (내 행동을 솔직히 인정하기)
사과	네가 그렇게 생각하는 줄 몰랐어. 정말 미안해. (진정성 있게 사과하기)
약속	다음부터는 널 놀리지 않을게. 약속해. (재발 방지를 약속하기)

2. '행감바'와 '인사약' 역할극 하기

평화 대화법을 공부하고 난 뒤에는 역할극으로 연습하는 시간을 갖습니다.

① 모둠별로 상황 쪽지를 무작위로 가져갑니다.

  - 친구가 내 몸을 자꾸 툭툭 칠 때

  - 친구가 내 물건을 함부로 만질 때

  - 친구가 내 별명을 부르며 놀릴 때

  - 친구가 내 흉을 본 걸 알았을 때

② 상황에 맞는 역할극 대본을 구성합니다. 이때, 평화 대화법을 쓰지 않았을 때와 평화 대화법을 썼을 때의 상황을 모두 구성합니다.

③ 대본을 완성했다면 역할극 연습을 합니다.

④ 모둠별로 나와서 역할극을 발표합니다.

⑤ 역할극을 보고 난 뒤, 소감을 나눕니다.

이렇게 평화 대화법을 썼을 때와 쓰지 않았을 때의 상황을 역할극으로 극명하게 비교해 봄으로써 아이들은 문제를 평화롭게 해결하는 방법뿐 아니라 제대로 사과하는 방법을 확실히 이해할 수 있습니다.

우리라서 외롭지 않아

『셋 중 하나는 외롭다』
박현경 글, 나오미양 그림
위즈덤하우스

아이들은 친구 관계에 불안감을 갖고 아슬아슬한 줄타기를 합니다. 혼자가 되지 않기 위해, 외로워지지 않기 위해 고군분투하는 것이지요. 그래서일까요? 이 책을 소개하면 "진짜 제목 잘 지었다." 하는 감탄이 터져 나옵니다. 이 제목만큼 아이들의 불안과 고민을 잘 표현한 문장도 흔치 않으니까요.

혜슬이는 12년 인생에서 가장 가혹한 한 해를 맞이했습니다. 영원토록 나만 사랑해 줄 것 같던 새엄마가 임신했고, 아빠는 임신한 새엄마를 챙기느라 내겐 관심이 덜해 보입니다. 학교에서는 절대 변할 것 같지 않던 민송이와의 사이에 전학생인 희수가 끼어들면서 단짝 관계가 무참히 깨져 버렸습니다. 혜슬이는 엄청난 불안과 원망, 질투와 외로움에 휩싸입니다.

작품은 혜슬이를 부정적으로 묘사하지 않고 변화무쌍한 감정선을 가감 없이 드러냅니다. 매번 관계 속에서 흔들리고 무너지는 우리의 모습을 차분히 되돌아보게 하지요. 건강한 관계를 만드는 힘은 서로에 대한 믿음과 사랑 그리고 '적당한 거리'에 있다는 것을 다시 한번 확인할 수 있고요. 매일매일 관계에 흔들리는 아이들에게 이 책을 소개해 주세요.

감정은 어떻게 변할까: 감정 지도 만들기

『셋 중 하나는 외롭다』속 혜슬이의 감정은 변화무쌍하게 요동칩니다. 순간순간 바뀌는 혜슬이의 감정들을 부지런히 따라가야 이 책의 재미와 감동을 오롯이 느낄 수 있지요. 아이들과 이 책을 읽으면서 어떻게 하면 조금 더 깊이 혜슬이의 감정선을 따라가게 만들 수 있을까 고민하다가 적용한 활동이 바로 '감정 지도' 만들기입니다. 등장인물의 감정 변화를 한눈에 볼 수 있는 감정 지도는 작품의 미묘한 감정선을 섬세하게 포착하며 아이들이 작품 전반을 이해하는 데 큰 도움을 주었답니다.

> ## 이럴 때, 이 활동!
> --
> ‣ 등장인물의 감정 변화를 정리하도록 할 때
> ‣ 도덕 교과에서 감정과 욕구에 대해 수업할 때
> ‣ 이미지와 글을 종합한 독후 활동을 전개하고자 할 때

1. 인상 깊은 장면 모으기

먼저 감정 지도를 만들만 한 인상 깊은 장면들을 모아봅니다. 감정 지도에 활용할 장면들은 등장인물의 감정이 명확하게 드러나거나 눈에 띄게 변화하는 장면이 좋습니다. 그래야 나중에 쭉 늘어놓았을 때 등장인물의 감정선이 어떤

식으로 변화했는지 한눈에 살펴볼 수 있기 때문입니다. 인상 깊은 장면을 모을 때는 모둠별로 브레인 라이팅 기법을 활용하게 하면 좋습니다.

① 모둠별로 4절지와 포스트잇을 나눠 줍니다.
② 각자『셋 중 하나는 외롭다』에서 혜슬이의 감정이 잘 드러난 인상 깊은 장면을 뽑아 포스트잇에 씁니다. 이때, 포스트잇 1장에 한 장면만 쓰도록 합니다.
③ 충분한 시간을 제공하여 최대한 많은 장면을 모아 봅니다.
④ 모든 모둠원이 활동을 마쳤다면 비슷하거나 똑같은 장면끼리 모아서 정리합니다.
⑤ 모든 모둠이 장면을 정리했다면 우리 모둠이 뽑은 장면을 다른 모둠에 소개합니다.
⑥ 선생님은 전체적으로 어떤 장면이 뽑혔는지 칠판에 정리하고, 그중 감정 지도에 활용할 장면을 함께 고릅니다.

이 과정을 통해 아이들이 뽑은 장면은 다음과 같습니다.

네팔의 사원에서 부모님을 잃어버렸을 때	새엄마가 아기를 가졌다는 소식을 들었을 때
민송이가 희수와 놀았다는 사실을 알았을 때	민송이에게 절교를 선언했을 때
새엄마의 사고 소식을 들었을 때	인형의 정체를 깨달았을 때
내 마음을 다스리는 법을 깨달았을 때	모든 관계가 회복되었을 때

2. 감정 지도 만들기

4인 1모둠 기준으로 위에서 뽑은 장면들을 모둠원이 각각 2개씩 뽑아 갑니다. 그다음, 이 장면에서 알 수 있는 혜슬이의 감정을 이미지로 표현하고 그 감정을 글로 자세히 정리한 감정 카드를 만듭니다. 이미지는 아이들이 직접 그려도 되고 도란도란 스토리텔링 카드 스티커 같은 교구를 활용해도 무방합니다. 감정 카드를 모두 만들었다면 감정 지도판에 배열하여 혜슬이의 감정이 어떻게 변화했는지 한눈에 볼 수 있도록 정리합니다. 감정 지도판은 4절지를 활용해서 모둠원이 함께 꾸미도록 합니다.

3. 모둠 간 시계 돌리기

모든 모둠이 감정 지도를 완성했다면 모둠 책상에 감정 지도와 포스트잇, 네임펜을 올려 둡니다. 그다음, 모든 모둠이 시계 방향으로 자리를 바꿔 앉습니다. 다른 모둠의 감정 지도를 살펴보고 우리 모둠과 비슷한 점과 다른 점을 살펴봅니다. 모두 살펴보았다면 포스트잇에 한 줄 감상평을 간단히 써서 책상에 붙여 둡니다. 이 같은 방식으로 모든 모둠의 감정 지도를 살펴봅니다. 원래 모둠으로 돌아왔다면 포스트잇에 쓰여 있는 감상평을 확인합니다. 이 같은 모둠 간 시계 돌리기를 통해 아이들은 자연스럽게 친구들이 만든 감정 지도를 모두 확인할 수 있습니다. 활동이 끝나면 감정 지도를 교실 한쪽에 게시해 두어도 좋습니다.

동화책 활동 39
그들은 어떻게 됐을까: 뒷이야기 만들기

많은 동화책이 그러하듯 『셋 중 하나는 외롭다』도 열린 결말로 막을 내립니다. 책장을 덮고 나면 자신의 마음을 다잡는 방법을 배운 혜슬이가 어떤 삶을 살아갈지 자못 궁금해지지요. 이제 모든 것은 독자의 몫! 상상은 자유인만큼, 이 책을 읽은 아이들도 저마다의 생각으로 뒷이야기를 마음껏 상상할 권리가 있답니다. 아이들이 만든 뒷이야기는 어떤 내용일까요? 때론 어른보다 나은 아이들의 글솜씨에 깜짝 놀라는 경험을 하게 될지도 모릅니다.

이럴 때, 이 활동!

‣ 국어 교과에서 이야기 상상해서 쓰기 수업을 할 때
‣ 책을 다 읽고 마지막 독후 활동을 할 때
‣ 상상을 자극하는 즐거움을 느끼게 하고 싶을 때

1. 뒷이야기 쓰고, 삽화 그리기

이 활동은 별다른 준비가 필요 없습니다. 책을 다시 한번 찬찬히 읽고 난 뒤, 결말의 여운을 곱씹고 자신이 상상한 대로 글을 이어 나가면 됩니다. 글의 길이가 길 필요도 없습니다. 자신이 표현하고 싶은 만큼만 자유롭게 표현합니다. 아이들이 쓴 뒷이야기 중 가장 마음에 오래 남은 글 하나를 소개합니다.

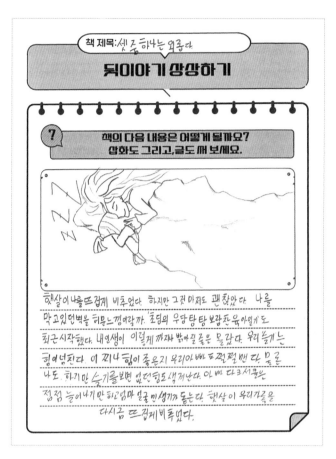

• 자유롭게 상상한 뒷이야기

햇살이 나를 뜨겁게 비추었다. 하지만 그것마저도 괜찮았다. 나를 막고 있던 벽을 허문 느낌이랄까. '초딩의 우당탕탕 보람찬 육아일기'도 최근 시작했다. 내 인생이 이렇게까지나 밝아질 줄은 몰랐다. 우리 '슬기'는 힘이 넘친다. 어찌나 힘이 좋은지 우리 아빠도 쩔쩔맨다. 물론 나도. 하지만 슬기를 보면 없던 힘도 생겨난다. 아빠 다크서클은 점점 늘어나기만 하고 엄마 얼굴엔 생기가 돈다. 햇살이 우리 가족을 다시금 뜨겁게 비추었다.

2. 뒷이야기 돌려 읽기

뒷이야기를 모두 썼다면 돌려 읽기를 시작합니다. 모든 친구의 뒷이야기를 읽을 수 있도록 패들렛이나 띵커벨 보드를 활용합니다. 각자 쓴 뒷이야기 활동지를 사진으로 찍어서 패들렛에 올리게 합니다. 또는 처음부터 패들렛을 활용해 뒷이야기를 쓰게 해도 좋습니다. 아이들은 패들렛에 접속하여 친구들의 글을 살펴보고 '좋아요'와 댓글을 달아 줍니다. 물론 친구의 글을 응원하는 마음을 담은 댓글을 다는 것이 중요하다는 것을 미리 안내해 주어야 합니다. 각자 뒷이야기를 쓰는 것만으로 그치지 않고 이렇게 서로 작가와 독자가 될 수 있는 경험을 충분히 제공해 주세요. 그래야 글을 읽고 쓰는 재미가 더욱 커질 테니까요.

SNS를 이해하는
동화책

단톡으로 일그러진 우리

『**단톡방을 나갔습니다**』
신은영 글, 히쩌미 그림
소원나무

주인공 초록이는 마음씨 따뜻하고 상냥한 친구지요. 초록이는 새 학년을 맞아 새리, 지애, 하린이와 단짝이 되고 단톡방까지 만들게 됩니다. 하지만 평화로운 나날은 오래가지 않습니다. 초록이의 일거수일투족이 질투심 많은 새리의 마음에 불을 지폈거든요. 그때부터 네 친구의 우정을 확인하고 다지는 무대였던 단톡방은 어느새 서로를 공격하고 따돌리는 학교 폭력의 무대로 변질되고 맙니다. 초록이는 이 상황을 어떻게 타개해야 할지 혼란스러운 마음을 감출 수 없습니다. 결국 초록이가 선택한 최종 해결책은 '단톡방을 나가는' 것이었습니다. 그리고 놀랍게도 단톡방을 나가 친구를 직접 마주한 그 순간, 꼬였던 관계의 실타래 역시 제자리를 찾아가기 시작하지요.

동화는 아이들에게 엄청난 용기가 필요한 '단톡방을 나가는' 행위 자체가 사실은 문제 해결의 시작이라는 것을 강조합니다. 이 과정을 억지스럽지 않고 자연스럽게 그려 낸 점이 특히나 칭찬할 만합니다. 진짜 우정은 단톡방에 있지 않다는 것, 단톡방을 나갔을 때 비로소 우리가 원하는 진짜 친구를 마주할 수 있다는 것을 느낄 수 있답니다.

단톡방은 필요할까?: 찬반 시소 모둠 토론

단톡방의 부작용에도 불구하고 아이들은 왜 끊임없이 단톡방을 만들까요? 아이들조차 명확한 이유를 찾지 못하는 이 문제를 토론으로 풀어 보세요. 단톡방이 꼭 필요한 것인지, 필요하다면 왜 필요한지, 필요 없다면 어떤 방법으로 대체할 수 있을지 찾아보는 과정에서 아이들 스스로 단톡방에 대해 생각할 시간을 마련해 주는 것입니다. '단톡방이 필요하다는 결론이 나오면 어떡하나.' 하고 걱정이 되시나요? 걱정 마세요. 사실 결론은 크게 중요하지 않거든요. 진짜 중요한 것은 단톡방의 장단점을 토론으로 확인하고 점검하는 경험 그 자체랍니다.

이럴 때, 이 활동!

▸ 국어 교과에서 토론 수업을 진행할 때
▸ 사회 교과에서 우리 사회의 여러 문제점을 찾고 대안을 마련할 때
▸ 단톡방에 대한 아이들의 생각을 듣고 싶을 때

1. 찬반 시소 모둠 토론 소개

찬반 시소 모둠 토론은 논제에 대해서 '매우 찬성(2), 찬성(1), 중립(0), 반대(-1), 매우 반대(-2)'라는 5점 척도로 자신의 의견을 표시하고 친구들과 이야기를 나누는 형식의 토론입니다. '찬성, 중립, 반대' 3점 척도를 활용하는 신호등

토론과 정해진 척도 없이 양 끝의 의견 사이에 자유롭게 자기 의견을 표시하는 가치 수직선 토론의 중간쯤 놓인 토론 기법이라고 할 수 있습니다. 토의 토론을 막 시작하는 초등학교 중학년부터 적용하면 좋은 기법으로 누구나 부담 없이 참여할 수 있다는 것이 가장 큰 장점입니다.

2. 논제 확인하고 자기 의견 표시하기

찬반 시소 모둠 토론이 어떤 토론 기법인지 대략적으로 설명해 주고 난 뒤, 논제를 제시합니다. 논제는 '초등학생에게 단톡방은 필요하다'입니다. 이 논제에 대한 자기 생각을 5점 척도에서 골라 표시합니다. 그다음, 왜 그런 생각을 했는지 주장과 근거를 아래와 같이 정리합니다.

논제: 초등학생에게 단톡방은 필요하다	
나의 의견	근거
매우 찬성(2)	- 친구들끼리 약속을 잡을 때 단톡방이 없으면 따로따로 계속 연락을 해야 해서 굉장히 불편하다. - 무슨 일이 있을 때 바로 알려야 하는데 단톡방이 없으면 각 사람에게 알려야 해서 시간이 많이 걸린다.
중립(0)	- 단톡방이 있으면 편리하고 연락하기도 쉽지만 쓸데없는 잡담을 많이 하고 시간 낭비를 하기도 해서 아직 확실하게 결정하기 어렵다.
매우 반대(-2)	- 단톡방에 이모티콘으로 도배를 하거나 장난을 치는 아이들이 많아서 다툼이 자주 일어나고 오히려 서로를 공격하기만 한다. - 학교 폭력이 일어나기도 하고 아무 때나 마음만 먹으면 친구를 놀리거나 괴롭힐 수 있는 곳이라서 반대한다.

3. 단체 토론하기

각자 활동지를 작성했다면 같은 의견을 모은 친구들끼리 모여서 세 모둠을 만듭니다. '찬성'과 '매우 찬성' 모둠, '반대'와 '매우 반대' 모둠, '중립' 모둠이 모여 단체 토론을 시작합니다. 모둠원끼리 모여 서로 쓴 근거들을 점검하고 찬성 모둠의 대표자부터 찬성 근거를 밝힙니다. 다른 모둠은 찬성 모둠의 근거를 듣고 난 뒤, 궁금한 점이 있다면 질문합니다. 이때부터는 모둠원 누구든 원하는 사람이 질문하고 대답할 수 있으며, 한 번 발언권을 얻었다면 다음 차례에는 다른 모둠원에게 발언권을 양보해야 합니다. 이래야 모든 친구가 돌아가면서 자기 생각을 밝히는 경험을 할 수 있기 때문입니다.

> 찬성 팀: 단톡방이 없다면 친구들끼리 약속을 잡을 때 따로따로 계속 연락해야 해서 굉장히 불편합니다. 그렇기 때문에 단톡방은 반드시 있어야 합니다.
>
> 반대 팀: 친구들끼리 약속을 잡는다면 학교에 있을 때 미리 잡아도 됩니다. 단톡방을 활용할 정도로 급한 약속은 없기 때문입니다. 이 부분에 대해 어떻게 생각하시나요?
>
> 찬성 팀: 주말에 갑자기 놀고 싶어질 수도 있고, 친구들과 만날 수도 있습니다. 이럴 때는 단톡방에 바로 '나랑 놀 사람?' 하고 올리는 것이 효과적입니다.
>
> 반대 팀: 그렇게 올렸을 경우 단톡방에 있는 애들이 거의 다 논다고 하면 놀고 싶지 않은 아이도 괜히 나가야 할 것 같은 부담감이 생겨서 관계가 힘들어집니다. 또 아무도 대답을 안 하면 서운해지기도 하고요. 이럴 바엔 차라리 개인 톡을 사용하는 것이 더 효과적이지 않을까요?

위 대화처럼 단체 토론은 주로 찬성 모둠과 반대 모둠이 공방을 주고받게 됩니다. 중립 모둠에게는 찬성과 반대의 이야기를 잘 듣게 한 뒤, 자신이 마음 가는 쪽으로 자리를 이동할 시간을 한 번 줍니다. 자리를 이동하면 해당 모둠의 소속원이 되어 활동할 수 있습니다. 물론 끝까지 중립 모둠에 남아 있을 수도 있고 원한다면 찬성과 반대 모두에게 질문을 던지면서 캐스팅 보트 역할을 할 수도 있습니다.

4. 최종 의견 결정하고 소감 나누기

단체 토론을 마치고 나면 활동지에 자신의 최종 의견을 다시 한번 5점 척도로 표시하게 합니다. 생각이 강화되었다면 왜 강화되었는지, 다른 쪽으로 변화했다면 왜 변화했는지도 정리합니다. 모두의 의견이 정해졌다면 찬성과 반대 중 어느 모둠이 승리했는지 최종 결과를 확인합니다. 최종 결과 확인 후에는 반드시 토론 소감을 돌아가면서 나눕니다. 이때 토론을 통해 알게 된 사실과 느낀 점을 명확히 말할 수 있도록 독려해 주면 토론의 효과가 더욱 크게 살아납니다.

> ‣ 저는 단톡방에 찬성하는 입장이긴 했지만 토론을 하면서 단톡방에 많은 부작용이 있다는 것도 알게 되었어요. 그래서 웬만하면 안 만들고 만약 만들어야 한다면 어른들의 허락을 받고 만들래요.
> ‣ 무작정 단톡방을 안 된다고 하는 게 조금 이해가 안 갔었는데 우리끼리 이렇게 이야기하고 나니까 어른들 마음도 이해하게 된 것 같아요.
> ‣ 단톡방이 나쁜 게 아니라 그걸 잘못 쓰는 태도가 나쁜 것 같아요. 만약 꼭 만들어야 한다면 어떻게 행동할 것인지부터 약속하면 좋을 것 같아요.

동화책 활동 41
단톡방을 어떻게 사용할까: '선을 지켜라' 토론

앞선 찬반 시소 모둠 토론에서 '단톡방이 필요한가?'에 대한 주제에 대해 이 야기를 나누고 난 뒤에는 '선을 지켜라' 토론으로 단톡방의 사용법에 대해 생각 해 보는 시간을 갖습니다. 어차피 만들어질 단톡방이라면 차라리 처음부터 단 톡방을 어떻게 하면 평화롭고 안전하게 유지할 수 있을까를 함께 고민해 보는 것이지요. 이 시간에 만든 단톡방 규칙은 아이들의 삶 속에 시나브로 스며들어 튼튼한 가이드라인 역할을 하게 됩니다. 고학년 이상의 학급이라면 꼭 추천하 는 활동입니다.

이럴 때, 이 활동!

▸ 국어 교과에서 토의토론 수업을 진행할 때
▸ 도덕 교과에서 규칙에 관한 공부를 할 때
▸ 단톡방에 대한 학급 규칙을 만들고 싶을 때

---

1. '선을 지켜라' 토론 소개

선을 지켜라 토론은 합의된 규칙을 만들 때 사용하는 토론 기법입니다. 토론 지 가운데 선을 긋고, 그 선을 기준으로 선 위와 선 아래로 공간을 나눠 토론을 진행하게 됩니다. 선 위에는 올바른 행동을, 선 아래에는 올바르지 않은 행동을 적어 비교하며 지켜야 할 규칙과 구체적 실천 방안을 마련할 수 있습니다.

2. '선 위에 살기' 활동하기

앞서 소개한 대로 모둠별로 4절지를 나눠 줍니다. 4절지를 반으로 접어 기준 선을 굵게 그어 선 위와 선 아래를 구분합니다. 먼저 선 위에 살기 활동부터 합니다. 선 위에는 단톡방을 평화롭게 안전하게 유지할 수 있는 규칙들을 적습니다. 모둠원이 함께 머리를 맞대 4~5가지의 규칙을 합의해 정리할 수 있도록 합니다.

> ‣ 예쁘고 고운 말을 쓴다.
> ‣ 밤늦게 톡을 보내지 않는다.
> ‣ 친구를 놀리거나 뒷담화를 하지 않는다.
> ‣ 누구나 단톡방을 나가고 들어갈 자유가 있음을 인정한다.

3. '선 아래에 살기' 활동하기

선 위에 살기에 이어 선 아래에 살기 활동을 진행합니다. 이때는 반대로 단톡방에서 해서는 안 되는 나쁜 행동이나 말을 적어 봅니다.

> ‣ 욕을 쓰거나 친구를 놀린다.
> ‣ 이모티콘 도배를 한다.
> ‣ 쓸데없이 톡을 보내고 시비를 건다.
> ‣ 원하지 않는 애들을 마구 초대한다.

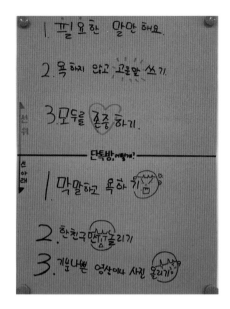

• '선을 지켜라' 토론 결과물

4. 단톡방 규칙 합의하기

모둠별 활동이 끝나면 어떤 이야기를 나눴는지 전체에게 소개합니다. 서로 소개한 내용 중 비슷한 것들끼리 묶어 우리 반 단톡방 규칙을 합의합니다. 규칙은 간결하고 단순한 것이 좋습니다. 최대 3개를 넘지 않아야 합니다. 우리 반 단톡방 규칙은 다음과 같이 결정되었습니다.

> ‣ 필요할 때만 단톡방을 만들어 사용한다.
> ‣ 고운 말과 예쁜 말만 사용한다.
> ‣ 나가고 들어가는 자유를 인정한다.

내게도 이런 언니가 있었으면

『맞아 언니 상담소』
김혜정 글, 김민준 그림
비룡소

살다 보면 정답을 찾기 힘든 고민에 부딪힐 때가 있습니다. 이럴 때는 섣부른 충고나 조언보다 그냥 눈 마주치며 "맞아, 너 정말 힘들지? 나도 그럴 때 있었어!" 하는 진심 어린 공감을 바라게 되지요.

미래와 친구들은 고민에 "맞아! 맞아!" 맞장구쳐 줄 '맞아 언니 상담소' 카페를 엽니다. 그런데 가입자 수가 늘면서 사건 사고가 생겨 납니다. 문구점 아줌마가 누군가가 쏜 비비탄 총 때문에 병원에 입원하는 충격적인 사건이 벌어진 것입니다. 문제는 이 테러 사건의 범인이 바로 맞아 언니 상담소에서 상담받은 아이라는 것!

그제야 아이들은 깨닫습니다. 얼굴 없는 고민 뒤에는 '진짜 사람'이 자리하고 있다는 사실 말입니다. 고민 상담에는 더 많은 책임과 의무가 뒤따르고 있다는 것도 알게 되지요. 컴퓨터 안에 갇힌 세계를 벗어나 서로의 고민과 결핍을 터놓고 상처와 아픔을 보듬어 가는 아이들의 모습은 더없이 진지하고 아름답습니다.

우리는 모두 맞아 언니야: 우리 반 맞아 언니 상담소

『맞아 언니 상담소』에 올라온 고민만큼 우리 반 아이들에게도 많은 고민이 있습니다. 아이들 또한 미래와 친구들처럼 서로의 '맞아 언니'가 되어 줄 수 있지 않을까요? 그래서 연 장소가 바로 '우리 반 맞아 언니 상담소'입니다. 익명으로 고민 글을 올리고 서로의 고민에 진지하게 답글을 달아 주는 경험만으로도 아이들은 더할 나위 없는 위로를 받게 된답니다. 아이들은 어떤 고민을 안고 살아가는지 궁금하다면 꼭 한 번 열어 보세요. '우리 반 맞아 언니 상담소'를요!

이럴 때, 이 활동!

▸ 글밥이 많은 책의 내용을 중간에 한번 되새기게 하고 싶을 때

▸ 이야기를 읽고 요약하는 수업을 할 때

▸ 이야기 속 인물, 사건, 배경을 정리하도록 해야 할 때

1. 고민 상담 연습하기

서로의 고민 글을 나누기 전에 상담 연습부터 해 봅니다. 우선 올바른 상담과 조언 태도를 확인합니다. 상대의 마음에 진심으로 공감하기, 섣부르게 판단하지 않기, 상대가 원할 경우 실현 가능한 해결책 제시하기 등의 원칙들을 함께 정할 수 있습니다. 원칙이 정해졌다면 선생님이 미리 '맞아 언니 상담소' 카페

처럼 설정해 놓은 패들렛에 접속합니다. 패들렛에는 『맞아 언니 상담소』의 고민 중 하나를 골라 올려 두었습니다.

패들렛에 올린 고민은, 친한 친구랑 놀지 못하게 하는 엄마 때문에 속상해하는 내용이었어요. 친구가 공부를 못한다고 해서 같이 놀지 못하게 한다는 것인데요, 너무 속상해하는 이 친구에게 무슨 말을 해줄 수 있을까요?

패들렛에 접속한 아이들은 고민 글을 확인하고 각자 상담 댓글을 달아 줍니다. 앞서 정한 원칙들을 잘 생각하면서 고민 글을 올린 친구에게 최대한 도움을 줄 수 있는 댓글을 달 수 있게 독려해 주는 것이 중요합니다. 이와 같은 상담 연습을 통해 아이들은 '아, 상담은 이렇게 하는 거구나.'라는 것을 몸과 마음으로 이해할 수 있습니다.

▸ 와, 그런 일이 있었구나. 정말 슬펐겠다. 그럼 너도 엄마에게 "나도 이 친구들이랑 놀고 싶어."라고 얘기해 봐. 너의 솔직한 감정을 지금처럼 털어놓으면 돼. 그리고 이 방법이 안 통하면 엄마와 매일 소통하려고 노력해 봐. 그럼 조금이라도 네 마음이 닿아서 허락해 주실 거야.

▸ 화나겠다. 어머니께 "엄마 저는 얘랑 놀고 싶어요."라고 솔직하게 이야기 드려 봐. 친구의 장점이나 친구가 너한테 잘해 준 것도 많이 이야기해. 그럼 어머니도 점점 더 많이 이해하실 거야.

▸ 엄마께 속마음을 아주 진지하게 말해 봐. "엄마 나도 친구랑 놀고 싶고, 나도 공부 못해." 이렇게 말이야. 친구는 네가 정하는 거지, 엄마가 정하는 게 아니잖아. 그냥 우정을 나눠! 친구야, 힘내.

2. 각자의 고민 올리기

상담 연습을 했다면 본격적으로 서로 고민을 나누는 시간을 가집니다. 먼저 각자 떠오르는 고민들을 패들렛에 남깁니다. 이때는 비밀 유지를 위해 익명으로 남깁니다. 고민은 너무 무겁거나 진지하지 않아도 됩니다. 가볍고 소소한 고민도 함께 나누면 가치가 있으니까요.

3. 고민 상담 댓글 달기

모두 고민 글을 올렸다면 친구들이 올린 고민 글을 살펴보면서 상담 댓글을 답니다. 상담 댓글을 달 때는 고민 글과는 달리 반드시 자기 이름을 쓰도록 합니다. 그래야 상담자로서 책임감을 가질 수 있을 뿐 아니라 만에 하나 일어날 수 있는 장난 댓글을 방지할 수 있기 때문입니다.

고민 글	상담 댓글
요즘 공부가 너무너무 하기 싫어요. 어쩌면 좋지요?	공부 하기 싫은 거 인정! 나도 진짜 하기 싫어. 그런데 또 생각해 보면 공부 안 하면 뭐 먹고 사나 싶기도 해. 그래서 우선은 열심히 하려고 노력하려구. 우리 짜증 나도 힘내자, 친구야!
자전거가 너무 재미있어서 계속 타다 보면 밤 10시에 들어와요.	밤 10시라고? 너무 늦게 들어와서 부모님이 걱정하시겠다. 그런데 사실 나도 자전거 엄청 좋아해ㅋㅋ 너의 마음은 이해하지만 밤 늦게까지 타는 건 위험하니까 알람을 맞춰 놓는 건 어떨까? 저녁 7시쯤? 어때?
살이 점점 찌는데 어떡하지요?	나도… 눈물이 앞을 가린다. 먹는 게 우리의 큰 행복인데 어떡해? 배고픈 공주보다는 배부르고 행복한 돼지가 낫다고 생각해! 우리 행복해지자!

4. 소감 나누기

서로 고민을 충분하게 나누고 난 뒤, 돌아가며 소감을 듣습니다. 아이들은 친구들에게 내 고민을 털어놓아서 속이 시원하기도 했고 댓글을 보면서 위로도 받았다고 이야기합니다. 평소에 쉽사리 꺼내 놓지 못한 속이야기를 이참에 털어놓게 해 보세요. 끈끈하고 따뜻한 학급 분위기에 웃음 한 스푼이 더해져 잊지 못할 추억이 만들어질 것입니다.

맞아 언니 유튜브 개설: 유튜브 섬네일 만들기

『맞아 언니 상담소』는 2016년에 출간된 동화입니다. 유튜브와 틱톡이 주도하는 숏폼이 대세인 요즘 같은 시대에 만들어진 작품이 아니다 보니 사건의 주 배경도 '온라인 카페'지요. 그런데 이 작품이 만약 현재 출간되었다면 어떻게 되었을까요? 맞아 언니 상담소가 온라인 카페가 아니라 유튜브에 개설되지 않았을까요? 이런 즐거운 상상을 하며 아이들과 맞아 언니 상담소 유튜브 섬네일을 만들어 보는 시간을 가졌습니다. 유튜버가 된 것처럼 즐겁게 참여한 아이들의 표정이 유달리 기억에 많이 남는 활동이랍니다.

이럴 때, 이 활동!

▸ 미술 교과에서 디자인 수업을 진행할 때

▸ 책의 배경을 오늘날과 연결해서 상상해 보도록 할 때

▸ 사건 내용을 그림으로 담아내는 독후 활동을 하고 싶을 때

1. 다양한 고민 떠올리기

유튜브 섬네일은 구독자의 시선을 잡아끌어 클릭하게 만드는 힘이 있어야 합니다. 『맞아 언니 상담소』에 올라온 고민뿐 아니라 실제로 있을 법한 고민과 앞선 활동에서 했던 친구들의 고민까지 다양한 고민을 떠올려 봅니다. 그중에

서 유튜브 섬네일로 만들고 싶은 고민을 선택합니다.

2. 유튜브 섬네일 만들기

내가 고른 고민을 잘 표현할 수 있는 유튜브 섬네일을 만듭니다. 캔바나 미리캔버스 같은 에듀테크 도구를 활용해도 좋고, 활동지에 직접 그림을 그려도 좋습니다. 우리 반은 자유로운 표현을 독려하기 위해 활동지를 나눠 주고 그림을 그리도록 했습니다. 다음은 아이들이 만든 유튜브 섬네일입니다.

• 활동지에 직접 그려서 만든 유튜브 섬네일

3. 작품 감상하기

유튜브 섬네일을 모두 만들었다면 작품 나누기를 합니다. 갤러리 워크 활동을 활용해도 좋고 또는 다음과 같이 진행해도 좋습니다.

① 반 아이들을 짝수 번호와 홀수 번호로 나눕니다.

② 짝수 번호 아이들은 자기 작품을 들고 교실 곳곳에 섭니다.

③ 홀수 번호 아이들은 교실을 돌아다니면서 5분 동안 친구들의 작품을 감상합니다. 감상을 하다가 궁금한 점이 있다면 물어봅니다.

④ 제한 시간이 끝나면 역할을 바꿔서 다시 한번 진행합니다.

⑤ 감상한 작품 중에 진짜 섬네일이었다면 클릭할 것 같은 작품이 무엇인지 추천을 받아 봅니다. 추천받은 작품들을 전체 아이들과 살펴보면서 이야기를 나눕니다.

⑥ 모든 작품을 걷어서 칠판이나 게시판에 붙인 뒤, 전체 사진을 찍습니다.

일상을 파고든 메신저

『열다섯, 그럴 나이』
나윤아, 범유진, 우다영,
이선주, 탁경은 글
우리학교

『열다섯, 그럴 나이』 중 「앱을 설치하시겠습니까」(이선주 글)는 카카오톡 사용을 둘러싼 아이들의 갈등을 실감 나게 그린 작품입니다. 조별 과제를 하기 위해 한 자리에 모인 5명. 예기치 못한 문제가 발생합니다. 과제를 위한 의견을 교환해야 하는데 혜주는 카톡을 하지 않는 것입니다. 카톡으로 소통하는 것이 편한 나머지 아이들과 죽어도 카톡은 깔지도, 사용하지도 않겠다는 혜주 사이에 긴장감이 흐릅니다. 갈등의 골은 점점 깊어지고요. 급기야 다른 아이들은 혜주를 제외하고 단톡방을 만들어 조별 과제 주제를 정해 버립니다. 혜주 역시 잔뜩 화가 나서 친구들이 정한 주제를 신랄하게 비판하지요. 혜주의 비판에 화가 난 아이들은 소리칩니다. "이럴 거면 제발 카톡을 깔아!" 혜주도 지지 않고 맞서지요. "카톡을 깔든 말든 그건 내 자유야. 간섭하지 마."

　　과연 아이들은 서로를 이해할 수 있을까요? 결말이 궁금하다면 꼭 이 책을 아이들과 읽어 보세요. 고작 메신저 하나 때문에 망가져 가는 주인공들의 관계 속에서 나와 조금 다르다는 이유로 너무 쉽게 상대를 혐오하고 배척하는 우리를 발견하며 오소소 소름이 돋을지도 모른답니다.

가장 쉬운 요약법: 1~5글자로 말해요

책을 읽고 나면 항상 하는 활동 중 하나가 책 내용을 요약하는 것입니다. 지금까지 읽은 내용을 간단히 요약한다는 것은 이야기의 큰 줄거리와 주제를 모두 파악하고 있다는 의미이기 때문에 아이들의 문해력 향상에도 큰 도움이 됩니다. 책의 내용을 요약하는 방법은 여러 가지가 있는데 그중에서 가장 쉽고 편하면서도 재밌게 활동할 수 있는 요약법 하나를 소개합니다. 바로 글자 수를 점차 늘려 가며 책의 핵심 단어로 내용을 요약하는 '1~5글자로 말해요'입니다.

이럴 때, 이 활동!

▸ 국어 교과에서 요약하기 수업을 할 때
▸ 짧은 시간에 오늘 읽은 내용을 요약하게 하고 싶을 때
▸ 학습 수준이 다소 부족한 아이들과 요약 공부를 할 때

1. 책 훑어보기

요약에서 가장 중요한 밑 작업은 지금까지 읽었던 책의 내용을 다시 한번 쭉 훑어보는 것입니다. 그러면서 어떤 부분이 가장 중요한 장면인지, 이 책의 주제는 무엇인지, 이 책의 갈등 요소와 그것을 해결하는 방법이 무엇인지를 파악하는 것이지요. 다만, 이미 알고 있는 내용이기에 대충 책장을 휘리릭 넘기고 마는

경우가 생기기도 합니다. 이를 방지하기 위해서 미리 몇 가지 점검 사항을 제시하고, 이를 아주 간단하게라도 기록하면서 훑어보게 합니다.

- 주인공 이름은 무엇인가요?
- 이 책의 갈등은 무엇으로부터 시작되었나요?
- 이 책이 전달하고 싶은 주제는 무엇인가요?
- 이 책에서 가장 인상 깊은 장면은 무엇인가요?

2. 핵심 단어 선정하기

'1~5글자로 말해요'는 한 글자부터 다섯 글자까지 글자 수를 늘려 가면서 책의 내용을 핵심적인 단어들로 소개하는 활동입니다. 즉, 책과 가장 밀접한 '핵심 단어'를 선정하는 것이 그 무엇보다 중요합니다. 책을 쭉 훑어보면서 기록한 것들을 토대로 핵심 단어가 무엇인지를 충분히 생각해 봅니다.

3. 1~5글자로 말해요

핵심 단어를 뽑았다면 이를 조합해서 활동지를 완성합니다. 아이들은 다음과 같이 이 책의 내용을 정리했습니다.

❶ 톡	❶ 윤	❶ 화
❷ 혜주	❷ 갈등	❷ 카톡
❸ 단톡방	❸ 단톡방	❸ 따돌림
❹ 수행평가	❹ 카카오톡	❹ 수행평가
❺ 진실과 거짓	❺ 우리의 모습	❺ 이해 불가능

• 핵심 단어로 완성한 쓴 활동지

4. 두더지 발표로 확인하기

아이들이 쓴 1~5글자는 두더지 발표로 확인합니다. 두더지 발표는 다음과 같이 진행합니다.

① 모두 자리에서 일어납니다.

② 한 글자부터 시작합니다. 맨 앞에 있는 사람부터 자기가 쓴 한 글자 단어를 말합니다.

③ 친구가 말한 단어가 나와 같은 뒷사람들은 자기 자리에 앉습니다.

④ 위와 같은 방법으로 돌아가며 글자를 소개합니다.

두더지 발표는 중복되는 단어를 제외하고 빠른 속도로 단어를 확인할 수 있다는 장점이 있습니다. 또한 자리에서 앉았다 일어나는 행동을 취함으로써 굳이 말하지 않아도 모두가 발표에 참여하는 효과를 거둘 수 있습니다. 시간 관계상 1~5글자를 모두 하지 않고 특정 글자 수의 단어만 발표하게 해도 무방합니다.

녀희는 어떤 나이니?: OO살, 그럴 나이

『열다섯, 그럴 나이』에는 「앱을 설치하시겠습니까」를 포함해 흔들리고 일어서는 열다섯 중학생 아이들의 흥미로운 이야기가 5개나 실려 있습니다. 이 소설들을 다 읽고 나면 열다섯 아이들이 어떤 특징을 갖고 살아가고 있는지 한눈에 보일 정도지요. 책을 덮고 나니 문득 궁금해졌습니다. 저와 함께 교실에서 복작복작 살아가는 열두 살, 열세 살 아이들의 특징도요. 그래서 물어봤습니다. "너희들은 어떤 나이니?" 하고요. 이 활동이 바로 'OO살, 그럴 나이'입니다.

이럴 때, 이 활동!

▸ 실과 교과에서 '나'의 성장에 대해 공부할 때
▸ 또래 아이들의 공통된 특성을 파악하고 싶을 때
▸ 서로의 공통점과 차이점을 찾아보게 하고 싶을 때

1. 'OO살'의 공통 특징 찾아 쓰기

이 활동은 나만 가지고 있는 특성을 찾는 데 목적이 있는 것이 아니라 같은 또래 아이들 대부분이 갖고 있는 특성을 찾아 쓰는 데 의의가 있습니다. 이 부분을 강조해서 활동지에 어떤 특성들이 있는지를 정리하게 합니다.

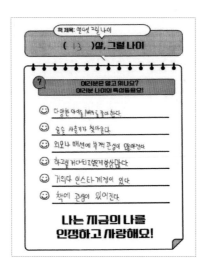

• ○○살의 특성을 정리해 적은 활동지

- 다양한 아이돌, 배우를 좋아한다.	- 몸이 점점 커지고 목소리가 굵어진다.
- 슬슬 사춘기가 찾아온다.	- 몸 이곳저곳에 털이 난다.
- 외모나 패션에 부쩍 관심이 많아진다.	- 엄마 아빠보다 친구들이 더 좋다.
- 하고 싶고, 되고 싶은 게 항상 많다.	- 이성에 관심이 생기기 시작한다.
- 거의 다 인스타그램 계정이 있다.	- 슬슬 반항하고 싶은 마음이 생긴다.
- 책에 관심이 생긴다.	- 카톡보다 DM을 더 많이 쓰기 시작한다.

2. '복불복 내친소'로 발표하기

모두 특징을 찾아서 썼다면 짝 발표를 활용해서 짝꿍끼리 서로 어떤 내용을 썼는지 소개합니다. 짝꿍이 찾은 특징을 들으면서 내가 찾지 못했지만 공감되는 부분이 있는지 확인하고, 궁금한 점도 물어보게 합니다. 짝 발표가 끝나면 '복불복 내친소' 활동을 합니다. 이 활동은 나의 결과물이 아닌 짝꿍의 결과물을 소개하는 발표 방법입니다. 선생님이 뽑기 룰렛에서 번호를 하나 뽑습니다.

해당 번호인 아이가 일어나서 짝꿍의 결과물을 소개합니다. 이때 짝꿍에게 들은 적절한 설명을 같이 곁들이면 더욱 좋습니다. 복불복 내친소는 나의 결과물이 아닌 짝꿍의 결과물을 소개하기 때문에 상대적으로 발표 부담이 덜한 활동인 동시에 누가 뽑힐지 모르는 스릴도 있어 아이들이 매우 좋아하는 발표 방법이기도 합니다.

3. 아동기의 특성 정리하기

고학년의 경우, 복불복 내친소를 통해 그 나이대에 맞는 공통된 특성을 확인한 뒤 실과 교과와 연계한 '아동기와 청소년기의 특성 정리하기' 활동으로 이어서 진행하면 좋습니다. 지금까지 살펴본 내용을 모둠별로 4절지에 비주얼씽킹과 글로 간단히 정리하게 하면 아주 훌륭한 결과물이 탄생한답니다.

• 비주얼씽킹으로 정리한 '아동기의 특성'

동화책 활동 46
갈등 중재도 연습이 필요해: 또래 조정 역할극

「앱을 설치하시겠습니까」에서 혜주와 친구들의 갈등은 해결점을 찾지 못하고 끝없이 달려갑니다. 그 사이에서 윤은 중립 아닌 중립을 지키며 갈등에 무기력하게 휩쓸려 다니지요. 그런데 만약 윤이 혜주와 친구들 사이를 잘 중재했다면 어떤 일이 벌어졌을까요? 아마도 혜주와 친구들의 무지막지한 몸싸움은 벌어지지 않았을지도 모릅니다. 우리 아이들에게도 이 부분을 꼭 가르쳐 주고 싶었어요. 갈등이 일어났을 때 현명하게 해결하는 방법을요. 그 방법이 바로 '또래 조정'입니다.

이럴 때, 이 활동!

- ▸ 도덕 교과에서 갈등과 해결 수업을 진행할 때
- ▸ 국어 교과에서 연극 단원과 연계한 수업을 할 때
- ▸ 학급 내 또래 조정 역할을 활성화하고 싶을 때

1. 또래 조정의 단계 확인하기

또래 조정이란 친구 사이의 갈등을 잘 아는 친구가 객관적인 입장에서 갈등을 해결하도록 도와주는 방법입니다. 이름 그대로 '또래'가 관계를 '조정'해 주는 것이지요. 단, 중요한 것은 객관적 입장을 견지하면서 개입해야 한다는 것입

니다. 그래서 또래 조정에서는 정형화된 단계가 매우 중요합니다. 또래 조정을 연습하기 전, 또래 조정 단계를 확실히 안내하는 것이 중요한 이유입니다. 또래 조정 단계는 다음과 같은 순서로 진행합니다.

[1단계]　대화 규칙 정하기

예) 서로 비난하지 않는다. / 진실만 이야기한다. / 서로의 입장을 존중한다.

[2단계]　서로의 생각을 이야기하고 듣기

[3단계]　갈등 문제와 원인 찾고 정리하기

[4단계]　갈등 해결 방법 찾기

[5단계]　생각 모으고 해결하기

[6단계]　평가하기

2. 또래 조정 역할극 대본 짜기

또래 조정 역할극은 실제로 또래 조정을 하기 전, 어떻게 말하고 행동해야 하는지를 연습하는 활동입니다. 그러나 무작정 아이들에게 단계에 맞춰 또래 조정 역할극을 만들라고 하면 어떻게 해야 하는지 몰라 어려워합니다. 그러니 처음부터 어느 정도 내용이 들어가 있는 역할극 대본을 제시하여 빈칸만 채우게 하는 것이 좋습니다. 그래야 정해진 수업 시간 내에 일정 수준 이상의 역할극을 만들 수 있고 연습의 의미도 살아나기 때문입니다.

또래 조정자 역할 대본

단계	순서	대사
【1단계】 대화규칙 정하기	조정자 1, 2	얘들아, 너희 지금 갈등 조정이 잘 안 되는 것 같아. 우리가 또래 중재를 한 번 해 봐도 될까?
	친구1, 2	그래, 좋아.
	조정자1	고마워. 우리는 너희 두 사람 사이에서 중립을 지킬 거야. 그리고 이 자리에서 들은 내용은 절대 다른 곳에 가서 이야기하지 않을게. 그리고 우리는 해결책을 제시하지는 않아. 두 사람이 서로 이야기할 수 있도록 순서만 알려 줄게.
	조정자2	너희가 대화할 때, 규칙을 지키면 해결에 도움이 될 것 같아. 첫째, 상대방을 비난하지 않고 존중하기. 둘째, 거짓말하지 않고 솔직하게 말하기. 이 2가지만 지켜도 대화가 좀 더 원활하게 되지 않을까 싶어. 혹시 또 원하는 규칙 있어?
	친구1, 2	(원하는 대화 규칙이 있으면 말한다.)
【2~3단계】 서로 이야기하며 듣기 ⋮ 갈등이 무엇인지 확인하고, 원인 찾기	조정자1	그럼, 시작할게. 먼저 서로 불편했던 점과 그때 느꼈던 감정에 대해서 자세히 얘기해 보자. 누가 먼저 이야기할래?
	친구1	내가 먼저 할게. 내가 불편했던 점은 ( )야.
	조정자2	솔직하게 이야기해 줘서 고마워. 그럼, 이번엔 네 이야기를 들려줄래?
	친구2	내가 불편했던 점은 ( )야.
	조정자1	잘 이야기해 줘서 고마워. 혹시 서로의 이야기에서 궁금한 점이 있어?

(번거롭지만 이렇게 이야기를 나누면서 상대방 이야기를 집중하며 듣게 되고, 감정이 점점 누그러듭니다.)
(불편한 점에 대해 충분히 얘기를 나누면서 서로를 이해하는 시간을 갖습니다.)

단계	순서	대사
【4단계】 갈등의 해결 방법 찾기	조정자2	그럼 이제 상대방에게 바라는 점을 이야기해 보자.
	친구1	내가 바라는 건 ( )야.
	조정자1	다음 친구도 이야기해 볼래?
	친구2	내가 바라는 건 ( )야.

【5단계】 생각 모으고 해결하기	조정자1	정리해 볼게. 이 문제를 해결하기 위한 방법은 ( )야. 이 해결 방법을 함께 실천해 줄 수 있겠어?
	조정자2	힘들면 힘들다고 솔직하게 말해도 돼. 왜 힘든지 이야기하면서 해결 방안을 다시 조정할 수 있으니까.
(들어준다면 대화를 마무리 지으면 되고, 힘들다고 하면 다시 그 이유를 얘기하게 하고, 상대방의 요구를 조절할 수 있는지를 물으면서 서로 협력해서 합의점을 찾도록 안내합니다.)		
【6단계】 평가하기	조정자1	다행히 서로 상대방이 원하는 것을 들어준다고 해서 대화를 마무리할게. 두 사람 모두 진심으로 참여해 줘서 고마워. 갈등을 잘 해결하고 다시 친한 친구가 되었으면 좋겠어.
	친구1, 2	고마워!

• 이 틀은 인디스쿨 '디딤돌' 선생님의 자료를 참고하여 재구성했습니다.

4인 모둠을 기준으로 2명은 조정자, 2명은 혜주와 지아가 됩니다. 카톡을 쓰지 않겠다는 혜주와 카톡을 썼으면 좋겠다는 지아의 상황을 모두 고려하여 모둠이 함께 괄호 안을 채웁니다. 중요한 부분은 5단계인 '생각 모으고 해결하기'입니다. 도저히 의견을 좁히지 못했던 소설 속 혜주와 지아와 달리 여기에서는 2명 모두 받아들일 수 있는 합의된 의견을 도출해야 합니다. 어떤 방법이 있는지 진지하게 탐색하여 정리할 수 있도록 합니다.

3. 또래 조정 역할극 하기

역할극이 준비되었다면 모둠 발표를 하는 시간을 갖습니다. 전체 모둠이 준비한 것을 다 발표하는 것이 가장 이상적입니다. 연기를 하는 데 집중하기보다는 단계를 확인하며 또렷하게 조정을 하는 데 중점을 둡니다. 각 모둠의 역할극이 끝날 때마다 나머지 모둠은 갈등이 얼마나 조정되었는지를 생각해 보고 1점부터 5점까지 동료 평가를 하면 더욱 좋습니다.

나도 모르게 중독되는

『괴물 사용 설명서』
전건우 글, 더미 그림
크레용하우스

현우는 스마트폰에서 평소에 보지 못한 앱을 하나 발견하게 됩니다. 이 앱이 바로 '괴물 사용 설명서'입니다. 사용 방법은 너무나도 간단합니다. 이름을 쓰고, 단계를 고르면 괴물이 등장해 그 사람을 혼내 준다는 것! 속는 셈 치고 자신을 괴롭히는 선배들의 이름을 적습니다. 다음 날, 놀랍게도 그 선배들이 응급실까지 실려 가지요.

그때부터 현우는 정의감과 우월감에 휩싸이게 됩니다. 마치 세상을 구원하는 영웅이 된 것처럼 나쁜 사람들에게 괴물을 보내기 시작했지요. 하지만 횟수가 거듭될수록 예상치 못한 결과가 일어납니다. 생각보다 훨씬 큰 응징이 이어진 것은 물론 호승심에 취한 현우가 점점 이 자극에 중독되고 만 것이지요. 처음에는 분명 단순한 선의로 시작했던 일이 어느새 벗어나기 힘든 덫이 되고 말았을 때, 현우는 비로소 본인이 괴물이 되어가고 있었음을 깨닫게 됩니다.

『괴물 사용 설명서』는 자기도 모르는 사이에 괴물이 되어가는 현우의 모습을 통해 인간의 내면에 있는 선과 악의 모습을 적나라하게 드러내는 동시에 무엇인가에 중독되어 스스로를 버리는 사람들의 모습을 비웃습니다.

어떤 괴물이 있을까: 단어 조합 괴물 만들기

『괴물 사용 설명서』가 가진 가장 큰 미덕은 한 번 책을 펼치면 덮기 힘들 정도로 흥미진진한 이야기가 계속 펼쳐진다는 것입니다. 특히 다음에 어떤 괴물이 나올지, 그 괴물이 어떤 방법으로 사람들을 응징할지 상상하는 재미가 쏠쏠하지요. 책을 읽는 중간중간 아이들은 자신의 상상력을 총동원해 괴물 이야기를 마구 쏟아 냅니다. 이럴 때 가만히 있을 수 없지요. 아이들이 상상하는 괴물들은 어떤 것들이 있을지 신나게 이야기 나눠 보았답니다.

이럴 때, 이 활동!

▸ 상상력을 자극하는 독후 활동을 하고 싶을 때
▸ 동화책의 내용을 추측하는 활동을 진행할 때
▸ 미술 교과와 연계하여 상상 그리기 수업을 할 때

1. '괴물' 하면 떠오르는 단어 찾기

나만의 괴물을 만들기 전에 '괴물'이라고 하면 생각나는 단어들을 모아 봅니다. 생각나는 단어들을 다양하게 조합하면 평소에 생각하지도 못한 특별한 괴물을 만드는 데 도움이 되기 때문입니다. 생각나는 대로 아이들이 쏟아 내는 말을 칠판에 정리하고 같이 살펴봅니다.

조금 독특한 의견들이 있다면 점검해 보아도 좋습니다. 우리 반에서는 '매력적인'이라는 단어가 나와서 그렇게 생각한 이유를 물어보았더니 "괴물이 항상 무섭고 징그럽기만 한 건 아닐 것 같아서요. 드라큘라처럼 미남도 있을 수 있고, 뭔가 치명적인 매력으로 사람들을 유혹하는 괴물도 있을 수 있잖아요."라는 답변이 나왔습니다. 이 이야기를 듣더니 어떤 아이들은 슈렉의 예를 들면서 '착하다.'라고 말하기도 하더군요. 이처럼 아이들과 이야기를 나누다 보면 우리가 막연히 생각하는 괴물에 관한 고정 관념들을 부수는 경험을 하게 됩니다.

2. 단어 조합하기

이제 나만의 괴물을 설명할 수 있는 단어들을 조합해 봅니다. 친구들과 함께 찾은 단어들뿐 아니라 생각나는 단어들을 조합하면 됩니다. 아이들이 조합한 단어는 다음과 같습니다.

못생기다 / 거대하다 / 무섭다 / 잔인하다	못생기고 크며, 무섭고 잔인한 괴물
매력적이다 / 섹시하다 / 냉정하다	매력적이고 섹시하며 냉정한 괴물
징그럽다 / 착하다	얼굴은 징그럽지만 마음씨는 착한 괴물
화려하다 / 냉철하다 / 특이하다	화려한 얼굴, 냉철한 성격, 특이한 취향을 가진 괴물

3. 나만의 괴물 만들기

앞서 조합한 단어들로 표현한 괴물을 시각적으로 표현합니다. 활동지에 괴물의 얼굴, 몸, 동작 등을 사인펜과 색연필을 활용해서 실감 나게 그립니다. 최대한 자신이 고른 단어들의 성격이 잘 드러날 수 있도록 해야 합니다. 그림을 다 그렸다면 괴물의 특징을 글로 표현합니다. 무엇을 좋아하고 싫어하는지, 어떤 성격을 가지고 있는지, 언제 주로 활동하는지, 만약 『괴물 사용 설명서』에서 사람들을 응징하는 괴물이라면 어떤 방식으로 응징하는지를 상상하여 씁니다.

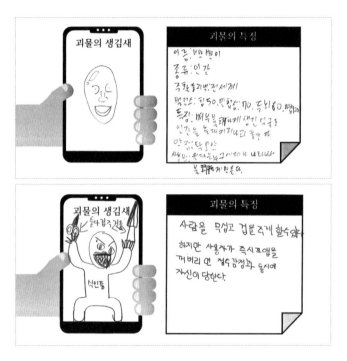

• 나만의 괴물을 표현한 그림

4. '스티커 가위바위보'로 나만의 괴물 자랑하기

모두 괴물 만들기를 마쳤다면 '스티커 가위바위보'로 서로의 괴물들을 자랑하는 시간을 갖습니다. 각자 활동지와 스티커를 들고 교실을 돌아다니면서 친구와 만나 가위바위보를 합니다. 진 사람이 이긴 사람에게 "너의 괴물을 소개해

줄래?"라고 이야기하면, 이긴 사람은 자신의 괴물을 진 사람에게 소개합니다. 설명을 모두 듣고 난 뒤 진 사람은 "너의 괴물을 소개해 줘서 고마워."라고 이야기하고 스티커를 붙여 줍니다. 제한 시간 동안 최대한 많은 스티커를 모으면서 동시에 여러 친구의 괴물 소개를 듣습니다. 활동이 끝나면 자리에 앉게 한 뒤, 가장 인상 깊었던 괴물이 무엇인지도 이야기 나눕니다. '스티커 가위바위보'는 저학년부터 고학년까지 손쉽게 사용할 수 있는 결과물 공유 방법으로서 누구나 부담 없이 참여할 수 있고 활발한 분위기 속에서 친구들의 작품을 감상할 수 있어 아이들이 매우 좋아하는 활동입니다. 꼭 진행해 보세요.

동화책 활동 48
어떤 표정을 지었을까: 동화책 삽화 그리기

『괴물 사용 설명서』에는 삽화가 거의 없습니다. 삽화 있는 동화책에 익숙한 초등학생들의 경우, "왜 이 책에는 그림이 없어요?"라고 물어보기도 합니다. 하지만 없으면 만들면 되는 것! 아이들이 이 말을 한 순간, "그럼 우리가 그려 보면 되지!" 하고 시작한 것이 바로 동화책 삽화 그리기입니다.

이럴 때, 이 활동!

- ‣ 동화책의 내용을 정리하게 하고 싶을 때
- ‣ 아이들과 삽화 없는 동화책을 읽을 때
- ‣ 국어 교과에서 요약하기 수업, 글의 흐름을 생각하며 정리하기 수업을 할 때

---

1. 동화책 삽화 그리기 방법 선택하기

동화책 삽화 그리기는 여러 가지 방법으로 진행할 수 있습니다. 책을 전체적으로 다 읽고 난 뒤 인상 깊은 장면을 골라서 삽화를 그릴 수도 있고, 사건의 흐름대로 등장인물의 모습을 그릴 수도 있습니다. 우리 반은『괴물 사용 설명서』를 읽고 난 뒤, 현우의 '표정'에 주목했습니다. 정의감으로 괴물 사용 설명서를 시작한 초반부의 현우와 점점 앱에 중독되며 본인 스스로 괴물로 변해 가는 현우를 비교하기에 표정만큼 확실한 것이 없다고 생각했기 때문입니다.

2. 삽화 그리기

현우의 표정이 들어간 삽화 그리기는 활동지를 활용하여 진행했습니다. 공통된 얼굴 틀을 제공하고 그 안에 표정만 간단하게 그리게 하면 학습 수준과 관계없이 모든 아이가 적극적으로 참여할 수 있습니다.

삽화 그리기 또한 정해진 방법이 있는 것이 아니므로 학급 사정과 학생 수준에 따라서 적절하게 진행하면 됩니다. 가장 보편적인 방법은 색칠 도구를 활용해서 그림을 그리는 것일 테고, 고학년이라면 에듀테크 도구를 활용한 AI 그림 그리기도 도전해 볼 만합니다.

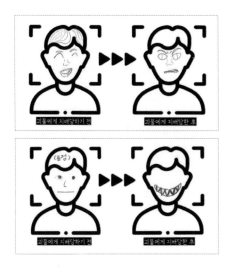

• 활동지에 그려 넣은 현우의 표정 변화

3. 표정 변화 비교하기

각자 그린 표정들이 어떤지 전체적으로 확인해 봅니다. 아이들에게 동그란 씽킹 보드를 나눠 주고, 그 안에 다시 한번 자신이 그린 표정들을 그리게 해 칠판에 붙입니다.

씽킹 보드에 있는 표정들만 비교해도 전반부와 후반부의 현우가 어떻게 변했는지를 한눈에 확인할 수 있습니다. 칠판에 붙은 표정을 확인하면서 왜 이렇게 그렸는지도 이야기를 나누고, 『괴물 사용 설명서』를 통해 느낀 점이 무엇인지도 확인합니다. 아이들은 이 활동을 끝

• 씽킹 보드를 활용해 만든 여러 가지 표정

내면서 현우에게 이런 말을 해 주고 싶다고 하더군요.

> ▸ 나였다면 괴물의 도움을 계속 받으려고 했을 것 같은데, 스스로의 힘으로 해결한 게 대단해! 남의 도움에 의존하게 된다면 그 이상도, 그 이하도 아니게 돼. 그러니 앞으로도 스스로의 힘을 길러 봐!
> ▸ 스스로 용감하게 말하고 행동했다는 것을 칭찬해 주고 싶어. 스스로 무엇인가를 해내면 자신감이 생기고 뿌듯해져. 다음에도 넌 할 수 있을 거야. 나도 너처럼 후회할 일을 많이 했지만 먼저 후회할 일을 만들지 않도록 노력하려고 해. 같이 노력하자!

이만하면 이 책의 삽화를 그릴 자격이 있을 만큼 책 내용을 정확히 꿰뚫었다고 평가해도 되겠지요? 이렇게 아이들은 책을 읽으며 또 한 뼘 자란답니다.

무서운 온라인의 덫

『온라인 그루밍이 시작
되었습니다』
신은영 글, 손수정 그림
내일을여는책

온라인 성범죄가 사회적인 문제로 떠오르고 있습니다. 과거의 성범죄가 직접적인 희롱이나 접촉에 국한된 일이었다면 SNS가 발달한 요즘은 그 양상이 확연히 달라졌지요. 특히 '온라인 그루밍'은 피해자 대부분이 10대여서 그 심각성이 더욱 큽니다.

조아는 호기심에 간 채팅앱에서 '순수대학생'이라는 오빠를 만나 속마음을 털어놓으며 친해집니다. 고민을 들어주고, 매일 기프티콘 선물도 해주는 오빠에게 점점 더 의지하게 되지요. 하지만 핑크빛 현실도 잠시뿐. 아프다는 오빠를 걱정해서 오빠의 집에 찾아간 조아는 끔찍한 현실을 마주하게 됩니다.

'온라인 그루밍'이라는 무겁지만 현실적인 소재를 다룬 이 작품은 오늘날을 살아가고 있는 아이들의 현실을 차근히 조망합니다. 무한한 학업 경쟁과 탈출구 없는 일상에 지친 아이들이 그루밍 범죄에 빠지게 되는 과정을 살펴보며 중요한 것은 아이들을 둘러싼 '관계' 그 자체에 있다는 것을 다시 한번 생각해 보게 합니다. 책을 읽으며 어른으로서, 부모로서, 교사로서 우리가 가져야 할 책임감 또한 고민해 봅시다.

공개수배, 사건 25시!: 현상 수배지 만들기

『온라인 그루밍이 시작되었습니다』에서 '순수대학생'이라는 닉네임으로 조아를 괴롭히는 대학생을 보며 아이들은 분노를 금치 못합니다. 도대체 어떤 어른이 이런 행동을 하나며 황당해하기도 하지요. 이런 아이들의 감정을 담아 순수 대학생을 공개 수배하는 '현상 수배지' 만들기 활동을 해 봤습니다. 주인공을 괴롭히는 악역이 어떤 특징을 갖고 있는지 찾아보면서 온라인 그루밍의 가해자와 피해자 모두 우리 주변을 살아가는 '평범한 누군가'일 수 있다는 경각심을 가져 보았답니다.

이럴 때, 이 활동!

- ▸ 동화책 속 악역의 모습을 추측하고 표현하게 하고 싶을 때
- ▸ 등장인물의 특징을 찾아서 정리하도록 할 때
- ▸ 국어 교과에서 인물의 특징과 마음을 찾는 수업을 진행할 때

1. 얼굴 떠올리기

『온라인 그루밍이 시작되었습니다』의 순수대학생은 외형적으로 꽤 매력적인 남성으로 묘사됩니다. 물론 그 외면 안에는 그루밍 범죄의 추악한 민낯이 숨어 있었지만 말입니다. 아이들에게도 순수대학생이 어떻게 생겼을지 상상해 보

라고 했습니다. 아이들은 각자의 생각대로 순수대학생의 얼굴을 떠올려 표현했습니다. 작품에서 묘사한 것처럼 잘생긴 남자로 표현한 아이도 있는 반면, 그렇게 잘생기지 않았을 것 같고 사진도 도용했을 가능성이 있다면서 살짝 나이 든 남자로 그린 아이도 있었답니다.

2. 이름과 나이 상상하기

얼굴을 떠올렸으니 그에 맞는 이름과 나이도 상상해 봅니다. 순수대학생이라는 닉네임으로만 접한 남자의 진짜 이름과 나이를 생각해 보면서 아이들은 온라인이라는 공간에서 너무나도 쉽게 미성년자와 어른이 만날 수 있음을 깨닫게 됩니다.

3. 특징 정리하기

마지막으로 남자의 특징을 정리합니다. 키는 어느 정도인지, 안경은 썼는지, 옷은 어떻게 입고 다니는지, 주로 돌아다니는 곳은 어디이고 사는 곳은 어딘지, 어떤 직업을 갖고 있는지 등을 상상해서 최대한 구체적으로 적어 봅니다. 활동을 하다 보니 우리 반 친구가 이런 이야기를 하더군요. "책 읽을 때만 해도 동화 속 이야기겠구나 싶었는데, 구체적으로 상상하다 보니까 좀 소름 끼쳐요. 이런 사람들이 내 주변에 있으면 어떡해요?" 이 같은 활동을 하는 것만으로도 아이들에게 온라인 그루밍 범죄에 대한 경각심을 심어 주는 데 소기의 성과를 거둘 수 있습니다.

• 작품 속 등장인물에 대한 현상 수배지

4. 작품 감상하기

현상 수배지를 완성하면 아이들의 작품을 교실에 쭉 붙여 둡니다. 결과물이 현상 수배지인 만큼 최대한 조용하고 진지하게 살펴볼 수 있도록 독려합니다. 그다음 온라인 그루밍의 위험성을 생각하며 다짐 글을 쓰고 나눕니다.

> ‣ 온라인 그루밍이라는 말을 몰랐는데 이 책을 통해 확실히 알게 되었다. 모르는 사람과 대화를 하거나 내 정보를 말하면 안 될 것 같다.
> ‣ 게임을 하면서 가끔 채팅도 하는데 잘못하면 내 인생을 완전히 망가뜨릴 수도 있을 것 같다. 항상 조심하고, 또 무슨 일이 생기면 바로 어른들한테 이야기할 것이다.
> ‣ 나를 모르는 사람이 아무 이유 없이 나에게 잘해 주는 사람은 위험한 사람이라고 생각한다. 온라인 그루밍에 당하지 않기 위해 조심할 것이다.

책의 주제를 파악해요: 주제 담은 N행시

책이 전달하는 주제를 파악하고, 자기 생각을 정리하는 방법 중 재미와 흥미를 잃지 않으면서도 문학적 역량까지 기를 수 있는 활동이 바로 'N행시' 활동입니다. 특히 전달하고자 하는 메시지가 확실한 작품의 경우에 이 활동이 더욱 빛을 발하지요. 아이들의 센스 넘치는 N행시를 읽다 보면 웃음이 나기도 하고, 책의 주제를 확실히 안 것 같아 기특하기도 하답니다.

이럴 때, 이 활동!

▸ 시 수업과 연계하여 독후 활동을 하고 싶을 때
▸ 책의 주제를 간단하게 정리하도록 할 때
▸ 국어 교과에서 작품과 나를 연결하는 수업을 할 때

---

1. N행시 단어 고르기

N행시를 지으려면 단어 선택이 중요합니다. N행시 단어는 하고 싶은 걸 아무렇게나 고르기 보다는 다음 조건을 만족하는 것들로 선정하도록 합니다.

- 책 속 등장인물의 이름

- 책의 주제를 가장 잘 드러내는 단어

- 책에서 중요한 역할을 하는 상징적인 사물

2. N행시 쓰기

N행시를 쓸 때도 주의가 필요합니다. 흔히 N행시를 쓰라고 하면 앞 글자를 따서 말만 되도록 아무렇게나 시를 쓰곤 하는데, 이렇게 되면 N행시의 매력을 제대로 살리지 못할뿐더러 책이 전달하고 싶은 메시지를 담아내기도 어렵습니다. 그러므로 N행시를 쓰기 전에 책이 담고 있는 주제와 전달하고 싶은 메시지가 무엇인지를 정확하게 파악하도록 합니다.

3. N행시 발표하기

N행시를 쓰고 난 뒤에 먼저 모둠원끼리 마주 앉아 돌아가며 읽는 시간을 갖습니다. 전체 공유의 경우, 시간 관계상 모든 학생이 발표하기 어렵다면 원하는 사람만 읽거나 복불복 발표로 진행해도 좋습니다.

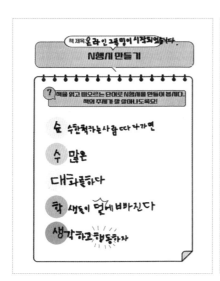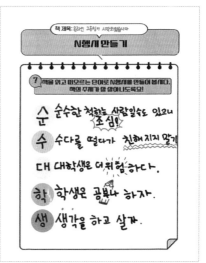

• 책의 주제를 담아 쓴 N행시

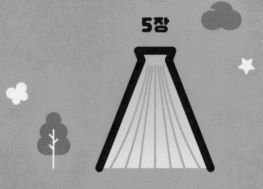

5장

사랑을 느끼는
동화책

삼인 삼색 사랑 이야기

『사랑이 훅!』
진형민 글, 최민호 그림
창비

"선생님, 비밀인데요. 우리 반 선재랑 옆 반 솔이랑 사귄대요."

사춘기에 접어든 아이들을 가르치다 보면 시도 때도 없이 연애 이야기를 듣게 됩니다. 크게 걱정하지는 않습니다. 누군가를 좋아해 보고, 내 시간을 조건 없이 쏟아 본 경험이 성장에 중요한 거름이 될 거라 믿기 때문입니다.

『사랑이 훅!』은 초등학생의 사랑 이야기를 본격적으로 다룬 기념비적인 작품이에요. 담이는 어렸을 때부터 친구로 지낸 호태와 사귀기로 약속합니다. 문제는 지은이 역시 호태를 남몰래 좋아하고 있었다는 것! 가장 친한 친구 담이가 내가 짝사랑하는 호태와 사귀기로 했다는 것을 알고 난 뒤, 지은의 마음은 복잡해집니다. 자타 공인 모범생 선정이는 운동 잘하고 넉살 좋은 종수와 사귀기로 하지만 어쩐지 싸우는 날이 더 많습니다.

세 친구는 깨닫습니다. 사랑한다는 건 내 마음뿐 아니라 상대의 마음 역시 온전히 이해해야 하는 과정이란 걸 말이지요. 달콤하고 부드럽게만 보였던 사랑이 그만큼 아프고 힘들다는 걸 알았을 때, '훅' 다가온 사랑만큼 '훅' 성장하게 됩니다.

녀의 성격 유형은?: 등장인물 MBTI

사람의 성격 유형을 16가지 특성으로 나눈 MBTI가 큰 사랑을 받고 있습니다. 성격 유형 검사를 하고 난 뒤, 결과를 읽고 나면 '어? 이거 진짜 난데?' 하는 공감대를 불러일으키기 때문입니다. 『사랑이 훅!』에는 개성 넘치는 등장인물이 많이 등장합니다. 그래서 이 친구들의 MBTI를 추측해 보면 재밌을 것 같았습니다. 높은 흥미도를 끌어낼 뿐 아니라 교육적 효과까지 거둘 수 있는 즐거운 활동이랍니다.

이럴 때, 이 활동!

▸ 국어 교과에서 이야기 속의 등장인물을 분석하는 수업을 진행할 때
▸ 재밌는 방법으로 등장인물의 성격 파악을 하도록 하고 싶을 때
▸ '나'와 가장 비슷한 등장인물을 찾아보는 독후 활동을 할 때

1. MBTI 안내하기

활동을 시작하기 전에 MBTI에 대해 설명해 줍니다. 아이들 대부분 MBTI 검사를 해 본 적이 있기 때문에 간단한 설명만으로도 충분합니다. 만약 MBTI를 잘 모르는 친구들이 있다면 몇 가지 사례를 들어 각 유형을 비교·대조하여 설명해 주면 좋습니다.

E	S	T	J
외향형 Extroversion	감각형 Sensing	사고형 Thinking	판단형 Judging
폭넓은 대인 관계 유지, 사교적, 정열적, 활동적	오감에 의존, 실제 경험 중시, 현재에 초점을 맞추고 정확, 철저한 일 처리	진실과 사실에 주관심, 논리적, 분석적, 객관적 판단	분명한 목적과 방향, 기한 엄수, 철저한 사전 계획, 체계적
에너지 방향, 주의 초점	인식 기능(정보 수집)	판단 기능(판단, 결정)	이행 양식, 생활 양식
I	N	F	P
내향형 Introversion	직관형 iNtuition	감정형 Feeling	인식형 Perceiving
깊이 있는 대인 관계 유지, 조용하고 신중, 이해한 다음에 경험	육감 또는 영감에 의존, 미래 지향적, 가능성과 의미 추구, 신속, 비약적인 일 처리	사람과 관계에 주관심, 상황적, 정상을 참작한 설명	목적과 방향은 변화 가능, 상황에 따라 일정 변경, 자율적이고 융통성 있음

2. 등장인물 선택하기

　　MBTI가 무엇인지 대략적으로 파악했다면 이제 분석할 등장인물을 선택합니다. 『사랑이 훅!』의 주요 인물은 박담, 엄선정, 신지은, 김호태, 이종수입니다. 마음에 드는 인물을 각자 고르게 해도 좋고, 제비뽑기를 통해 고르게 분배해도 좋습니다. 전자의 경우 조금 더 심도 깊은 분석을 할 수 있다는 장점이 있는 반면 특정 인물에 치우칠 수 있다는 단점이 있습니다. 후자의 경우 다양한 등장인물을 살펴볼 수 있다는 장점이 있지만 아이들이 원하지 않는 인물을 배정받을 가능성이 있다는 단점이 있고요. 학급 상황에 따라서 융통성 있게 운영하도록 합니다.

3. MBTI 분석하기

활동지를 나눠 주고 선택한 등장인물의 MBTI를 분석하는 시간을 갖습니다. 책을 천천히 다시 한번 읽어 보면서 등장인물의 말과 행동을 살펴보고, 이를 토대로 최대한 비슷한 MBTI를 찾도록 독려합니다.

4. MBTI 비교하기

MBTI를 분석했다면 같은 인물을 고른 친구들끼리 모여서 MBTI를 비교해 봅니다. 다른 부분이 있다면 왜 그렇게 생각했는지 이야기를 나눕니다. 필요하다면 책을 다시 펼쳐 보고 등장인물의 말과 행동을 분석해 보게 해도 좋습니다. 이러한 토의 과정을 거쳐서 등장인물의 MBTI를 만장일치로 결정해서 발표합니다. 아이들이 분석한 등장인물의 MBTI는 다음과 같습니다.

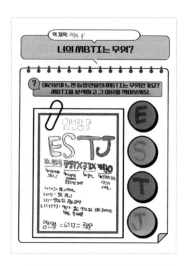

• 등장인물을 분석해 작성한 MBTI 활동지

등장인물	MBTI	그렇게 분석한 이유
박담	ENFP	활달하고 감정적이면서 잡생각이 많고 즉흥적인 인물이라서
김호태	INFJ	속마음을 크게 말하지 않지만 공감을 잘해 주고 계획적이라서
신지은	ISFJ	내성적인 성격으로 자기 속마음을 잘 드러내지 않기 때문에
엄선정	ESTJ	항상 당당하고 체계적이며 자기중심적으로 상황을 해석해서
이종수	ENFP	운동 좋아하고 계획 없이 잘 노는 것 같아서

우리는 얼마나 맞을까: 마음 합동 게임 〈더 마인드〉

오랜 친구였던 호태와 연인 사이로 발전한 담이는 어느 순간 '사랑하는 사람은 얼마나 합동이어야 할까?'를 고민하게 됩니다. 호태에 대해 모든 걸 다 알고 있다고 생각했지만 그렇지 않을 수도 있다는 걸 사귀는 사이가 되면서 깨달았기 때문이지요. 각자 독립된 개체로 살아 온 두 인간이 만나 사랑을 하게 되었을 때 얼마나 합동이 되어야 그 사랑이 깨지지 않을까요? 마음을 하나로 모으는 건 과연 쉬운 일일까요? 이 물음에 대한 해답을 아이들과 찾아보았습니다.

이럴 때, 이 활동!

▸ 학급 세우기, 모둠 세우기 등 마음을 일치해야 하는 활동이 필요할 때
▸ '감정'과 관련된 수업을 진행할 때
▸ 보드게임을 활용해서 독후 활동을 진행하고자 할 때

1. 〈더 마인드〉 규칙 안내하기

〈더 마인드〉는 팝콘에듀에서 출시한 보드게임으로 출시되자마자 폭발적인 인기를 얻으며 지금까지도 폭넓은 사랑을 받고 있는 게임입니다. 단순한 게임 규칙과 간단한 구성품 덕분에 초등학생들도 손쉽게 할 수 있다는 장점이 있지요. 특히 모두가 마음을 일치시켜야 하는 협동 게임인데다가 게임 진행 중에는

말을 할 수 없기 때문에 조용한 가운에 최대한의 협동심을 발휘하게 하는 특징이 있습니다. 게임 규칙은 다음과 같습니다.

① 모둠원 수에 맞게 레벨 카드와 생명 카드, 수리검 카드를 준비합니다. 4인 1모둠 기준으로 레벨 카드는 1~8까지 8장을, 생명 카드는 4장, 수리검 카드는 1장을 사용합니다.

② 1~100까지 써 있는 숫자 카드를 골고루 섞은 뒤, 각자 카드 1장씩을 가져갑니다. 내가 가져간 카드는 다른 모둠원에게 보여 주지 않습니다.

③ 모둠원은 서로 상의하거나 신호를 주지 않고 내가 들고 있는 카드를 다른 모둠원이 볼 수 있도록 앞면으로 내려놓을 수 있습니다. 이때 가장 낮은 숫자 카드부터 오름차순으로 내려놓아야 합니다. 절대 말할 수 없으며 눈빛과 표정 정도로만 소통하여 마음을 일치시켜야 합니다.

④ 카드를 내려놓을 때 오름차순을 확인합니다. 만약 내가 들고 있는 카드보다 누군가 큰 숫자를 내려놓았다면 오름차순에 실패한 것이기 때문에 내가 들고 있는 카드를 다른 사람에게 공개합니다.

⑤ 오름차순에 실패한 즉시, 생명 카드 1장을 잃습니다.

⑥ 만약 모두가 오름차순으로 카드 내려놓기에 성공했다면 레벨 2를 도전합니다.

⑦ 모든 레벨을 성공하면 모두가 함께 게임에서 승리하게 됩니다. 만약 그 전에 생명 카드를 모두 잃으면 모두 함께 게임에서 패배하게 됩니다.

• 〈더 마인드〉 규칙에 대한 더 자세한 설명

2. <더 마인드> 게임하기

게임 규칙을 어느 정도 이해했다면 모둠별로 게임을 시작합니다. 선생님은 돌아다니면서 아이들이 게임을 오류 없이 잘 수행하는지 살펴보시고, 만약 어려워하는 모둠이 있다면 다시 한번 설명해 줍니다. 게임 규칙이 매우 단순하므로 간단한 시범만으로도 대부분 금방 이해합니다. <더 마인드>에서 가장 중요한 규칙은 '말하지 않는 것'입니다. 말을 하지 않아야 다른 사람과 마음을 일치시키는 것이 얼마나 어려운 일인지를 확실하게 깨달을 수 있기 때문입니다. 이 과정에서 아이들은 어떻게 하면 더 효과적으로 마음을 일치시킬 수 있을지 고민하고, 더욱 높은 성공 규칙을 찾기 위해 노력합니다.

3. 소감 나누기

게임을 마치고 난 뒤에 아이들과 게임 소감을 나눠 봅니다. 소감 나누기를 진행하기 전, 핵심 질문을 먼저 제시했습니다.

"게임을 하고 나니 마음을 합동 시키는 일이 어떻게 느껴지나요?"

이렇게 질문을 미리 던지는 이유는 게임 소감 나누기가 단순하게 게임의 재미 유무를 말하는 데 머무르지 않고 게임 활동을 통해 우리가 궁극적으로 탐색하고자 했던 것이 무엇이었는지를 상기시키기 위함입니다. 선생님이 미리 핵심 질문으로 소감 나누기의 방향을 설정하면 아이들의 대답도 훨씬 깊어집니다. 아이들은 게임 후에 이런 소감을 말했습니다.

- 마음을 합동시키는 건 쉬운 일이 아닌 것 같다. 〈더 마인드〉 게임을 했는데 마음 합동이 너무 되지 않아서 답답했기 때문이다. 누군가와 합동이 되지 않아도 다른 점을 이해해 주면 될 것 같다.
- 마음을 합동시키는 건 어렵다. 사람 마음은 자기 자신도 알기 어렵고, 생각은 다 다르기 때문이다. 또 언제 어떻게 변할지 예측할 수 없다.
- 마음을 합동시키는 건 연습이 많이 필요하다. 『더 마인드』 게임을 처음 할 때는 마음 합동이 너무 어려워서 힘들었는데, 하다 보니까 점점 마음을 합동시키는 방법을 조금씩 깨달아서 더 높은 레벨로 갈 수 있었다. 처음부터 합동은 안 되지만 서로를 이해하다 보면 합동 근처까지 갈 수 있는 것 같다.

4. 생각 나누기

소감을 나누다 보면 마음을 합동시키는 일도 연습이 필요하다는 이야기를 많이 합니다. 이럴 때는 한 발 더 나아가 "그렇다면 어떻게 해야 마음 합동이 성공할 확률이 높아질까?"라는 질문을 던져 보세요. 게임을 통해 아이들만의 노하우를 터득하거든요. 그중에서 우리 반 아이들은 3가지를 가장 좋은 방법으로 꼽았습니다.

1	눈 마주치기	눈은 마음의 거울이라서 눈을 바라봐야 상대가 어떤 마음인지 조금이라도 추측할 수 있다.
2	표정 살피기	내가 하는 행동이 상대에게 어떤 감정을 갖게 하는지 표정을 잘 살펴서 눈치껏 행동해야 마음이 일치할 수 있다.
3	이해하기	내가 원하는 결과가 나오지 않아도 상대를 비난하면 안 된다. 이해하고 격려해 줘야 점점 더 마음이 합동이 된다.

어떤가요? 아이들이 꽤 많은 것을 배운 것 같다는 생각이 들지요? '사랑하는 사람은 모두 합동이어야 할까?'라고 고민하는 담이에게 우리 아이들의 대답이 어느 정도 도움이 되었길 바라봅니다.

우정이냐, 사랑이냐: 회전목마 토론

『사랑이 훅!』에서 아이들의 동정을 가장 많이 받는 인물이 바로 지은이입니다. 오랫동안 짝사랑했던 호태가 자신의 가장 친한 친구인 담이와 사귀는 것을 알고는 사랑의 감정을 마음속에 고이 접고 말거든요. 지은이가 처한 상황을 바라보며 아이들은 "그래도 고백이라도 해보지!"라고 안타까워 하기도 하고, "고백 안 하고 우정을 지킨 게 더 멋진 거야."라고 이야기하기도 했습니다. 사랑과 우정 중 무엇이 더 중요할까요? 정답 없는 이 문제에 대해 아이들의 생각이 궁금했습니다.

이럴 때, 이 활동!

- 찬반이 나뉘는 문제를 토론하도록 할 때
- 모두가 빠짐없이 대화하는 토론 수업을 하고 싶을 때
- 다양한 의견을 골고루 탐색하게 할 때

---

1. 토론 주제에 대한 나의 생각 쓰기

『사랑이 훅!』 속 지은이의 상황을 토대로 토론 주제는 '사랑이 우정보다 중요하다'로 제시했습니다. 각자 포스트잇을 가지고 가서 이 논제에 대한 자기 생각을 간단하게 정리하여 붙이도록 합니다. 우리 반에서 나온 결과는 놀라웠습

니다. 총 18명 중 찬성 9명, 반대 9명으로 약속이나 한 것처럼 의견이 반으로 갈렸기 때문입니다. 아이들의 의견은 이러했습니다.

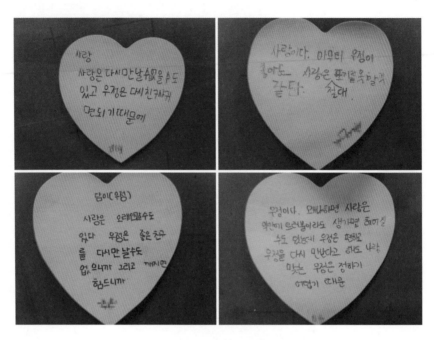

• 각자의 생각을 적은 포스트잇

사랑이 우정보다 중요하다

찬성	반대
- 사랑은 한 번 잃어버리면 다시 만나기 어렵기 때문에 사랑이 더 중요하다. - 친구는 나를 기다려 주지만 사랑은 나를 기다려 주지 않는다. - 사랑이야말로 진정한 우정이다.	- 사랑은 헤어지면 그만이지만 우정은 끝까지 나를 지켜준다. - 오랫동안 만난 친구를 배신하고 사랑을 선택하면 마음이 안 좋을 것이다. - 사랑은 스쳐 지나가는 것이다. 또 온다.

2. 토론 활동지 작성하기

아이들의 1차 의견을 확인하고 난 뒤에 토론 활동지를 작성합니다. 토론 활동지는 자신의 의견과 관계없이 찬성과 반대 근거를 모두 마련합니다. 또한 각 의견의 근거를 반박할 질문도 고민해서 써 보게 합니다. 내 의견과 다른 의견까지 근거를 찾게 하는 이유는 생각의 폭을 넓히고 원활한 회전목마 토론을 하기 위함입니다. 활동지를 작성하는 동안 선생님은 교실을 돌아다니며 아이들의 활동지 작성 상태를 확인하고 부족한 점이 있다면 보완하도록 도와줍니다.

• 근거와 함께 작성한 토론 활동지

3. 회전목마 토론하기

회전목마 토론은 이름 그대로 회전목마가 돌 듯이 자리를 이동하면서 주제에 관해 이야기를 나누는 토론 기법입니다. 일정한 시간 동안 상대방과 의견을 교환하는 과정에서 내 생각을 정리하고 상대의 의견을 받아들이는 경험을 할 수 있습니다. 또한 한 사람도 빠짐없이 모두가 토론에 참여하는 구조로 진행되기 때문에 누구자 자기 능력껏 토론에 참여하게 된다는 장점이 있습니다. 회전목마 토론은 다음과 같은 순서로 진행합니다.

① 앞뒤 짝꿍끼리 책상을 돌려 마주 봅니다.

② 짝꿍끼리 가위바위보를 합니다. 이긴 사람이 찬성, 진 사람이 반대 역할을 합니다.

③ 1분 동안 찬성편이 자기 의견을 말합니다.

④ 찬성편의 의견 개진이 끝나면 다시 1분 동안 반대편은 준비한 반박 질문을 하고 찬성편의 대답을 듣습니다.

⑤ 이어서 1분 동안 반대편이 자기 의견을 말하고, 1분 동안 찬성편이 반박 질문을 하며 의견을 교환합니다.

⑥ 총 4분의 토론이 끝나면 마주 보고 인사를 합니다.

⑦ 바깥쪽에 앉아 있는 친구가 오른쪽으로 이동해서 짝꿍을 바꿉니다.

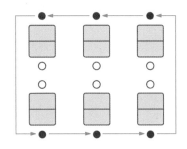

• 회전목마 토론의 이동 방법

⑧ 다시 가위바위보를 해서 역할을 정하고 4분 동안 회전목마 토론을 합니다.

⑨ 위와 같은 방법으로 주어진 시간 동안 여러 친구를 만나서 토론합니다.

회전목마 토론의 핵심은 내가 지지하는 의견뿐 아니라 내 생각과 다른 의견까지 모두 주장해 보는 것에 있습니다. 찬성도 해 보고, 반대도 해 보면서 열린 마음을 가지고 논제를 탐색하다 보면 기존 의견이 공고해지기도 하고 바뀌기도 합니다. 토론이라는 것은 단순한 말싸움이 아니라 근거를 갖고 상대를 설득하는 행위이고, 그 과정에서 내 의견도 유연하게 변화할 수 있다는 경험이 아이들의 성장에 큰 도움이 된답니다.

4. 최종 의견 결정하기

회전목마 토론을 마치고 난 뒤, 나의 최종 의견을 결정합니다. 기존 의견을 그대로 고수할지, 아니면 토론을 하면서 생각의 변화가 있었는지를 확인하는 단계입니다. 기존에 9대 9로 의견이 팽팽하게 맞섰던 우리 반은 회전목마 토론을 거친 뒤에는 찬성 8명, 반대 10명으로 의견 변화가 나타났습니다. 우정의 승리로 끝난 토론 시간 이후 아이들은 이런 소감을 남겼습니다.

> ▸ 나는 원래 찬성이었는데 반대로 바뀌었다. 회전목마 토론을 하다 보니까 사랑만큼 우정이 소중하다는 생각이 들었고 우정을 잃어버리면 더 마음이 아플 것 같다는 생각이 들었다. 토론이 이렇게 재밌는 줄 몰랐다. 이런 주제로 또 토론하고 싶다.
> ▸ 토론을 해도 사랑이 중요하다는 내 마음이 변하지는 않았다. 하지만 우정 역할도 해 보니 우정도 소중하다는 생각이 든다. 둘 중 하나를 선택하는 건 정말 어려운 일이지만 친구들과 토론을 하면서 결정한 내 의견이니까 후회하지 않는다.

가슴 아픈 첫사랑

『그때 너 왜 울었어?』
박현경 글, 이영환 그림
잇츠북

지영이는 요즘 토론 동아리를 함께하는 강우가 신경 쓰입니다. 자꾸 보다 보니 정도 들고, 심지어 주변 친구들도 강우를 은근히 좋아하는 눈치예요. 게다가 강우는 잘생기고, 유머러스한 데다가, 똑똑해서 말도 잘하거든요. 그런데 친구인 라희가 강우와 자신의 사이를 연결해 달라고 지영이에게 부탁하죠. 지영이는 마지못해 강우에게 가서 말합니다. "라희가 너 좋아한대." 강우는 대답합니다. "난 라희랑 사귀고 싶지 않아. 박지영 너랑 사귀고 싶어." 그렇게 두 아이는 연인이 됩니다. 하지만 행복한 날도 잠시뿐, 지영이는 강우가 숨기고 싶어 했던 비밀을 알게 되고 둘 사이는 점점 멀어지게 됩니다. 설레던 첫사랑은 과연 어떤 결말을 맺게 될까요?

아이들은 이 책을 읽으며 사랑 또한 사람과 사람이 만나는 과정이라는 것을, 서로를 이해하는 과정이 없다면 사랑 역시 존재할 수 없다는 것을 마음 깊이 느낍니다. "강우야, 나 어디서 읽었는데 진짜 친구라면 말이야. 힘들 땐 혼자 견디기보다 친구한테 어깨를 기댈 줄 알아야 한대. 어때, 좋은 말이지."라고 담담히 말할 만큼 성장한 지영이처럼 말이지요.

나의 첫 데이트: 네 컷 만화 그리기

사귀기로 결정한 지영이와 강우는 설레는 첫 데이트를 시작합니다. 이 부분을 읽을 때면 아이들의 표정에 부러움이 가득합니다. "선생님, 전 아직 '모솔'이란 말이에요! 너무 달달하잖아요!"라며 애교 섞인 투정을 부리기도 하지요. 이런 아이들의 마음을 담아 진행한 활동이 바로 네 컷 만화 그리기입니다. 앞으로 펼쳐질 나의 첫 데이트를 꿈꿔 보고 이야기를 나누면서 사랑이란 무엇일까 고민해 보는 시간이지요. 아이들이 상상한 첫 데이트는 과연 어떤 모습일까요?

이럴 때, 이 활동!

▸ 국어 교과에서 경험이나 생각을 만화로 표현하는 수업을 할 때
▸ 미술 교과와 연계하여 상상하기·그리기를 할 때
▸ 등장인물의 마음을 그림으로 표현하는 독후 활동을 하고 싶을 때

1. 첫 데이트 떠올리기

초등학생들에게 '첫 데이트'라는 것은 아직 생소한 일입니다. 몇몇 친구를 제외하고는 대부분은 아직 이성 친구를 사귀어 본 적 없거든요. 그래서 바로 네 컷 만화를 그리기보다는 충분하게 브레인스토밍을 하고 난 뒤에 활동을 시작하는 것이 좋습니다. 매체를 통해 접한 데이트 장면들을 떠올리며 그중에서 해 보

고 싶은 것들을 생각나는 대로 말하게 합니다. 선생님은 아이들이 이야기한 내용을 칠판에 쭉 정리합니다.

2. 네 컷 만화 그리기

어떤 데이트를 할 것인지 충분히 떠올렸다면 이를 바탕으로 네 컷 만화를 그립니다. 내가 꿈꾸는 가장 이상적인 첫 데이트 코스를 짠 다음, 네 컷 만화 활동지에 그림과 글로 표현합니다. 세밀하고 자세하게 그리는 데 초점을 두기보단 첫 데이트의 설레는 감정이 잘 묻어 나올 정도로만 표현해도 충분하다는 것을 강조해 주세요.

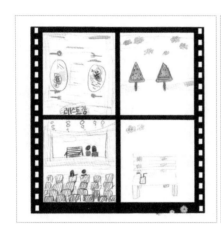 

• 첫 데이트를 상상해서 그린 네 컷 만화

3. 스티커 갤러리 워크로 첫 데이트 구경하기

네 컷 만화를 모두 그렸다면 앞서 소개했던 스티커 갤러리 워크(34쪽 참고)를 활용해서 친구들의 작품을 감상합니다. 활동이 끝나고 난 뒤, 스티커가 가장 많이 붙은 네 컷 만화가 무엇인지 살펴보고 어떤 내용인지 소개하는 시간을 갖습니다. 자신이 꿈꾼 데이트를 소개하는 아이들의 표정을 보면 쑥스러움이 잔뜩 배어 있기도 하지만 그만큼 설레는 감정도 느껴져서 참 귀엽습니다. 수업이 끝나면 아이들의 작품은 스탠딩 클립보드 등을 활용하여 교실에 쭉 전시해 두고 충분히 살펴볼 수 있도록 해주세요. 쉬는 시간마다 친구들이 상상한 데이트를 구경하며 깔깔거리는 아이들의 모습을 볼 수 있을 것입니다.

연애, 좋기만 할까?: 안팎 인형 만들기

『그때 너 왜 울었어?』의 하이라이트 장면 중 하나는 바로 강우가 지영이에게 기습 고백을 하는 장면입니다. "난 라희가 아니라 박지영 너랑 사귀고 싶어."라는 말을 본 순간 여자아이들은 "조강우 너무 멋있어요, 선생님!" 하면서 눈에서 하트를 쏟아 내곤 하지요. 하지만 연애가 그저 핑크빛이기만 할까요? 모든 일에는 장점이 있다면 그만큼 단점도 있는 법! 연애를 시작하면 어떤 점이 좋고, 어떤 점이 나쁜지 생각해 보면서 '나라면 어떻게 할까?'를 고민해 보는 시간을 마련했습니다.

이럴 때, 이 활동!

▸ 국어 교과의 토론 단원과 연계한 독후 활동을 하고 싶을 때
▸ 인물이 선택한 행동의 장단점을 고민해 보도록 할 때
▸ 한 주제에 대한 다양한 생각을 정리하게 하고 싶을 때

1. 안팎 인형 그리기

활동을 시작하기 전, 모둠별로 4절지와 네임펜 세트를 나눠 줍니다. 네임펜을 활용해서 4절지 가운데에 단순한 사람 모양 그림을 크게 하나 그립니다. 이것이 바로 '안팎 인형'입니다. 안과 밖을 나누는 인형이라는 뜻이지요.

2. 인형의 안쪽 채우기

모든 모둠이 안팎 인형을 그렸다면 선생님이 주제를 제시합니다. 안팎 인형 활동에 어울리는 주제는 장단점이 명확하게 드러나는 것이 좋습니다.『그때 너 왜 울었어?』를 읽고 아이들에게 제시한 주제는 '연애의 장단점'입니다. 먼저 장점부터 찾아서 정리합니다. 장점은 인형의 안쪽에 정리합니다. 모둠원이 서로 다른 색깔의 네임펜을 고르고 인형 안쪽에 생각나는 대로 자기 의견을 씁니다. 아이들이 찾은 연애의 장점은 다음과 같습니다.

> 매일 설렌다, 외롭지 않다, 선물을 받을 수 있다, 애정 행각을 할 수 있다, 친구들에게 자랑할 수 있다, 행복하다, 밥을 얻어먹을 수 있다, 심심하지 않다, 아플 때 챙겨 준다, 사랑할 수 있는 사람이 생긴다, 친구들이 부러워한다

안쪽을 채우고 난 뒤, 모둠별로 어떤 장점을 찾았는지 발표해 봅니다. 다른 모둠에서 발표하는 내용이 우리 모둠에 있다면 동그라미를 치거나 점을 살짝 찍어서 표시해 두게 합니다. 이어서 발표할 때는 다른 모둠이 찾은 장점을 제외하고 새로운 내용만 추가하여 말하게 하면 발표 시간을 줄이면서도 효과적으로 모든 내용을 공유할 수 있습니다. 만약 장점이라고 찾은 것들 중 이견이 있다면 대화를 나눠 봐도 좋습니다.

> 교사: 1모둠은 연애의 장점 중 하나로 '친구들이 부러워한다'를 적었네요. 여러분은 어떻게 생각해요?

학생❶: 부러워하는 친구들도 있겠지만 안 부러워하는 친구들도 있는데 굳이 장점이라고 생각할 필요는 없을 것 같아요.

학생❷: 근데 저희 나이 때는 친구들 반응이 되게 중요하잖아요. 몇몇이라도 연애한다고 부러워하면 솔직히 좀 자랑스럽기도 해요. 그래서 그것도 장점 중 하나라고 생각해요.

교사: 서로의 생각들이 조금씩 다르네요. 또 다른 의견 있는 친구?

학생❸: 자랑하려고 연애하는 건 아니지만 남친, 여친이 자랑거리가 된다면 그것도 장점이라고 생각합니다. 다수결로 결정해 보면 좋겠습니다.

교사: 그럼 손 한 번 들어볼까요? (다수결 의견 보고) 꽤 많은 친구가 이 내용도 장점이라고 생각하는군요. 그럼 장점으로 인정하겠습니다.

3. 인형의 바깥쪽 채우기

앞선 활동과 마찬가지 방법으로 이번에는 인형의 바깥쪽을 채웁니다. 바깥쪽에는 연애의 단점을 정리합니다. 아이들이 찾은 연애의 단점은 다음과 같습니다.

헤어지면 슬프다, 싸우면 헤어질까 봐 불안하다, 여우한테 빼앗길까 봐 걱정된다, 돈을 많이 쓰게 된다, 연애하느라 친구들이랑 잘 지내지 못한다, 공부를 잘 못하게 된다, 노느라 시간이 많이 없다, 전화와 문자를 많이 해서 귀찮다, 엄마나 아빠한테 들키면 혼난다

이 내용 또한 모둠별로 발표하고 그중에서 이야깃거리가 있으면 충분히 대화해 봅니다.

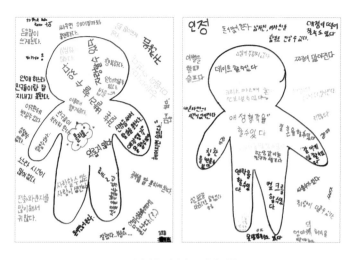

• 장단점을 정리해 쓴 안팎 인형

4. 나의 생각 정리하기

마지막으로 연애에 대한 자기 생각을 정리하는 시간을 갖습니다. 어떤 선택이든 그에 대한 책임은 반드시 따른다는 것을 명심하면서 언젠가 하게 될 연애가 좋은 추억이 되기 위해서 어떤 노력을 해야 할지도 고민해 보게 하면 좋습니다.

난 아직까지 연애를 해 본적이 없다. 한 번도 해 보지 않아서 해 보고 싶기도 하고 하면 좋은 일만 가득할 것 같다는 생각도 했다. 그런데 오늘 안팎 인형 활동을 해 보니까 좋은 점도 있지만 만만치 않게 나쁜 점도 있다는 것을 알게 되었다. 하지만 나는 그래도 연애를 해보고 싶다. 내가 직접 해 보면서 장점과 단점을 모두 겪어 보고 싶고 오늘 이야기한 단점들이 잘 나오지 않게 남친이랑 노력할 것이다. 특히 돈을 많이 쓰게 된다는 단점은 도서관에서 데이트를 하거나 같이 운동이나 산책을 하면 되니까 내게는 큰 문제가 되지 않을 것 같다. 설레고 행복한 장점이 더 많은 연애를 꼭 해 볼 것이다.

달콤 쌉싸름한 고백

『고백 시대』
정이립 글, 김정은 그림
미래엔아이세움

내가 좋아하는 친구가 나를 좋아하지 않을 수도 있고, 반대로 나를 좋아하는 친구를 내가 좋아하지 않을 수도 있습니다. 사랑하는 마음 또한 각자가 가지고 있는 권리라는 걸 인정하지 못한다면 사랑은 폭력으로 변질되고 말지요. 『고백 시대』에도 바로 이런 이야기가 등장합니다.

주인공 중 한 명인 호찬이의 마음속에는 같은 반 여자 친구 '하나'밖에 없습니다. 그래서 일방적인 고백을 쏟아붓지요. 하지만 전교생이 다 알 정도로 떠들썩한 프러포즈에 하나는 마음이 상해 돌아섭니다. 호찬이는 호찬이대로 잔뜩 뿔이 납니다. 용기 낸 고백에 차가운 반응만 돌아왔으니까요. 그날부터 호찬이는 집요하게 하나를 괴롭힙니다. 참다못한 친구 수영이가 소리치지요. "넌 고백이 무슨 장난이야? 어떻게 하루 만에 저주를 해? 폭언도 폭력인 거 몰라?"

내 마음이 중요한 것처럼 상대방의 마음 역시 당연히 존중해야 한다는 진리를 호찬이는 깨달을 수 있을까요? 이 책을 읽는 아이들이 거절하는 것만큼 거절당하는 것 역시 '멋진 용기'가 필요하다는 것을 배우면 좋겠습니다.

우리 서로 달라: 너와 나의 연결 고리

고백이 폭력이 되고, 사랑이 증오가 되는 것은 '나와 너는 다르다'라는 사실을 이해하지 못하는 데에서 시작합니다. 비단 사랑뿐 아니라 사람과 사람 사이의 모든 관계가 그러하지요. 내가 좋아하는 것을 너는 싫어할 수 있고, 내가 싫어하는 것을 너는 좋아할 수 있다는 것을 인정할 때 그 관계는 비로소 건강해질 수 있습니다. 지금 소개할 '너와 나의 연결 고리' 활동은 한 주제에 대해 각자의 생각들을 확인하며 서로의 다름을 확인하고, 이를 통해 모두를 존중하는 마음가짐을 연습하는 데 도움을 주는 활동이랍니다.

이럴 때, 이 활동!

▸ 교과 수업에서 한 주제에 대해 여러 가지 생각을 모을 때
▸ 서로의 생각이 다르다는 것을 확인하고 존중하는 마음을 배우게 할 때
▸ 도덕 교과에서 '공감'에 대해 가르칠 때

1. 활동 준비하기

모둠별로 4절지와 네임펜, 포스트잇을 나눠 줍니다. 4인 1모둠 기준으로 모둠원은 각자 색이 다른 네임펜을 가지고 간 뒤에 자신과 가장 가까운 4절지의 모서리 부분에 자기 이름을 적습니다.

2. 내 생각 쓰기

준비가 끝나면 선생님이 주제를 제시합니다. 관계에 대한 생각을 들을 수 있는 주제를 제시하면 좋습니다. 주제를 확인하면 모둠원은 각자 자기 생각이나 경험을 포스트잇에 적습니다. 포스트잇 1장당 생각 하나씩만 적도록 합니다. 여러 가지 경험과 생각이 나올수록 대화가 풍성해지므로 시간을 10분 이상 충분하게 제공하는 것이 좋습니다.

3. 생각 나누기

이제 모둠 1번부터 자기가 쓴 포스트잇 중 하나를 골라 발표합니다. 만약 주제가 '이런 행동은 정말 기분이 나쁘다'라고 가정한다면, "나는 내 별명 부르는 걸 정말 싫어하는데 자꾸 별명으로 부르면 기분이 나빠."라고 말하면서 그 내용이 적힌 포스트잇을 붙이면 됩니다. 나머지 친구들은 그 이야기에 공감이 간다면 자기 이름과 친구가 붙인 포스트잇을 선으로 연결합니다. 선으로 연결하고 난 뒤에는 자기 생각과 경험을 더해 왜 그 내용이 공감이 갔는지 이야기합니다.

반대로 선을 연결하지 않은 친구의 이야기도 들어 봅니다.

"나는 솔직히 별명으로 불러도 별로 기분이 안 나빠. 그냥 친해서 그런 거라

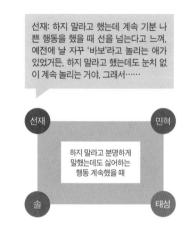

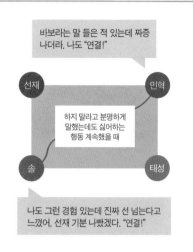

고 생각하거든. 그래서 난 선을 연결하지 않았어"

대화를 통해 아이들은 같은 상황이라도 서로 받아들이는 감정은 다를 수 있다는 것을 확인합니다. 그러면서 '나의 좋고 싫음'이 절대적이지만은 않다는 사실 역시 자연스럽게 깨닫게 되지요.

• 포스트잇으로 만든 '너와 나의 연결고리'

4. 소감 나누기

활동을 끝내고 소감을 나눕니다. 아이들은 이 활동을 끝내고 이렇게 이야기했습니다.

> ▸ 애들이랑 이야기하다 보니까 정말 생각이 다르다는 걸 알 수 있었다. 나는 솔직히 별로 기분 안 나쁜 행동인데, 다른 애들은 기분 나빠하는 걸 보니 행동을 조심해야겠다. 그리고 내 생각만 중요하다고 생각하면 안 될 것 같다.
>
> ▸ 『고백 시대』를 읽고 호찬이의 고백을 하나가 너무 매몰차게 거절해서 '저렇게 적극적인데 좀 받아 주지. 못됐다.'라고 생각했었는데, 이 활동을 하고 나니까 생각이 달라졌다. 서로의 생각은 모두 다를 수 있다. 그러니까 서로를 존중하고 받아들여야 한다.

서로 다른 개성 찾기: SD 캐릭터 만들기

『고백 시대』에는 호찬이와 하나 말고도 주인공이 더 등장합니다. 하나의 절친인 수영이, 그리고 하나와 수영이의 사랑을 동시에 받는 현성이지요. 네 친구들의 얽히고설킨 관계를 옴니버스식으로 감상하는 것이 바로 이 작품의 매력 포인트이기도 합니다. 이렇듯 각자의 색깔이 뚜렷한 네 주인공을 캐릭터화하면 어떤 모습일까요? 그래서 요즘 아이들이 좋아하는 'SD 캐릭터'로 『고백 시대』 등장인물을 만들어 보았습니다.

이럴 때, 이 활동!

▸ 등장인물의 개성을 살린 표현 활동을 하고 싶을 때
▸ 에듀테크 도구와 연결한 독후 활동을 하고 싶을 때
▸ 미술 또는 실과 교과와 연계해서 독후 활동을 할 때

1. SD 캐릭터 안내하기

'SD 캐릭터'란 사람과 같이 생긴 캐릭터를 2등신이나 3등신으로 표현하는 기법을 말합니다. 일반적인 사람 모습을 과장하여 머리는 크게 하고, 몸체와 다리는 짧게 해 훨씬 만화적이면서도 귀여운 느낌을 자아냅니다. 아이들이 즐겨 하는 모바일 게임에도 자주 등장하므로 아이들에게도 매우 익숙한 방식이기도

합니다. 활동을 하기 전에 SD 캐릭터를 다양하게 제시해 주면 대부분의 아이들이 어떻게 표현할 것인지 확실하게 이해하게 됩니다.

2. SD 캐릭터 그리기

『고백시대』의 등장인물 중 마음에 드는 친구를 골라서 SD 캐릭터로 표현해 봅니다. 책에 있는 삽화를 참고해서 머리는 크게, 팔다리는 짧게 표현하는 동시에 등장인물의 개성이 잘 드러날 수 있도록 신경을 쓰면 좋습니다.

나는 하나를 선택해서 그렸다. 머리를 꼬불꼬불하고 길게 표현했고, 남자들에게 인기가 많은 얼굴 특징이 잘 살아날 수 있도록 그렸다.

3. SD 캐릭터 움직이게 하기

SD 캐릭터를 완성했다면 에듀테크 도구를 활용해서 SD 캐릭터를 움직여 보는 시간을 가지면 좋습니다. '애니메이트 드로잉' 사이트에서 손쉽게 움직이는 SD 캐릭터를 만들 수 있습니다. 방법은 다음과 같습니다.

① 핸드폰이나 패드를 활용해서 '애니메이트 드로잉' 사이트에 접속합니다.

(https://sketch.metademolab.com/)

② 각자 가지고 있는 핸드폰이나 패드로 자신이 그린 SD 캐릭터를 찍습니다. 이때, 최대한 그림자가 생기지 않도록 찍는 것이 좋습니다. 움직이는 SD 캐릭터를 만들 경우 팔다리 구분이 중요하므로 몸통과 팔다리가 잘 구분되도록 SD 캐릭터를 그릴 때 미리 안내해 주는 것이 좋습니다.

③ 사진을 찍은 SD 캐릭터를 사이트에 업로드합니다.

④ SD 캐릭터의 머리, 팔, 다리, 눈 등이 정확하게 인식되었는지 살펴보고 어긋나 있다면 세밀하게 조정합니다.

⑤ SD 캐릭터가 인식되어 움직일 수 있다면 다양한 포즈와 동작들로 구동시켜 보고 그중에서 마음에 드는 동작을 GIF 파일로 저장합니다.

• 애니메이트 드로잉 활용 방법 안내

4. SD 캐릭터 활용하기

이렇게 만든 SD 캐릭터는 일상 속에서 재미있게 활용하면 됩니다. 학급 단체 톡방이 있다면 SD 캐릭터에 맞게 대화를 하면 정말 재미있습니다. 톡방이 없다면 패들렛이나 띵커벨 보드에 자신의 캐릭터를 업로드해서 친구들에게 소개하는 시간을 갖게 해 주세요.

우리도 사랑하며 살아요

『열두 살, 사랑하는 나』
이나영 글, 주리 그림
해와나무

진아는 절친인 선호를 좋아하고 있습니다. 언젠가는 고백을 받아 낼 거라 다짐하지요. 하지만 현실은 녹록지 않습니다. 선호와 어렸을 때부터 알고 지낸 데다가 아역 배우인 해미가 같은 반으로 전학을 왔거든요. 진아는 해미가 어쩐지 마음에 들지 않습니다. 아니나 다를까, 선호와 해미가 사귄다는 청천벽력 같은 소식을 접하게 됩니다.

　진아는 선호를 빼앗겼다는 사실에 화가 납니다. 한편으론 자기만 빼고 모두 연애하는 것 같아 우울감까지 느끼지요. 그런데 진아에게도 기적 같은 일이 벌어집니다. 바로 전교 '최고의 킹카'라고 불리는 6학년 지훈 오빠가 뜬금없이 고백한 것입니다. 진아는 묘한 기분을 느끼지만 선호와 해미에게 복수하고 싶은 마음에 지훈 오빠의 고백을 받아들이고 맙니다.

　꼬일 대로 꼬인 네 사람의 관계! 사랑의 시작과 끝은 과연 어떤 모습으로 남게 될까요? 사랑을 배우며 진짜 내 모습을 마주하게 되는 진아의 모습을 통해 『열두 살, 사랑하는 나』라는 제목이 가진 이중적인 뜻을 발견해 보세요.

줄거리를 정리해: 독서 큐브 만들기

『열두 살, 사랑하는 나』는 한 번 펼치면 다시 덮기 힘들 정도로 몰입감 있게 이야기가 펼쳐집니다. 진아, 선호, 해미, 지훈 네 사람이 얽히고설켜 풀어내는 복잡한 사랑 방정식을 보노라면 열두 살 아이들의 사랑 이야기가 이토록 흥미진진할 수 있음에 진심으로 감탄하게 되지요. 반전에 반전을 거듭하는 책 내용을 어떻게 하면 효과적으로 정리할 수 있을까요? 고민하다가 문득 '독서 큐브' 활동이 떠올랐습니다. 줄거리를 정리하는 활동 중 아이들이 가장 좋아하는 방법이므로 주저 없이 강력히 추천합니다.

이럴 때, 이 활동!

▸ 책의 줄거리를 글과 그림으로 재밌게 정리하게 하고 싶을 때
▸ 국어 교과에서 사건의 흐름을 정리하고 예상하는 수업을 할 때
▸ 책 광고를 구체물로 만들도록 하고 싶을 때

---

1. 독서 큐브 만들기

독서 큐브는 교실에 흔히 있는 쌓기나무로 만들 수 있습니다. 1인당 쌓기나무 8개와 테이프를 미리 준비해야 합니다. 독서 큐브 만들기 순서는 다음에 소개하는 동영상을 참고하세요. 고학년 기준으로 10분 정도면 만들 수 있습니다.

• 독서 큐브 만드는 법

2. 줄거리 요약하기

만들어 놓은 독서 큐브는 잠깐 옆으로 치워 두고 독서 큐브에 넣을 줄거리를 요약합니다. 책의 굵직굵직한 사건들을 뽑아 6개로 정리할 수 있도록 합니다. 책을 모두 읽었다면 처음부터 끝까지의 내용을 정리하면 되고, 책을 읽는 중이라면 그때까지 읽은 내용을 기준으로 줄거리를 정리하면 됩니다.

	책을 중간까지 읽고 아이들이 정리한 주요 줄거리
1	진아가 선호를 짝사랑함
2	해미가 전학을 와서 선호의 짝꿍이 됨
3	해미가 진아에게 선호를 좋아한다고 선언함
4	해미와 선호가 사귀기로 함
5	선호를 빼앗긴 진아가 슬픔에 빠짐
6	6학년 킹카 지훈 오빠가 진아에게 고백을 함

3. 독서 큐브에 그림 그리기

요약한 줄거리가 독서 큐브에 잘 드러날 수 있도록 사인펜과 색연필을 활용하여 그림을 그립니다. 쌓기나무에 사인펜이 닿으면 종이에 그릴 때보다 주변으로 살짝 더 번지기 때문에 주의합니다. 필요하다면 글자를 조금 써도 좋습니다.

• 줄거리를 요약해 만든 독서큐브

4. 독서 큐브 자랑하기

독서 큐브를 모두 만들었다면 서로의 작품을 돌아가며 살펴보는 시간을 갖습니다. 독서 큐브를 움직이면서 어떤 줄거리를 선택했는지, 그 줄거리를 어떤 그림으로 표현했는지 살펴보고 칭찬의 말을 건네주는 시간을 갖습니다. 아이들이 만든 독서 큐브는 한꺼번에 모아서 한쪽에 쭉 쌓아 올려도 아주 멋진 환경 구성품이 된답니다.

책을 드라마로 만든다면: 등장인물 가상 캐스팅

『열두 살, 사랑하는 나』의 등장인물들은 주연부터 조연까지 모두 저마다의 개성이 살아 있어 읽는 재미를 더욱 배가시킵니다. 진아, 선호, 해미, 지훈이뿐 아니라 진아 부모님, 해미의 엄마, 진아의 친구 수빈이까지 서사가 탄탄하고 누구 하나 매력적이지 않은 사람이 없습니다. 자연스레 아이들과 함께 이런 상상도 해보게 되었지요. '이 책이 드라마로 각색되어 만들어진다면 어떤 배우를 캐스팅하면 좋을까?' 우리 모두 드라마 PD가 되어 정말 신나게 가상 캐스팅을 해보았답니다.

이럴 때, 이 활동!

▸ 국어 교과에서 제안하는 글쓰기 수업을 할 때
▸ 등장인물의 특징과 성격을 파악하게 할 때
▸ 작품을 다양한 방법으로 분석하도록 할 때

1. 모둠별로 등장인물 선택하기

수업을 하기 일주일 전에 모둠별로 등장인물을 무작위로 뽑습니다. 여섯 모둠을 기준으로 진아, 선호, 해미, 지훈, 수빈, 진아 부모님을 선택하도록 합니다. 아이들은 모둠이 뽑은 등장인물을 확인하고 각자 어떤 배우를 캐스팅하고 싶은지 미리 생각한 뒤, 최종적으로 선택한 배우 사진을 패들렛에 올려놓습니다. 선생님은 아이들이 올린 이미지를 다운받아 수업 전에 미리 컬러 인쇄를 해 둡니다.

2. 캐스팅 제안서 쓰기

수업 날에 인쇄해 둔 배우 사진을 아이들에게 각자 나눠 주고 캐스팅 제안서를 씁니다. 등장인물의 성격과 특징을 정리하고 이를 바탕으로 자신이 선택한 배우가 이 등장인물을 연기해야 하는 이유를 알맞은 근거를 들어 작성합니다. 최대한 설득력 있는 제안서를 쓰는 것이 중요하기 때문에 활동 시간을 충분히 제공하는 것이 좋습니다.

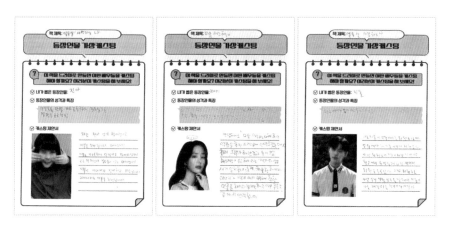

• 가상으로 만든 등장인물 캐스팅 제안서

3. 캐스팅하기

캐스팅 제안서를 완료했다면 '모둠 간 시계 돌리기' 활동으로 캐스팅을 진행합니다. 캐스팅 절차는 다음과 같습니다.

① 각자 작성한 캐스팅 제안서를 책상 위에 올려두고, 스티커 10개를 받습니다.

② 다른 모둠과 자리를 바꿔 앉습니다.

  예) 1모둠은 2모둠 자리로, 2모둠은 3모둠 자리로

③ 다른 모둠에 있는 캐스팅 제안서를 돌아가며 읽어 보고 그중에서 가장 마음에 드는 캐스팅 제안서 2개에 스티커를 붙입니다.

④ 위와 같은 방법으로 모든 모둠의 캐스팅 제안서를 확인하고 스티커를 붙입니다.

등장인물 캐스팅, 이렇게도 해 보세요!

수업 시간이 넉넉하다면 모둠 간 시계 돌리기 대신 프리젠테이션을 활용한 발표 수업을 해도 좋습니다. 각자 준비한 PPT를 바탕으로 3분 발표를 하고, 발표가 끝나면 나머지 친구들이 투표를 해 최종 캐스팅을 합니다. 이렇게 하면 훨씬 더 긴장감 넘치는 캐스팅 분위기를 만들 수 있답니다.

---

4. 최종 캐스팅 발표하기

원래 모둠으로 돌아와서 캐스팅 결과를 확인합니다. 스티커가 가장 많이 붙어 있는 제안서의 배우가 최종적으로 캐스팅됩니다. 최종 캐스팅이 완료되었다면 모둠별로 어떤 배우가 선정되었는지 발표합니다.

즐거운 독서 대화 나누기: 독서 마블

글을 읽고 질문을 나누는 것은 교육 과정에서 강조하는 활동 중입니다. 하지만 질문을 만드는 것도, 질문을 나누는 것도 쉽지 않습니다. 독서 대화를 해 본 경험이 없기 때문입니다. 그래서 중요한 것이 바로 수업 구조입니다. 아이들이 부담 없이 질문을 만들고 나눌 수 있는 구조를 만들면 선생님이 큰 힘을 들이지 않아도 즐겁게 독서 대화를 나누는 아이들의 표정을 볼 수 있습니다. 그중 대표적인 활동인 '독서 마블'을 소개합니다.

이럴 때, 이 활동!

▸ 글을 읽고 질문을 나누는 활동을 하게 할 때
▸ 질문을 통해 책을 깊이 들여다보도록 해야 할 때
▸ 학생 모두가 참여하는 질문 나눔 수업을 기획할 때

1. 질문 만들기

독서 마블에서 가장 중요한 것은 질문 만들기입니다. 좋은 질문을 만들수록 의미 있는 활동을 할 수 있기 때문입니다. 하지만 아무 준비 없이 질문을 만들어 내라고 하면 아이들은 어떤 질문을 만들어야 할지 막막해하기만 합니다. 또한 책에서 답을 찾을 수 있는 사실 질문만 잔뜩 만들어 친구의 경험과 생각을 들어야 하는 수업의 의도와 멀어지기도 합니다. 그러니 질문 만들기 활동을 할 때에는 질문 틀을 미리 제공하여 좋은 질문을 충분히 많이 만들어 낼 수 있도록 도와주세요. 사전에 좋은 질문 예시들을 소개하는 것도 필요합니다.

질문 만들기	사실	사실	~이 ~인가?	행동	누가 무엇을/어떻게 했니?
		의미	~는 무슨 뜻인가?	결과	어떤 일이 일어났니?
		느낌	~일에서 너의 느낌은?	비교	어떤 차이가 있니?
		의견	네 생각은? 너의 선택은?	장단점	~을 했을 때 어떤 장단점이 있니?
	상상	가정	~가 ~였다면?	방법	어떻게 해야 할까?
		원인	왜 ~했을까? ~ 원인은?	감정	어떤 마음이었을까?
		생각	어떤 생각이었을까?	가치	~가 중요할까?
	적용	선택	너(나)라면 어떻게 행동/선택할 것인가?		
		판단	너(나)는 ~가 한 행동이 적절한 행동이라고 생각하니?		
		가치	너(나)에게 중요한 것은 무엇이며 어떻게 살 것인가?		
		가정	네(내)가 ~라면 ~ 할 것인가?		
	종합	변경	내가 주인공이 되어 이야기를 다르게 만들어 보기		
		요약	이야기를 간단히 요약해서 말하기		
		느낌	전체 이야기를 읽고 난 내 느낌 말하기		
		가르침	가장 많이 떠오른 생각과 나에게 주는 가르침은?		

이러한 질문 틀을 제공하면 다음과 같은 좋은 질문들을 만들어 냅니다.

상상	선호와 해미가 사귄다는 이야기를 들었을 때, 진아는 어떤 기분이었을까?
	진아와 지훈 오빠는 어떻게 되었을 것 같아?
적용	네가 만약 지훈 오빠의 비밀을 알았다면 어떻게 행동했을 것 같아?
	네가 해미라면 진아의 행동을 용서할 수 있었을 것 같아?
종합	사랑의 조건은 무엇이라고 생각해?
	너는 '사랑'이 무엇이라고 생각해?

이렇게 질문을 만들었다면 각자 노란색 포스트잇 4장과 분홍색 포스트잇 1장을 가져갑니다. 노란색 포스트잇에는 자신의 만든 사실, 상상, 적용, 종합 질문을 각각 1개씩 적고 분홍색 포스트잇에는 친구들과 즐겁게 할 수 있는 미션을 적습니다. 예를 들면, 선생님에게 하트 날리기, 대한민국 만세 세 번 외치기, 팔 벌려 뛰기 3회, 무인도, 뒤로 세 칸 가기 등이 있습니다.

2. 독서 마블 즐기기

포스트잇을 모두 작성했다면 모둠별로 독서 마블 활동을 합니다. 포스트잇을 보드게임 부루마블 판처럼 배치하고 난 뒤에 진행합니다. 시작 칸 한 곳을 정해 각자 말을 올려 둡니다. 말은 지우개나 공깃돌 같은 학용품을 활용하면 됩니다. 모둠 1번부터 주사위를 던져 해당 숫자만큼 자기 말을 이동합니다. 도착한 포스트잇에 써 있는 질문을 다른 모둠원이 큰 소리로 읽어 줍니다. 주사위를 던진 사람은 질문을 듣고 자기 생각을 이야기합니다.

• 포스트잇으로 만든 독서 마블 판

> 모둠원: 선호가 해미랑 사귀었을 때, 진아의 기분은 어땠을까?
>
> 학생 ❶: 정말 비참하고 짜증 났을 것 같아. 선호는 원래 진아의 절친이기도 하고, 진아가 오랫동안 짝사랑했는데 해미가 가로채 갔으니까. 아, 그리고 후회되는 감정도 있었을 거야. 미리 고백했다면 뺏기지 않았을지도 모른다는 생각을 했을 것 같아.

　　모두가 인정할 만큼 정확히 대답했다면 말을 그 자리에 그대로 둡니다. 단, 10초 안에 제대로 된 대답을 하지 못했다면 말을 원래 자리로 갖다 놓습니다. 이런 방법으로 모둠원이 돌아가며 주사위를 던지고 질문을 서로 나눕니다. 점수 계산은 질문에 대답을 할 때마다 30점, 한 바퀴를 돌 때마다 50점씩 받는 것으로 합니다.

3. 최종 점수 계산하기

　　20분 정도 활동을 하고 난 뒤 최종 점수를 계산합니다. 활동 시간은 수업 시간과 학습 수준에 맞게 조정합니다. 최종 점수 확인 후, 가장 높은 점수를 얻은 친구에게 간단한 보상을 해도 좋습니다. 단, 독서 마블은 점수를 많이 획득하는 것보다 서로 부담 없이 질문을 나누는 데 목적이 있으므로 점수 획득에 너무 치중하지 않도록 주의해야 합니다.

『최악의 최애』
김다노 글, 남수현 그림
다산어린이

『최악의 최애』에는 여러 인물의 이야기가 등장합니다. 사귀는 사이라면 남자가 더 커야 한다는 고정 관념 때문에 마음을 드러내지 못했던 '무지와 미지', 일방적인 사랑이 폭력처럼 느껴지지만 어떻게 거절해야 할지 몰라 고민하는 '수민', 좋아하는 것이 무엇인지 찾아가는 동시에 좋아하는 사람과 함께 뛰며 용기를 얻는 '준구와 기온', 첫눈에 반한 사랑이 친구 동생이란 사실을 알고 고민하는 '명지', 장애를 뛰어넘어 사랑하는 마음을 행동으로 증명하는 '진아와 대한'까지.

6학년 아이들의 삶에는 어느샌가 '사랑'이라는 마음이 자리 잡습니다. 물론 항상 순탄한 것은 아니에요. 내 마음과 달리 모난 말과 행동이 나와서 후회할 때도 있고, 일방적인 사랑 고백을 쏟아부어 누군가를 곤란하게 만들기도 하거든요. 하지만 괜찮습니다. 아이들은 자신만의 속도로, 저마다의 방식으로 누군가를 사랑하면서 성장하니까요. 눈앞의 난관을 두려워하지 않고, 너를 사랑하며 나를 알아가는 아이들의 서사가 가슴을 찡하게 만들 때쯤 아이들은 중학교라는 새로운 세상으로 나아갑니다. 이 동화책을 지금 사랑하고, 앞으로도 사랑할 어린이들과 함께 나눠 보세요.

왔다 갔다 화살표: 인물 관계도 만들기

다섯 에피소드로 구성되어 있는 『최악의 최애』는 주인공이라고 할 수 있는 등장인물만 해도 10명입니다. 심지어 이 아이들이 같은 학교 6학년 친구들이기에 관계는 더욱 복잡하지요. 책을 읽고 난 뒤, 『최악의 최애』의 등장인물들이 어떤 사이인지를 인물 관계도를 통해서 명확하게 정리해 보았습니다. 각각의 에피소드로 떨어져 있지만 사실은 이 아이들이 모두 한데 얽혀 살아가고 있다는 것, 사랑은 그렇듯 복잡한 관계 속에서 피어난다는 것을 인물 관계도를 통해 살펴보세요.

이럴 때, 이 활동!

▸ 등장인물이 많은 책을 읽고 독후 활동을 해야 할 때
▸ 등장인물들의 관계를 한눈에 정리하도록 할 때
▸ 국어 교과에서 '작품 속 인물의 삶'을 살펴보는 수업을 할 때

1. 등장인물 이름 확인하기

인물 관계도를 만들기 위해서는 등장인물의 얼굴이 잘 나온 삽화가 필요합니다. 이름만 써도 좋지만, 더욱 생동감 있는 관계도를 만들기 위해 삽화를 스캔한 뒤 컬러 인쇄하여 활용하는 것을 추천합니다. 모둠별로 등장인물의 삽화를

나눠 주고 모둠원이 함께 상의하여 등장인물의 얼굴과 이름을 정확히 매칭해 보는 시간을 갖습니다. 등장인물이 많으니 책을 다시 한번 보면서 꼼꼼하게 확인할 수 있도록 합니다.

2. 삽화 자르고 붙이기

이름을 모두 확인했다면 인물 삽화를 잘라서 2절지에 배치합니다. 처음부터 무작정 풀로 붙이지 않도록 주의합니다. 등장인물 간의 관계를 화살표로 어떻게 연결할지 고민해 보고, 어떤 식으로 배치하면 한눈에 명확하게 보일지 충분히 구상하는 시간을 가집니다. 구상이 끝났다면 풀을 활용해서 삽화를 하나씩 꼼꼼하게 붙입니다.

3. 화살표 그리기

색깔 사인펜과 네임펜을 활용해서 등장인물 사이의 관계를 화살표로 연결합니다. 화살표를 연결하고 난 뒤, 화살표 위에 이들이 어떤 관계인지를 간단한 단어 또는 문장으로 설명합니다. 서로 좋아함, 연인, 짝사랑, 싫어함 등으로 표현하면 됩니다.

4. 인물 관계도 전시하기

모둠별로 만든 인물 관계도를 전시하고 돌아가며 살펴봅니다. 우리 모둠과 비슷한 점과 차이점을 찾아보고, 등장인물 간 관계를 깊이 탐색하는 시간을 갖습니다.

• 책 속 삽화를 활용해서 만든 인물 관계도

최고의 커플을 뽑아라!: 모서리 토론

『최악의 최애』에 등장하는 커플들은 모두 사랑스럽습니다. 키 큰 여자와 키 작은 남자 '미지와 무지' 커플, 옆집에 살면서 서로에게 용기를 주는 '수민이와 할머니', 함께 달리며 사랑을 키워나가는 '준구와 기온', 중고 거래에서 운명적으로 만나 첫눈에 반한 '명지와 택이', 무심히 휠체어를 밀지만 최애를 위해 최악도 마다하지 않는 '진아와 대한이'. 아이들은 어떤 커플을 최고의 커플이라고 생각했을까요? 아이들의 생각을 모서리 토론으로 풀어 보았답니다.

이럴 때, 이 활동!

- ‣ 국어 교과에서 토론 수업을 할 때
- ‣ 4가지 선택지 중 가장 선호하는 것을 고르게 할 때
- ‣ 독후 활동과 재미있는 토론을 연계하고 싶을 때

1. 모서리 토론 안내하기

모서리 토론은 아이들에게 4가지의 선택지를 제시하고, 그 선택지의 장단점을 토론하면서 최고의 선택지를 고르는 토론 형태입니다. 같은 선택지를 고른 아이들이 교실의 네 모서리에 모둠을 만들어 앉아 진행하며, 모두가 적극적 토론자가 되어 동등한 발언 기회를 얻기 때문에 찬반 대립 토론을 연습하기 전에

활용해도 좋습니다.

2. 커플 선택하기

모서리 토론을 시작하기 전에 아이들은 제비뽑기를 해서 자신이 지지할 커플을 선택합니다. 본 토론에서는 미지와 무지, 준구와 기온, 명지와 택이, 진아와 대한이 커플을 선택지로 제시했습니다. 한 사람씩 나와서 제비를 뽑고 해당 커플의 모서리로 이동합니다.

3. 근거 마련하기

각 모서리에 모인 아이들은 머리를 맞대 자신들이 고른 커플이 왜 최고의 커플인지 그 이유를 찾아 활동지에 정리합니다. 최대한 객관적이고 명확한 근거를 찾아 쓸 수 있도록 독려해 주세요. 아이들이 정리한 근거는 다음과 같습니다.

모둠	최고의 커플인 이유
[1모둠] 미지와 무지	- 키 차이를 극복하고 서로를 있는 그대로 사랑하기 때문에 - 무지가 미지를 서운하게 했지만 미지는 그런 무지를 이해하고 다가올 때까지 기다려줬기 때문에
[2모둠] 준구와 기온	- 같이 달리기를 하는 건강한 커플이기 때문에 - 좋아하는 마음을 숨기지 않는 모습이 귀엽기 때문에
[3모둠] 명지와 택이	- 서로 첫눈에 반한 진짜 사랑이기 때문에 - 연상연하, 친구 동생 등 걱정했던 모든 것을 극복하고 사랑하는 마음 하나만 가졌기 때문에
[4모둠] 진아와 대한	- 장애조차 가로막지 못한 순수하고 아름다운 사랑이기 때문에 - 책 제목이 될 만큼 최애를 위해 최악까지 사랑한 잘생긴 남자 대한이가 너무 멋지기 때문에

이렇게 근거를 마련했다면 각 모둠에서 한 사람이 대표로 일어나서 자기 모둠이 정리한 내용을 발표합니다.

4. 질문 만들기

각 모둠은 다른 모둠의 주장과 근거를 반박할 수 있는 질문을 만듭니다. 찬반 대립 토론 과정과 비교하자면 반론하기 활동이 이에 해당합니다.

모둠	해당 모둠에게 하고 싶은 질문
[1모둠] 미지와 무지	성장기가 되면서 키 차이가 점점 벌어져도 이들의 마음이 변하지 않을 수 있을까?
[2모둠] 준구와 기온	준구가 기온이를 좋아하는 것보다 기온이가 준구를 좋아하는 마음이 훨씬 더 큰데 일방적인 사랑 아닌가?
[3모둠] 명지와 택이	명지와 택이가 사귀게 된다면 명지와 미지의 관계가 불편해지지 않을까? 누군가를 불편하게 하는 데 최고의 커플이 될 수 있나?
[4모둠] 진아와 대한	대한이는 진아를 진짜 좋아하는 것 같지만 진아는 대한이의 사랑을 눈치조차 못 채고 있다. 커플이라고 볼 수 없는 것 아닌가?

5. 질문 나누기

질문을 준비했다면 이제 치열하게 토론을 벌일 차례입니다. 1모둠부터 공격 모둠이 되어 질문하고 싶은 모둠에 질문을 합니다. 질문을 들은 방어 모둠에서 한 사람이 대표로 그 질문에 대해 대답합니다. 방어 모둠의 모둠원들은 대답을 잘 듣고 보충하고 싶다면 발언권을 얻어 내용을 더해도 좋습니다. 공격 모둠은 방어 모둠의 대답에 재질문을 해도 좋습니다.

공격 모둠

저희는 '진아와 대한' 모둠에게 질문하겠습니다. 대한이는 진아를 좋아하는 게 확실하지만 진아의 관심은 오로지 아이돌 틴케이스에게 쏠려 있습니다. 진아는 그저 대한이를 친한 남사친 정도로만 생각하고 있는데 과연 이들이 최고의 커플이 될 자격이 있다고 생각하십니까?

방어 모둠

진아는 눈치채지 못하고 있지만 분명히 대한이를 마음속 깊이 좋아하고 있고 기대고 있습니다. 같이 눈싸움을 하는 모습을 보면서 사랑을 느끼지 못하셨나요? 또 진아가 장애인임에도 대한이는 아무렇지도 않게 진아를 사랑하고 있습니다. 이것이야말로 다른 커플들이 가지지 못하는 진짜 사랑이라고 생각합니다.

질문에 대한 대답을 한 방어 모둠은 공격 모둠이 되어 다른 모둠에 질문을 합니다. 이와 같은 방법으로 준비한 질문을 토대로 서로의 주장에 반론하는 시간을 갖습니다. 이때 중요한 규칙이 있습니다. 모둠에서 한 번 대표로 말한 사람은 연속해서 발언할 수 없다는 것입니다. 이 규칙을 철저하게 적용해야 모둠원 모두가 골고루 말할 기회를 얻을 수 있습니다.

6. 최고의 커플 뽑기

토론을 모두 마치면 무기명 투표를 통해 최고의 커플을 뽑습니다. 자기 모둠에 투표해도 좋고, 토론 과정에서 마음이 바뀌었다면 다른 모둠에 투표를 해도 좋습니다. 아이들이 모두 투표했다면 투표용지를 공개하며 결과를 확인합니다. 최고의 커플로 뽑힌 모둠과 열심히 토론한 다른 모둠이 서로에게 큰 박수를 쳐 주는 것으로 토론을 마무리 짓습니다.

동화책 활동 63
아주 특별한 디자인 수업: 책 띠지 만들기

책에 붙어 있는 띠지는 광고 효과뿐 아니라 책 표지를 매력적으로 만드는 역할을 합니다. 하지만 아쉽게도 학교에 구비된 책은 띠지가 제거된 경우가 많습니다. 도서관 구비용으로 라벨링 작업을 하려면 어쩔 수 없이 띠지를 떼어야 하기 때문입니다. 이런 아쉬운 마음을 담아 『최악의 최애』에 맞는 띠지를 아이들과 함께 디자인해 보았습니다. 책에 대한 애정을 듬뿍 담아 만든 아이들의 띠지는 과연 어떤 모습일까요?

이럴 때, 이 활동!

▸ 국어 교과에서 '광고 수업'을 진행할 때
▸ 미술 또는 실과 디자인 수업과 연계해서 독후 활동을 하고 싶을 때
▸ 한 줄 서평 쓰기 활동을 특별하게 진행하고 싶을 때

1. 한 줄 서평 문구 쓰기

띠지에는 책에 대한 흥미와 호기심을 돋우는 내용이 들어가야 합니다. 그래야 사람들의 눈길을 사로잡고 책을 펼쳐 보게 할 수 있으니까요. 앞서 소개했던 '촌철살인 한 줄 평'(○○쪽 참고) 활동을 토대로 띠지에 들어갈 만한 매력적인 문구를 고민해 봅니다. 책의 내용을 함축적으로 요약하면서 자신의 감상이 잘

들어간 문장을 만들 수 있도록 합니다.

2. 미리캔버스로 디자인하기

띠지에 들어갈 문구를 결정했다면 각자 미리캔버스로 보기 좋게 디자인합니다. 템플릿 크기는 책 크기에 맞춰 조정하면 됩니다. 『최악의 최애』의 경우, 가로 297밀리미터, 세로 100밀리미터로 설정하면 적당한 크기의 띠지를 만들 수 있습니다. 미리 캔버스에서 제공하는 디자인 템플릿과 요소를 적절히 활용할 수 있도록 활동 시간을 충분히 확보해 줍니다. 초등학교 고학년 기준으로 2차시(80분) 정도는 필요합니다.

3. 책에 띠지 붙이기

아이들이 만든 띠지를 컬러 인쇄하여 책에 붙이게 합니다. 띠지를 책 모양에 맞게 접고, 양 끝을 종이 테이프로 살짝 붙여 주면 아주 예쁜 책 띠지가 완성됩니다. 미니 이젤을 활용해서 띠지를 붙인 책을 쭉 전시해 놓고 갤러리 워크로 서로의 띠지를 감상합니다. 그 모습만으로도 교실을 정말 멋진 도서관으로 만들 수 있답니다.

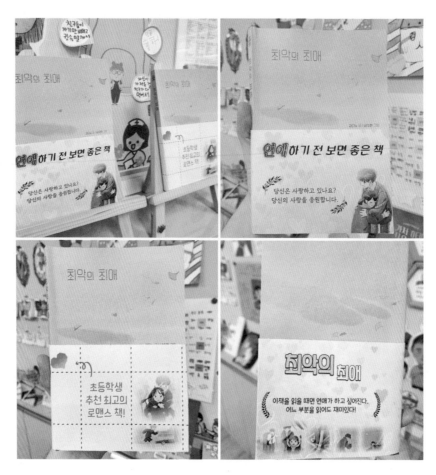

• 문장을 짓고 디자인해 만들어 끼운 띠지

6장

진실과 거짓을
고민하는 동화책

정직은 항상 정의로운 걸까

『내가 모르는 사이에』

김화요 글, 오윤화 그림
웅진주니어

'거지 동네'라고 불리는 내별 마을에 살지만 인기 많고 당차며 정의로운 고효민, 무표정한 얼굴로 자신을 철저히 감추며 살아가는 임수현, 반장 자리를 빼앗은 효민이에게 묘한 열등감을 느끼고 있는 강주목. 세 아이는 어느 날 벌어진 한 사건으로 걷잡을 수 없는 소용돌이에 휩싸이고 맙니다. 반 아이들이 모두 모인 주목이의 생일 파티 날, 주목이 엄마의 빨간 지갑이 사라지고 그 지갑은 내별 마을의 쓰레기통에서 발견되지요. 효민이는 한순간에 지갑 도둑으로 몰립니다. 효민이는 진짜 지갑 도둑은 수현이라는 사실을 짐작하지만 입을 꾹 다물고 맙니다. 수현이의 비밀을 지켜 주기 위해서요. 그때부터 효민이는 인기 많은 반장에서 누구나 욕하고 무시할 수 있는 투명 인간으로 전락하고 말지요.

과연 효민이는 진실을 말해야 할까요? 나의 정직이 누군가에게 엄청난 상처를 남기게 된다면 우리는 과연 정직할 수 있을까요? 그 정직은 우리가 배운 것처럼 항상 정의롭고 올바르기만 할까요? 아이들은 이 물음에 대한 정답을 『내가 모르는 사이에』를 통해 흥미진진하게 찾아갈 것입니다.

나라면 어떻게: 정직 딜레마 수업

『내가 모르는 사이에』는 진실과 거짓 사이에 놓인 세 아이가 각자의 방법으로 해답을 찾아가는 성장동화입니다. 아이들 역시 그 과정을 지켜보며 전에는 경험하지 못한 첨예한 딜레마 상황을 마주하게 되지요. 한 사건을 다양하게 바라보는 연습을 하며 그동안 흔들리지 않는 진리라고 생각했던 '우리는 항상 정직해야 한다.'라는 대명제를 깊이 고민하게 되는 것입니다. 각각의 딜레마 상황에서 아이들은 어떤 대답을 했을까요? 꽤 어른스러워서 놀랐던 아이들의 이야기를 지금 소개합니다.

이럴 때, 이 활동!

‣ 도덕 교과에서 '정직'에 대해 가르칠 때
‣ 도덕적 딜레마 상황을 제시하고 이에 대해 깊이 토론하게 하고 싶을 때
‣ 한 사건을 다양한 시선으로 조망하도록 할 때

1. '내가 효민이라면' 어떻게 할까?

앞서 소개한 것처럼 효민이는 내별 마을에 사는 유일한 아이라는 이유만으로 지갑 도둑으로 몰립니다. 하지만 효민이는 반 아이들이 모르는 사실 하나를 알고 있지요. 바로 수현이 역시 내별 마을에 살고 있다는 것을요. 이 부분까지

읽고 난 뒤에 아이들과 '내가 효민이라면' 어떻게 할 것인지 이야기를 나눠 봅니다. 먼저 "나만 내별 마을에 사는 게 아니야. 임수현도 내별 마을에 살아!"라고 진실을 말할 때의 장점과 단점을 살펴봅니다. 아이들이 찾은 장단점은 다음과 같습니다.

장점	단점
- 지갑 도둑이라는 누명을 벗을 수 있다. - 지갑 도둑으로 몬 강주목에게 역공을 펼칠 수 있다.	- 수현이의 비밀을 말했기 때문에 수현이와 완전히 사이가 틀어지게 된다. - 비겁한 남자가 될 수 있다.

이 결과를 토대로 자신이 효민이라면 어떤 선택을 할 것인지를 결정합니다. 연신 "진짜 어렵다. 너무 힘든 선택이야!" 하고 머리를 쥐어뜯으며 고민하다가 최종 결정을 하는 아이들의 표정은 자못 진지합니다. 결론부터 말하자면 우리 반 총 23명의 아이들 중 14명은 진실을 말한다, 9명은 진실을 말하지 않는다고 선택했습니다. 선택의 이유는 이러했습니다.

진실을 말한다	진실을 말하지 않는다
- 나부터 살고 봐야 한다. 도둑으로 몰리면 학교생활이 완전히 망가지게 될 것이다. - 수현이의 비밀도 소중하지만 그것보다 더 소중한 것은 나 자신이다. - 진실을 말하는 건 정직한 것이다. 정직하게 살아서 나쁠 것이 없다. - 수현이의 거짓말을 내가 희생하면서까지 감춰 줄 필요는 없다.	- 나라면 바로 진실을 말했겠지만, 효민이 입장이라고 생각하니 진실을 말할 수 없을 것 같다. 수현이는 효민이의 첫사랑이자 소중한 사람이니까 말 못 하겠다. - 효민이는 도둑으로 몰려도 어떻게든 버틸 수 있겠지만 수현이는 와르르 무너져 버릴 것 같아서 말 못 한다.

이 문제에 정답은 없습니다. 딜레마 상황에서 서로의 생각이 그저 다른 것뿐입니다. 이 과정에서 아이들은 자연스럽게 그동안 도덕적으로 당연하게 여겨

온 정직이라는 덕목을 현실적으로 마주하게 됩니다. 이 깊은 고민의 시간이 아이들의 마음을 한 뼘 더 쑥 성장시킬 거라고 확신합니다.

2. '내가 수현이라면' 어떻게 할까?

수현이는 자신을 위해 진실을 밝히지 않고 도둑 누명을 쓴 채 살아가는 효민이를 보며 커다란 죄책감에 빠지게 됩니다. 하지만 이제 와서 "사실 나도 내별마을에 살고, 그 지갑은 내가 훔쳤어!"라고 말할 수는 없습니다. 그러기엔 너무 늦어 버렸으니까요. 수현이를 둘러싼 안팎의 상황을 자세히 들여다보며 다시 한번 딜레마 상황을 경험해 봅니다.

먼저 효민이를 위해 수현이가 자신의 비밀을 밝힌다면 어떤 일이 벌어질지 장단점 분석을 합니다. 다음은 아이들이 찾은 장단점입니다.

장점	단점
- 효민이가 도둑 누명을 벗을 수 있다. - 손가락질은 받겠지만 마음은 편하다. - 내별 마을과 학교를 오갈 때 길을 돌아서 가지 않고 당당하게 갈 수 있다.	- 아이들에게 따돌림을 받을 수 있다. - 엄청난 비난과 욕을 먹을 수 있다. - 도둑질을 했으므로 법적인 처벌을 받아야 한다.

그렇다면 '내가 만약 수현이라면' 아이들은 어떤 선택을 한다고 했을까요? 결과는 놀라웠습니다. '진실을 말한다.'는 3명, '진실을 말하지 않는다.'가 무려 20명이었습니다. 효민이의 딱한 사정은 이해하지만 진실을 밝힐 경우 다가올 후폭풍을 도저히 감당할 수 없다는 이유였습니다. "거짓말은 나쁜 것이며, 항상 정직해야 한다."라고 배워 온 아이들이 정작 자신의 일이 되자 정직을 외면해 버린 것입니다. 이쯤 되면 몇몇 아이가 "좀 부끄럽긴 하네요." 하고 머쓱해하기

도 합니다.

이때 아이들 마음속에 있는 정직과 양심을 다시 한번 자극합니다. 이번엔 수현이가 아닌 '수현이 마음속의 정직'이 되어 수현이에게 하고 싶은 말을 써서 발표해 보는 시간을 갖습니다. 이는 곧 아이들 스스로에게 하는 말이기도 하지요. 아이들은 이렇게 썼습니다.

> ‣ 수현아, 네가 상황이 안 좋아서 그럴 수 있는데 그러면 효민이가 계속 오해받아서 더 안 좋아질 수 있어. 그냥 정직하게 말하면 친구들이 오해를 풀 수도 있어. 미안하다고 사과하고 주목이에게도 사과해.
> ‣ 수현아, 네가 지갑을 훔쳤지만 계속 침묵하지 말고 솔직하게 말해 봐. 물론 네가 힘들 거라는 걸 알지만 그래도 이건 정직하지 않은 행동이야. 아이들 모두가 이해해 줄 거야. 꼭! 말해.
> ‣ 지금 진실을 말하지 않으면 나중에 더 안 좋은 일이 될 수도 있고 네가 계속 앓고 두렵고 괴로워할 수도 있어. 그러니까 진실을 말하고 후회하지 않게 끝냈으면 좋겠어. 너한테도 정직이란 게 있을 테니까 진실을 말할 거라고 믿어.

돌아가며 쓴 말을 읽으면서 아이들은 더욱 괴로워합니다. "이렇게 해도 힘들고, 저렇게 해도 힘들고 도대체 어떻게 하란 말이냐!" 하고요. 그러면서 한편으론 수현이가 마지막에 어떤 선택을 할지 궁금해하지요. 아이들이 딜레마 상황을 처절하게 경험하면서 책의 내용에 푹 빠지는 모습을 보는 건 참으로 즐거운 일입니다.

3. '내가 주목이라면' 어떻게 할까?

결국 수현이는 '어떤 사건'을 계기로 주목이에게 자신이 내별마을에 살고 있으며, 지갑을 훔친 범인이라고 자백합니다. 남몰래 수현이를 짝사랑하고 있던 주목이는 큰 충격에 빠진 동시에 자신이 알게 된 진실을 친구들에게 이야기해야 할지 고민하지요. 누구보다 적극적으로 효민이를 범인으로 몰고 간 주목이었기에 "사실 효민이는 지갑 도둑이 아니야."라고 말하는 것은 엄청난 용기가 필요한 일일 것입니다.

앞선 활동과 마찬가지로 선택의 장단점을 분석하고 어떻게 행동할 것인지를 결정해 봅니다. 우리 반 아이들 대부분은 "이제는 망설이지 말고 진실을 말해야 할 때"라고 이야기했습니다.

4. 소감 남기기

효민이, 수현이, 주목이의 입장이 되어 차례로 '정직'을 고민했다면, 이제 생각을 정리해 소감을 남겨 봅니다. 우리 반 아이들은 수업이 끝나고 이런 소감을 남겼습니다.

> ‣ 정직하게 산다는 것은 생각보다 어려운 일 같다. 다른 사람의 관계나 상황이 도와주지 않는 경우도 생기니까 말이다. 하지만 책을 읽고 나니 결국은 정직해야 마음이 편하다는 생각이 들었다. 어렵지만 정직하게 잘 살려고 노력해야겠다.
> ‣ 책을 끝까지 읽고 나니 결국 진실을 이야기한 수현이가 대단하게 느껴졌다. 그리고 친구를 위해 끝까지 진실을 입 밖으로 꺼내지 않은 효민이도 대단하다고 생각한다. 정직한 수현이도, 착한 효민이도 배울 점이 참 많다.
> ‣ 맨날 '정직해야 한다.', '거짓말하면 안 된다.'라고만 배워 왔는데 책으로 정직을 배우니까 정말 색다르고 마음에 많이 남았다. 책을 읽으면서 계속 나라면 어떻게 할까 생각하니까 소름이 돋을 때도 있었다. 매번 정직하긴 힘들다. 하지만 정직을 지키면서 살아야 한다.

삽화로 이야기 만들기: 나도 동화책 작가

『내가 모르는 사이에』를 보는 재미 중 하나는 독특한 느낌을 주는 삽화입니다. 때로는 섬찟하고, 때로는 서늘한 삽화가 『내가 모르는 사이에』속 세 주인공의 혼란스러운 마음을 실감 나게 전달합니다. 특히 지갑 도둑으로 몰린 효민이를 불안하게 바라보는 수현이의 표정은 아이들이 종일 이야기할 정도로 파격적입니다. 이 삽화들을 그냥 지나치기 아쉬워 아이들과 함께 '나도 동화책 작가' 활동을 해 보았습니다.

이럴 때, 이 활동!

‣ 국어 교과에서 '이야기가 말하고자 하는 주제 알기' 수업을 할 때
‣ 동화책의 주제를 살린 새로운 이야기를 창작하게 하고 싶을 때
‣ 동화책 삽화를 활용한 독후 활동을 하고 싶을 때

1. 삽화 살피고 고르기

'나도 동화책 작가'는 동화책 속 삽화를 재배열하여 새로운 이야기를 만드는 활동입니다. 단, 기존 동화책이 전달하고자 하는 주제를 벗어나는 이야기를 만들지는 않습니다. 『내가 모르는 사이에』는 '정직'과 관련된 이야기이니 정직에 관한 새로운 이야기를 만들면 됩니다. 이야기를 만들기 전 동화책 속 삽화를 쭉

훑어보고 그중에서 내 이야기에 쓰고 싶은 삽화를 고르도록 합니다.

2. 새로운 이야기 만들기

삽화를 골랐다면 어떤 이야기를 만들지 고민하면서 삽화를 배열합니다. 삽화를 스캔하여 컬러 인쇄해도 써도 좋고, 카메라로 찍은 뒤에 온라인에서 작업을 해도 좋습니다. 우리 반의 경우, 각자 삽화를 카메라로 찍어 미리캔버스에 삽입한 뒤에 이야기 만들기 활동을 진행했습니다. '정직'이라는 주제를 살리는 동시에 나만의 개성을 담은 이야기를 만들어야 하므로 창작 시간은 최소 2차시 이상 확보해 주는 것이 좋습니다.

제목: 난 동생이 싫어!	
삽화	바꿔 쓴 내용
수현이 주목이 엄마의 지갑을 훔쳐서 나오는 그림	나는 김수작이다. 오늘도 어머니께 혼이 났다. 동생이 날 때려서 나도 때렸는데 어머니가 "야, 이놈들아!"라고 하시면서 나만 혼냈다. 나는 정말 화가 났다.
수현이 거울 속 자신의 모습을 들여다보는 그림	나는 생각했다. '동생은 왜 안 혼나지? 동생이 오늘 시험 0점 맞은 거 말할까?' 난 동생이 미웠다. 그래서 동생의 비밀을 말하고 싶었다.
주목이가 진실을 알고 수현이를 물끄러미 바라보는 그림	그때였다. 동생이 문을 열고 말했따. "누나, 때려서 미안..." 동생이 처음으로 사과를 했다. 이게 웬일이야? "나도 미..." "응, 뻥이야! 내가 왜 너한테 사과를 하는데! 메롱!" 난 화가 머리 끝까지 올랐다. 더 이상 참을 수 없다.

주목이가 효민이를 째려보는 그림	난 엄마한테 달려갔다. "엄마! 엄마!" 엄마가 날 쳐다봤다. 나는 솔직하게 모든 걸 말하려 했다. 그때였다. 동생과 눈이 마주쳤다. 동생의 표정은 묘했다. 겁난 표정과 함께 날 비웃는 표정이 함께였다.
수현이 주목이 엄마의 지갑을 훔쳐서 나오는 그림	동생은 내 방을 손가락으로 가리켰다. 그리고 손가락으로 '0'을 만들었다. 그곳엔… 내 빵점짜리 시험지가 숨겨져 있다. 저 녀석이 내 진실을 알고 있다. 그렇다면… 나도 멈춰야 한다.
주목이와 수현이가 서로를 바라보는 그림	우린 그렇게 진실을 숨겼다. 그리고 휴전을 했다. 하지만 평화는 오래가지 않았다. 우리가 숨겨 둔 시험지는 엄마한테 걸렸고 집에서 쫓겨날 정도로 혼났다. 그때 우린 결심했다. 이제부터는 싸우지도 않고, 정직하게 말하겠다고. "엄마, 거짓말 해서 미안해."

3. 돌아가며 읽기

각자 만든 이야기는 패들렛에 올려서 읽어 보고 '좋아요'와 댓글로 피드백 해 줍니다. 이야기의 구성을 비판하기보다는 응원하고 격려하는 쪽으로 댓글을 달 수 있도록 합니다. 단, 학습 목표에 따라서 피드백의 내용은 달라질 수 있습니다. 가령 국어 교과와 연계하여 우리 반 글모음집 만들기를 한다거나 문장 호응을 생각하며 글쓰기 수업을 한다면 완성도를 높이기 위해 보다 객관적인 피드백을 하는 것도 가능합니다.

사이버 세상 속 숨겨진 진실

『햇빛초 대나무 숲에
새 글이 올라왔습니다』
황지영 글, 백두리 그림
우리학교

'대나무 숲(대숲)'이라는 사이버 공간을 들어 보셨나요? 작성자의 신상을 철저히 비밀에 부치기 때문에 누구나 부담 없이 드나들 수 있는 온라인 광장과 같지요. 지금 소개할 동화책의 배경도 바로 이 '대숲'입니다.

난타반 사고로 큰 피해를 입은 유나. 민설이의 실수로 사고가 일어났지요. 그러던 중 유나는 대숲에서 충격적인 사실 하나를 접하게 됩니다. 난타반 사고가 우연이 아닌 누군가의 고의로 벌어진 일이었다는 것입니다. 유나는 사고의 숨겨진 진실을 찾기 시작하고, 진실을 파헤칠수록 마음의 상처가 깊어집니다. 마음을 나누고 위로하던 대숲은 어느샌가 폭로와 비방의 장으로 변질되어 버리고 말지요. 진실을 찾는 유나, 진실을 감추는 민설, 또 다른 비밀을 간직한 건희. 과연 세 친구는 거짓으로 점철된 잔인한 현실 앞에 또렷한 진실을 찾을 수 있을까요? 불안, 외로움, 걱정, 열등감이 남긴 커다란 흉터를 이겨 내기 위해 몸부림치는 햇빛초 대숲의 아이들에게서 오늘날을 살아가는 우리 교실의 단면을 엿보게 됩니다.

대숲의 명과 암: 대나무 숲이 열렸어요

대나무 숲의 장단점은 명확합니다. 철저히 익명이 지켜지기 때문에 자기 생각을 숨김없이 털어놓을 수 있는 반면, 부정확한 사실을 유포하거나 상호 비방이 일어나서 진흙탕 싸움이 벌어지기도 하지요. 만약 우리 반 아이들이 햇빛초 대나무 숲에 글을 올릴 수 있다면 어떤 말을 하게 될까요? 등장인물의 상황과 감정에 공감하며 아이들이 경험할 수 있는 대숲을 열어 보세요. 대숲의 장단점이 신기하게도 명확히 드러나게 된답니다.

이럴 때, 이 활동!

▸ 등장인물이 처한 상황과 감정을 정확히 파악하도록 하고 싶을 때
▸ 책의 소재를 경험하며 더욱 깊이 있는 독서 활동을 하게끔 도울 때
▸ 도덕 교과에서 '건전한 사이버 생활' 수업을 진행할 때

---

1. 등장인물의 상황 확인하기

『햇빛초 대나무 숲에 새 글이 올라왔습니다』의 유나는 난타반의 센터 자리를 두고 민설이와 갈등을 빚습니다. 누가 봐도 난타를 가장 잘하는 유나가 센터를 망설이는 사이, 민설이가 센터 자리를 꿰찼기 때문입니다. 유나는 이런저런 상황 때문에 센터를 망설였던 자신을 탓하는 한편, 친한 친구라고 생각했던 민

설이의 행동에 분함과 억울함을 느낍니다. 이 마음을 쏟아 내고 싶었던 유나는 저도 모르게 대나무 숲에 접속하게 되지요.

2. 등장인물의 감정 정리하기

칠판에 느낌 자석을 쭉 붙여 놓고 현재 유나가 느끼는 감정과 가장 비슷한 감정을 고르도록 했습니다. 아이들이 고른 감정은 다음과 같습니다.

감정	이 감정을 고른 이유
억울함	누가 봐도 센터는 유나 건데 민설이가 가져갔기 때문에
화남	망설였던 자기 자신에게도 화가 나고, 민설이한테도 화가 날 것 같음
서운함	그동안 잘 지낸 친구였는데 센터를 빼앗아 갔으니까
억울한	센터 자리를 두고 경쟁조차 하지 못한 상황이 억울함
실망스러운	민설이가 센터를 가져갈 때 이의를 제기했어야 하는데 못 해서

3. 햇빛초 대나무 숲에 글 올리기

등장인물의 감정을 깊이 들여다보았으니 이제 유나가 되어 봅니다. 아이들에게 햇빛초 대나무 숲 사이트가 그려진 쪽지를 나눠 줍니다. 내가 만약 유나라면 대숲에 어떤 글을 올렸을지 생각해 보고 쪽지에 글을 씁니다. 글을 쓰기 전 대숲이 철저하게 정체가 드러나지 않는 사이트라는 사실을 다시 한번 강조해 주면 아이들의 생각이 적나라하게 드러납니다.

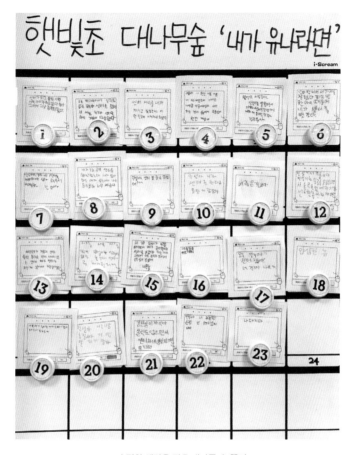

• 솔직한 생각을 적은 대나무 숲 쪽지

4. 생각 나누기

각자 쓴 포스트잇을 돌아가면서 전체가 모두 읽게 합니다. 생각보다 훨씬 직설적인 글이 쏟아집니다. 평소에 얌전하고 상냥하다는 평을 받던 친구도 마찬가지지요. 친구들이 쓴 글을 모두 듣고 난 뒤에 왜 이렇게 공격적인 분위기로 흘러갔는지 생각해 보는 시간을 갖습니다.

교사: 민설이 앞이라면 포스트잇에 쓴 그대로 말할 수 있을까요?

학생❶: 절대 못 하지요. 어떻게 저렇게 말할 수 있겠어요?

교사: 왜 그렇게 생각하지요? 솔직한 속마음이잖아요.

학생❶: 솔직한 속마음이라고 하더라도 민설이 앞에서 그대로 드러내면 사이도 안 좋아지고, 유나의 이미지도 엉망이 되니까요.

학생❷: 맞아요. 그러니까 적당히 속마음을 숨기는 게 맞지요.

교사: 그런데 왜 대숲에는 이토록 솔직한 글을 쓴 거예요?

학생❷: 아무도 이 글을 쓴 사람이 나인 줄 모르잖아요.

학생❸: 현실에서 못 하는 말을 온라인으로 그냥 풀어 버리는 거지요. 내가 아닌 척하고요.

교사: 만약 민설이가 여러분이 쓴 글을 보면 어떤 생각이 들 것 같아요?

학생❶: 내 이름이 써 있지는 않지만 왠지 내 이야기인 것 같아서 기분이 엄청 안 좋을 것 같아요.

학생❷: 아마 유나가 쓴 거 아닐까 이런 생각이 들면서 유나가 싫어질 것 같은데요?

교사: 유나와 민설이처럼 얼굴을 마주하지 않고 대숲을 통해서만 소통한다면 어떤 일이 벌어질 것 같나요?

이와 같은 대화를 통해 아이들은 대숲의 특징을 정확하게 파악합니다. 익명성의 탈을 쓰고 누구나 공격적인 글을 남길 수 있으며, 자칫 잘못하면 잘못된 사실이 진실처럼 보일 위험 역시 있다는 사실을 확인한 것입니다. 이처럼 대숲이 가진 명과 암을 경험하고 난 뒤 『햇빛초 대나무 숲에 새 글이 올라왔습니다』를 읽게 되면 책이 전달하는 메시지를 깊이 이해하며 진실과 거짓을 구분할 수 있는 마음의 힘을 기를 수 있게 된답니다.

실수를 생각하다: 어디까지 용서할래?

때때로 아이들에게 불편한 상황을 빨리 마무리 짓기 위해 용서를 강요하기도 합니다. "친구가 실수했다고 하잖아. 고의가 아니었으니까 용서해 주면 좋겠다." 하고요. 그럴 때 아이들은 마음에도 없는 용서를 하기도 하지요. 하지만 실수라고 해서 모두 용서해 줘야 할까요? 반대로 내가 실수했다면 어떻게 용서를 구해야 할까요? 사람마다 다른 용서의 상한선을 확인하며 진정한 사과와 용서는 어떤 의미인지 생각해 보았습니다.

이럴 때, 이 활동!

‣ 도덕 교과에서 '자기 성찰'과 관련된 수업을 할 때
‣ 실수와 용서에 대한 이야기를 나누게 하고 싶을 때
‣ 다양한 상황을 마주하게 하며 서로 다른 생각을 확인하도록 하고 싶을 때

1. 유나의 감정 이해하기

유나의 이마에 큰 흉터를 남긴 '난타반 사고'의 가해자는 다름 아닌 민설이였습니다. 엄마와 함께 유나를 찾아온 민설이는 "미안해. 정말 미안해. 실수였어."라고 사과합니다. 몸뿐 아니라 마음의 상처도 깊었던 유나는 민설이를 용서하고 싶은 마음이 전혀 없었지만 어른들의 강요 때문에 어쩔 수 없이 "괜찮아."

라는 말을 하게 됩니다. 하지만 유나는 방에 들어와서 눈물을 흘리며 생각합니다. '실수라면 다 용서해 줘야 할까?'라고요.

2. '어디까지 용서할래?' 생각 나누기

유나가 던진 이 질문을 아이들과 함께 생각해 보는 시간을 갖습니다. 그 후 새로운 상황을 던져 주고 나라면 용서할 수 있을지 이야기 나누는 방식으로 진행합니다.

첫 번째 상황

친구가 음료수를 들고 걷다가 넘어져서 내가 입은 옷에 음료수를 왕창 쏟았다. 친구가 "미안해, 정말 미안해. 실수였어."라고 이야기한다. 여러분은 친구를 용서할 수 있는가?

용서할 수 있다(20명)	용서할 수 없다(3명)
- 누구나 이 정도 실수는 하고 사니까 용서할 수 있다. - 자기가 넘어지고 싶어서 넘어진 것도 아닌데 용서할 것이다.	- 음료수를 왕창 쏟았으면 끈적거리기도 하고 찝찝해서 쉽게 용서하긴 힘들 것 같다. - '친한 친구'라는 조건이 안 붙었으니까 바로 용서하진 않을 것이다.

첫 번째 상황은 아주 단순한 상황이기에 대부분 용서할 수 있다고 이야기합니다. 왜 그렇게 생각했는지 이야기를 나눈 뒤에 두 번째 상황을 제시합니다.

두 번째 상황

나와 가장 친한 친구가 음료수를 들고 걷다 넘어져서 내가 입은 옷에 음료수를 왕창 쏟았다. 그날은 한 달 내내 용돈을 모아 겨우 산 새 옷을 입고 간 날이었다. 친구가 "미안해, 정말 미안해. 실수였어."라고 이야기한다. 여러분은 친구를 용서할 수 있는가?

두 번째 상황은 조건을 추가합니다. 그냥 친구가 아니라 '나와 가장 친한 친구'라는 조건 하나와 그냥 옷이 아니라 '한 달 내내 돈을 열심히 모아서 산 새 옷'이라는 조건입니다. 이때부터 아이들의 생각이 변화하기 시작합니다.

용서할 수 있다(13명)	용서할 수 없다(10명)
- 옷이 아깝기는 하지만 친구보다 소중하지는 않으니까 용서할 것 같다. - 옷은 빨면 되지만 친구랑 사이가 안 좋아지면 불편하니까 용서한다.	- 한 달 내내 용돈을 모았다면 그만큼 엄청 소중한 옷인데 쉽게 용서할 수는 없다. - 나는 옷을 정말 좋아하는데 이런 경우라면 진짜 머리끝까지 화가 날 것 같다.

결과는 재밌습니다. 상대적으로 옷에 관심이 많은 여자아이들은 용서할 수 없다고 분노하는 반면, 옷에 큰 관심이 없는 남자아이들은 '그럴 수도 있지. 뭐 그렇게까지 친한 친구한테 화를 낼 일이냐.'라며 시큰둥한 반응을 보였거든요. 조건에 따라, 상황에 따라, 개인의 성향에 따라 용서할 수 있는 마지노선이 달라지는 것입니다. 세 번째는 더 심화된 상황을 제시해 봅니다.

세 번째 상황

나와 가장 친한 친구가 음료수를 들고 걷다 넘어져서 내가 입은 옷에 음료수를 왕창 쏟았다. 그날은 내가 가장 사랑했던 돌아가신 할머니가 나를 위해 마지막으로 손수 떠 주신 하얀색 스웨터를 입은 날이었다. 친구가 "미안해, 정말 미안해. 실수였어."라고 이야기한다. 여러분은 친구를 용서할 수 있는가?

'내가 열심히 돈을 모아서 산 옷'이 아니라 '할머니가 마지막으로 떠 준 스웨터'로 조건을 변경했더니 놀라운 결과가 나오기 시작합니다.

용서할 수 있다(5명)	용서할 수 없다(18명)
- 할머니도 내가 친구와 싸우길 원하지는 않으실 것이기 때문에 꾹 참고 용서할 것이다. - 이미 벌어진 일인데 어쩔 수 없다. 친하니까 용서한다.	- 할머니가 돌아가시기 전에 짜 준 스웨터면 마지막 선물이고 정말 소중한 물건인데 절대 용서하지 못할 것 같다. - 생각만 해도 화가 나고 억울하고 분해서 용서고 뭐고 막 싸울 것 같다. - 용서를 해도 맨날 생각나고 짜증 날 것 같아서 용서 안 하고 계속 사과받을 거다.

두 번째 상황에서 시큰둥한 반응을 보였던 남자아이들까지 대부분 '용서할 수 없다'로 이동하면서 역전이 벌어집니다. 친구도 소중하지만 그보다 가족인 할머니의 유품이 훨씬 더 소중하다는 것에 대부분이 동의한 것입니다. 물론 이 와중에도 꿋꿋이 용서할 수 있다는 아이들이 있다는 점에도 적잖이 놀라게 됩니다. 아이들의 이야기를 충분히 듣고 난 뒤에 마지막 상황을 제시합니다.

네 번째 상황

나와 가장 친한 친구가 음료수를 들고 걷다 넘어져서 내가 입은 옷에 음료수를 왕창 쏟았다. 그런데 이게 벌써 네 번째로 내 옷에 음료수를 쏟은 날이다. 물론 실수는 확실하다. 친구가 "미안해, 정말 미안해. 실수였어."라고 이야기한다. 여러분은 친구를 용서할 수 있는가?

앞선 상황을 포함해서 네 번째 실수가 반복되었을 때, 아이들은 과연 용서할 수 있을까요?

용서할 수 있다(1명)	용서할 수 없다(22명)
- 지금까지 용서한 것이 아까워서 용서한다. 하지만 마지막 용서다.	- 아무리 실수라고 해도 네 번째면 고의다. 이건 나에 대한 절교의 신호다. - 이런 실수를 나한테만 하는 건 예의가 아니고 너무 많이 실수를 해서 마음이 엄청 상할 것 같다.

너무 많은 실수가 반복된 경우, 아이들은 절대 용서할 수 없다고 강경한 태도를 보였습니다. 한 번의 실수는 눈감아 줄 수 있지만 실수가 반복된다면 그것은 고의라고 판단한 것입니다.

3. 실수와 용서에 대해 생각하기

이 같은 활동을 통해 아이들은 '실수라고 해도 모두 다 용서할 수 없음'을 알게 되는 동시에, 다른 사람에게 함부로 "야, 쟤가 실수한 거니까 네가 그냥 용서해. 용서 안 하면 속 좁은 거야."라고 강요할 수 없다는 것을 이해합니다. 각자가 처한 상황과 마음이 모두 다르기 때문입니다.

이와 동시에 다음과 같은 내용도 함께 짚고 넘어가 주세요. 자신이 혹시라도 실수를 하게 되면 상대의 용서 여부와 관계없이 진심으로 먼저 사과를 해야 한다는 것, 그리고 다시는 그런 실수를 반복하지 않아야 한다는 것을요. 그래야 상대 역시 진심으로 용서를 할 수 있는 마음을 갖게 되니까요. 이 세상에는 반드시 용서받아야 하는 실수도, 반드시 해야 하는 용서도 없다는 것을 아이들이 깨닫길 바랍니다.

꼭 말해야 하는 진실

『용기가 필요한 여름』
조은경 글, 임나운 그림
뜨인돌어린이

아무도 믿지 않는 진실을 나만 알고 있다면 용기 있게 이야기할 수 있나요? 『용기가 필요한 여름』은 독자에게 이런 질문을 끊임없이 던집니다.

5학년이 된 새 학기에 민유는 조용하면서도 속 깊은 '과학 덕후' 시아와 단짝이 됩니다. 우정 반지까지 맞출 정도로요. 이들의 관계에 먹구름이 드리운 건 강현이가 끼어들면서부터입니다. 강현이는 '최강클럽'이란 팬클럽까지 몰고 다니는 6학년 전교 회장입니다. 민유와 시아는 강현이와 창의 과학반 활동을 같이하면서 급속도로 가까워지지요.

그러던 어느 날, 민유는 우연찮게 시아와 강현이 단둘이 과학실에서 속삭이는 모습을 발견합니다. 강현이가 갑자기 시아를 껴안으며 엉덩이를 만지는 모습도 목격하게 되지요. 상상하지도 못한 모습에 민유는 충격을 받습니다. 하지만 더 큰 충격을 받은 사람은 시아였습니다. 시아는 강현이를 성추행으로 신고했지만, 그들을 둘러싼 사건은 무성한 헛소문과 확인되지 않은 거짓으로 점철됩니다. 피해자와 가해자가 뒤바뀐 상황을 해결할 사람은 진실을 알고 있는 민유뿐입니다. 과연 민유는 용기 있게 진실을 말할 수 있을까요?

뒷담화는 나빠!: 주장하는 글 쓰기

강현이의 성추행만큼이나 시아를 힘들게 하는 것은 '최강클럽' 여자아이들의 뒷담화입니다. 대놓고 인신공격하는 것은 물론이거니와 시아에 대한 안 좋은 소문을 일부러 퍼뜨려서 피해자인 시아를 가해자로 둔갑시키기까지 하지요. 민유의 말처럼 누군가를 구하는 말이 있다면, 최강클럽 여자아이들의 말처럼 누군가를 무너뜨리는 말도 있다는 것을 생각하며 용기 있게 내 생각을 펼치는 주장 글 쓰기를 해 보았습니다.

이럴 때, 이 활동!

‣ 국어 교과에서 주장 글, 논설문 수업을 할 때
‣ 등장인물의 잘못된 행동을 근거를 들어 비판하도록 할 때
‣ 주장하는 글을 통해 스스로를 성찰하는 시간을 가지게 하고 싶을 때

1. 주장에 대한 근거 찾기

주장하는 글의 핵심은 '내가 평소에 가지고 있는 의견' 또는 '내가 꼭 하고 싶은 주장'을 근거를 갖고 품격 있게 드러내는 데 있습니다. 주장에 대한 근거가 탄탄할수록 주장하는 글의 설득력도 올라가기 마련이지요. 아이들에게 씽킹 보드를 하나씩 나눠 주고 '뒷담화를 하면 좋지 않은 점'을 적어서 칠판에 붙이게

합니다. 아이들이 쓴 내용을 함께 확인하면서 마음에 드는 근거가 무엇인지 각자 추려 보도록 합니다.

2. 주장하는 글 개요 짜기

설득력 있는 근거를 마련했다면 글의 구조를 탄탄하게 하기 위해 개요를 짭니다. 서론 – 본론 – 결론에 어떤 내용이 들어가야 하는지 다음과 같이 안내합니다.

- 서론: 주장 글을 쓰는 이유, 목적, 내가 하는 주장
- 본론: 주장에 대한 근거 2~3가지와 뒷받침 문장
- 결론: 내용 요약과 주장 강조

각 구조에 들어갈 중심 문장을 대강 정리하고 선생님에게 확인을 받습니다. 부족한 부분이 있다면 개요 부분에서 미리 충분히 피드백해 주세요.

3. 주장하는 글 쓰기

앞서 짠 개요를 바탕으로 주장하는 글을 씁니다.

여러분은 친구 뒷담화를 해 보신 적이 있으신가요? 해 봤어도 괜찮아요. 그런 실수는 두 번 다시 하지만 않으면 되거든요. 하지만 뒷담화가 재밌으니까 자주 하는 친구들이 많아요. 뒷담화를 하면 안 되는 이유를 지금부터 알아보겠습니다.
첫 번째, 뒷담화를 하면서 친구를 사귀면 좋은 관계가 되기 힘들어요.
여러분과 같이 남의 뒷이야기를 하는 그 친구들이 다른 친구랑 당신의 얘기는 안 할 것 같

나요? 안 좋은 일은 여러분에게 돌아옵니다. 결국 그 관계는 오래가지 못하게 됩니다.

두 번째, 말버릇이 안 좋아집니다.

남의 안 좋은 말을 하다 보면 말을 평소에 예쁘게 하기 힘들어요. 말로 천 냥 빚도 갚는다고 그러지요? 그만큼 말은 중요한데 계속 안 좋은 말을 하면 습관이 되어 여러 부분에서 힘들어집니다.

세 번째, 자꾸 사람들을 부정적인 시선으로 바라보게 됩니다.

부정적으로 바라봐서 안 좋은 부분만 발견하다 보면 아무도 좋아할 수 없고, 최악의 상황에선 혼자가 될 수도 있습니다. 과장이라면 과장이지만 사람 일은 아무도 모르는 거잖아요? 그러니 우리는 조심해야 합니다.

이러한 사소하고 흔한 일이 여러분에게 안 좋다는 사실을 잊지 마세요. 뒷담화도 돌아오고, 칭찬도 돌아옵니다. 뒷담화 말고 긍정적으로 살아 보는 거 어때요?

4. 스스로 성찰하기

주장하는 글을 쓰는 이유는 내 주장을 관철하기 위함이기도 하지만, 내가 주장하는 바를 스스로 얼마나 잘 실천하고 있는지를 성찰하기 위함이기도 합니다. 내가 쓴 주장 글을 천천히 다시 읽으며 나의 평소 모습을 객관적으로 평가하고 한 줄 다짐을 쓰도록 합니다.

> ‣ 평소 내 행동은 10점 만점에 8~9점 정도는 되는 것 같다. 앞으로도 친구들 뒷담화를 하지 않고 사이좋게 지내야겠다.
> ‣ 솔직히 고백하자면 내 행동은 10점 만점에 6점 정도다. 친구들하고 뒷담화를 좀 많이 했는데, 오늘 주장 글을 쓰고 나니까 그 행동이 부끄러워졌다. 내가 쓴 주장 글처럼 나도 올바르게 행동해야겠다.

너를 위한 내 마음: 선물을 드립니다

『용기가 필요한 여름』 속 민유와 시아는 각자의 사정으로 마음고생을 많이 합니다. 성추행의 피해자인 시아는 아무도 자신의 상황을 알아주지 못한다는 서운함과 억울함으로 힘들어하고, 민유는 민유대로 유일한 목격자임에도 용기 있게 나서지 못하는 스스로를 자책하지요. 너무 먼 길을 돌아가는 두 친구를 보고 있으면 안쓰러운 마음이 절로 듭니다. 만약 민유와 시아가 곁에 있다면 위로의 마음을 담아 어떤 선물을 할 수 있을까요?

이럴 때, 이 활동!

▸ 국어 및 도덕 교과에서 타인을 위로하는 법을 공부할 때
▸ 등장인물의 마음에 공감하도록 할 때
▸ 간단한 글과 그림으로 마음을 표현하는 독후 활동을 하고 싶을 때

1. 등장인물에게 전하고 싶은 마음 정리하기

누군가에게 주는 선물에는 그 사람을 위한 마음이 담겨 있기 마련입니다. 민유와 시아 중 선물을 주고 싶은 친구를 생각해 보고, 그 친구에게 전하고 싶은 마음을 먼저 정리합니다. 모두에게 선물을 주고 싶다면 그렇게 해도 좋습니다.

민유	시아
- 쉽지 않았을 텐데 용기를 낸 모습이 멋져서 응원해 주고 싶음 - 친구를 위하는 마음이 예쁘다고 이야기해 주고 싶음 - 고민이 많았을 것 같은데 옳은 선택을 한 것이 훌륭하다고 생각함	- 최강 오빠가 저지른 일로 충격받았을 것 같아서 위로해 주고 싶음 - "네 잘못이 절대 아니야."라고 이야기해 주고 싶음 - 다른 애들의 뒷담화 신경 쓰지 말고 넌 그 자체로 소중하다고 꼭 말해 주고 싶음

2. 선물 고르기

이제 내 마음을 가장 잘 전달할 수 있는 선물을 골라서 그림을 그려 봅니다. 태블릿 PC나 핸드폰을 활용해서 다양한 선물을 검색할 시간을 충분히 줄 필요가 있습니다. 선물을 고를 때는 단순히 내가 갖고 싶거나 또는 가장 비싼 선물을 고르는 것이 아니라 등장인물에게 전달하고 싶은 마음을 잘 전달할 수 있는 선물로 고르도록 충분히 안내해 주세요.

• 등장인물에게 주고 싶은 선물을 그림으로 그린 활동지

3. 아이 쇼핑하기

선물을 완성했다면 갤러리 워크 형식을 활용해서 서로의 선물을 구경하는 시간을 갖습니다. 각자 활동지를 들고 돌아다니면서 마음에 드는 선물을 5가지 골라서 쓰고, 왜 그 선물이 마음에 들었는지 정리합니다. 갤러리 워크 시간이 끝나면 각자 어떤 선물을 골랐는지 '너도? 나도!' 활동을 통해 전체적으로 확인해 봅니다.

① 맨 앞에 앉아 있는 사람부터 자기가 고른 선물 중 가장 마음에 드는 선물 하나를 고릅니다.

② 그 선물을 고른 친구들이 모두 "나도!" 하고 손을 듭니다.

③ 손을 든 사람의 수를 세고, 칠판에 정리합니다.

④ 이와 같은 방법으로 모든 친구가 돌아가면서 가장 마음에 들었던 선물을 발표합니다.

⑤ 모든 친구가 발표를 끝내면 가장 많은 사람이 고른 선물이 무엇인지 확인하고, 그 선물을 고른 이유를 들어 봅니다.

아이들의 선택을 가장 많이 받은 선물뿐만 아니라 친구들이 고른 선물 중 특이하거나 기억에 남는 선물도 함께 이야기하면 더욱 좋습니다. 등장인물의 마음을 들여다보고 위로하는 선물을 살펴보면서 아이들은 훨씬 더 책을 깊이 있게 이해하게 될 것입니다.

질문으로 탐색해요: 세 갈래 질문 나누기

책을 읽으면서 깊이 있는 질문을 만드는 것은 매우 중요한 활동입니다. 여러 가지 의미 있는 질문이 책을 더욱 자세히 들여다보게 할 뿐 아니라 미처 생각하지 못했던 부분을 살피는 데도 큰 도움을 주기 때문입니다. 질문을 만들고 나누는 방법 중 『용기가 필요한 여름』에서 활용한 질문 기법은 '세 갈래 질문' 나눔입니다. 좋은 질문을 나누며 책을 자세히 탐색하는 아이들의 진지한 눈빛이 그 어느 때보다 반짝였던 시간이랍니다.

이럴 때, 이 활동!

▸ 질문을 통해 작품을 깊이 탐색하게 하고 싶을 때
▸ 국어 교과에서 긴 지문을 읽고 관련 활동을 할 때
▸ 다양한 질문 기법을 적용하도록 하고 싶을 때

1. 세 갈래 질문 준비하고 활동 안내하기

'세 갈래 질문'은 작가, 등장인물, 독자(나)에게 묻고 싶은 질문을 만들고 그에 대한 대답을 나누는 질문 기법입니다. 여러 사람의 시선으로 작품을 다각도로 들여다보는 경험을 통해 책의 내용을 더욱 깊이 이해하는 데 도움을 줍니다. 학생들이 직접 질문을 만든 다음 활동을 진행하는 것이 가장 좋습니다만, 현실적으로 1~2차시 안에 좋은 질문을 뽑고 생각까지 나누기는 쉽지 않습니다. 수업 시간이 제한적일 때는 선생님이 미리 양질의 질문을 준비해 제시하고, 학생들은 자신의 생각을 나누는 데 집중하게 합니다. 아이들에게 제시한 세 갈래 질문은 다음과 같습니다.

작가	작가는 왜 '성폭력'이라는 소재를 동화에서 다뤘을까?
등장인물	시아는 민유에게 왜 처음부터 자신이 당한 일을 솔직하게 털어놓지 못했을까?
독자(나)	내가 용기 있게 행동한 순간은 언제일까?

질문은 순서대로 한 가지씩 제시합니다. 아이들은 질문을 확인하고 난 뒤, 포스트잇에 자기 생각을 씁니다. 자기 생각을 정리했다면 짝꿍-모둠-전체 순서로 질문에 대한 대답을 나누며 모든 학생이 자신의 의견을 다른 사람에게 밝힐 수 있는 충분한 기회를 갖습니다. 생각을 말하는 과정에서 아이들은 책을 자세히 이해하고 앎과 삶을 일치시키는 경험을 할 수 있습니다. 에듀테크 도구 활용이 가능한 환경이라면 포스트잇 대신에 패들렛이나 띵커벨 보드를 활용해도 좋습니다.

2. [작가] 작가는 왜 '성폭력'이라는 소재를 동화에서 다뤘을까?

『용기가 필요한 여름』은 어린이 동화에서 쉽게 다루기 힘든 '성폭력'이라는 소재를 아주 과감하게 다룬 작품입니다. 작가는 왜 이렇게 민감하면서도 대중적이지 않은 이야기를 선택했을까요? 이 질문에 아이들은 이렇게 대답했습니다.

생각보다 아이들은 작가의 작품 의도가 무엇인지를 정확히 꿰뚫습니다. 아

> ‣ 주변에 알게 모르게 성폭력이나 성추행을 당하는 아이들이 많을 것 같다. 작가님은 아마 그런 아이들에게 용기를 주고 싶어서 이 책을 쓴 것 같다. 그리고 사람들에게도 그런 걸 목격했거나 당했을 때 부끄러워하거나 혼자 힘들어하지 말라는 교훈을 주고 싶었을 것이다.
>
> ‣ 이 책을 처음 읽을 때 좀 무섭고 불편했다. '이런 내용의 책을 왜 읽지' 싶기도 했는데 계속 읽다 보니까 우리에게 꼭 필요한 책이라는 생각이 들었고, 성폭력을 당했을 때 어떻게 행동해야 하는지도 알게 되었다. 작가도 이 책을 읽는 사람들에게 이런 마음을 갖게 하고 싶었을 것이다.

이들이 생각을 전체적으로 듣고 난 뒤,《채널 예스》에서 진행한 조은경 작가의 인터뷰(「아이들의 현실을 과감하게 이야기하는 동화」_2022.08.10.)를 함께 읽으면서 정확한 생각을 확인해 봅니다.

3. [등장인물] 시아는 민유에게 왜 처음부터 자신이 당한 일을 솔직하게 털어놓지 못했을까?

『용기가 필요한 여름』을 읽으면서 아이들이 가장 답답해했던 부분은 최강 오빠로부터 성추행을 당한 시아가 자신이 당한 일을 속 시원하게 이야기하지 못했다는 점입니다. 우정반지를 맞출 정도로 막역한 사이인 민유에게 도움을 구했다면 사건 해결은 훨씬 쉬워졌을테니까요. 이 부분에 대해서 등장인물의 시선으로 더 많이 고민해 보는 시간이 필요하다는 생각이 들었습니다. 아이들은 질문을 확인하고 난 뒤에 한참을 고민하더니 다음과 같은 답을 내놓았습니다.

> ‣ 보는 내 입장에선 시아가 답답하기는 했는데 최강 오빠한테 당한 시아 입장으로 생각해
>   보면 아무한테도 말 안 하고 숨고만 싶을 것 같다. 나 같아도 그렇게 큰일을 당하면 머리가
>   멍해질 것 같기 때문이다.
> ‣ 친하다고 생각했던 강현이한테 성추행을 당했으니까 사람을 믿지 못하게 되었을 것이다.
>   민유한테 말했는데 민유가 동네방네 떠들고 다니면 오히려 시아 입장에서는 더 큰 피해를
>   입게 되니까 자꾸 숨게 되고 말을 안 하게 된 것이다.
> ‣ 사람이 너무 충격을 받으면 패닉 상태가 된다고 한다. 시아도 그랬을 것이다. 누구도 내 편
>   이 아니라고 생각했을 것이다. 다시 생각해 보니 시아가 불쌍하다.

이처럼 아이들은 시아의 시선으로 사건을 바라보면서 시아가 함부로 말할 수 없는 상황이었다는 것을 조금은 이해하게 됩니다. 똑같은 사건을 마주하더라도 사람마다 입장 차가 다르다는 것, 특히 이렇게 민감한 사건들은 반드시 '역지사지'의 마음을 가져야 한다는 것을 강조해 주세요. 더불어 성폭력 예방 교육과 연계하여 성폭력이나 성추행을 당했을 때는 반드시 믿을 만한 주변 어른들에게 피해 사실을 알리고 적극적으로 도움을 구하는 것이 스스로를 지키는 가장 좋은 방법이라는 사실 역시 함께 확인하도록 합니다.

4. [독자] 내가 용기 있게 행동한 순간은 언제일까?

『용기가 필요한 여름』은 성폭력에 관한 이야기인 동시에 제목 그대로 '용기' 그 자체를 이야기하는 작품이기도 합니다. 시아나 민유처럼 큰일을 겪지 않더라도 우리는 일상 속에서 소소한 용기를 발휘하면서 살아갑니다. 아이들은 평소에 이런 용기를 발휘했다고 이야기했습니다.

> ‣ 학원에서 어떤 언니가 과자 봉지를 서랍 속에 넣고 가는 걸 보고 나도 모르게 "언니! 그거 거기다 놓지 말고 치워!"라고 이야기했다. 말하고 나선 좀 쫄았는데 언니가 뻘쭘 해하면서 치우는 걸 보고 말하길 잘했다 싶었다.
>
> ‣ 나는 부끄러움이 좀 많은 편인데 편의점 가다가 작년 담임 선생님을 만났다. 인사할까 말까 고민하다가 숨기도 뭐해서 허리를 90도로 숙이며 용기 있게 인사했는데 선생님이 생각보다 엄청 반갑게 인사해 주셔서 좋았다.
>
> ‣ 세븐틴 포카가 너무 갖고 싶은데 용돈이 다 떨어져서 엄마한테 심부름 10번 할 테니까 미리 용돈을 달라고 이야기했다. 혼날 줄 알았는데 다행히 용돈을 받았다. 나한테는 엄 청난 용기였다!

이처럼 책이 전달하고 싶은 주제와 가치를 나의 일상에 투영하고 찾아보는 활동을 통해 아이들은 독서를 온전히 내 삶과 연결 지을 수 있게 됩니다. 그러 니 복잡하고 어려운 독후 활동 대신 좋은 질문으로 책을 오랫동안 들여다보는 시간을 더 많이 제공해 주세요. 그것이 아이들의 성장에 더 큰 도움이 될 테니 까요.

모두가 양심이 없다면

『양심을 팔아요』
신은영 글, 조히 그림
내일을여는책

학교 앞에 새로 생긴 '야시 문방구'에 간 수호. 돈을 넣지 않아도 문방구 앞 뽑기 기계에서 뽑기가 쏟아져 나오자 신나게 뽑기를 하지요. 그러다 문방구 주인 할아버지와 눈이 마주친 수호는 덜컥 겁이 나 얼떨결에 "돈 넣고 뽑기한 거예요!"라고 거짓말을 치고 달아납니다. 그런데 이상합니다. 주인 할아버지는 수호를 보고 기묘하게 반가운 웃음만 짓고 있거든요.

그날 이후 야시 문방구는 학교 아이들의 인기 장소가 됩니다. 돈이 없어도 물건을 살 수 있는 곳으로 소문이 났거든요. 걱정스러운 마음에 문방구에 다시 찾아간 수호는 그곳에서 충격적인 말을 듣습니다. "모자란 돈은 양심으로 다오. 어차피 양심은 눈에 보이지도 않고 없어도 그만인 거니까 손해 볼 건 없단다. 앞으로도 양심을 조금씩 팔면 원하는 물건을 마음껏 얻을 수 있지."

거리낌 없이 양심을 팔며 망가지는 친구들과 그 친구들을 구하기 위해 그동안의 행동을 반성하며 양심을 찾으려는 수호! 과연 수호는 무사히 양심을 되찾고 친구들을 원래 자리로 돌려놓을 수 있을까요? 너와 나의 양심이 우리 모두의 행복을 위한 밑바탕이라는 것을 아이들과 함께 확인해 보세요.

양심 없는 세상 경험하기: 신뢰 게임

우리는 단 한 번도 '양심 없는 세상'을 제대로 경험해 본 적은 없습니다. 그만큼 대부분의 사람이 최소한의 양심을 잘 지키면서 살아가고 있으니까요. 지금 소개하는 '신뢰 게임'은 이름과 달리 내 이익을 위해 모두가 합의한 규칙과 약속을 쉽게 저버리는 사회를 경험하게 하는 놀이 활동입니다. 시간 가는 줄 모르고 양심을 팔아 치우다 어느새 마주하게 된 참혹한 현실에 큰 깨달음을 얻게 되는 놀이기도 하지요. 어떤 놀이인지 함께 살펴볼까요?

이럴 때, 이 활동!

‣ 도덕 교과에서 정직과 양심에 대해 수업할 때
‣ 사회 교과에서 법과 도덕에 대해 수업할 때
‣ 양심이 얼마나 중요한지 알아보게 하고 싶을 때

1. 신뢰 게임 방법 안내

신뢰 게임을 하기 위해 먼저 다음과 같이 진행합니다.

① 모둠별로 포스트잇 8장과 비타민 8개를 나눠 줍니다. (4인 1모둠 기준)

　＊ 비타민은 교실에 있는 간단한 간식, 바둑알, 엽전 등으로 교체 가능합니다.

② 각 모둠은 오른쪽 귀퉁이에 자기 모둠 번호를 씁니다.

③ 라운드가 시작될 때마다 각 모둠은 포스트잇 한 장에 O 또는 X를 쓰고, 비타민과 함께 제출합니다.

④ 1라운드 시작 전, 모두가 승리할 수 있는 '필승 조건'을 안내합니다. 필승 조건은 모든 모둠이 'O'를 쓰는 것입니다. 'O'을 쓰는 것은 곧 '우리는 서로의 양심을 믿는다.'라는 의미이며, 서로의 것을 탐내지 않고 양심을 지키며 살겠다는 의미라고 강조합니다.

⑤ 게임을 시작합니다. 라운드마다 승패는 다음과 같이 결정합니다.

- 모든 모둠이 O를 썼다면 각자 낸 비타민에 하나를 더해서 비타민 2개를 다시 받아갑니다.

- 만약 O, X가 갈렸다면 더 적은 쪽이 비타민을 나눠 가져갑니다.

예①) 여덟 모둠 중 일곱 모둠이 O를, 한 모둠이 X를 썼다: X를 쓴 모둠이 다른 모둠이 낸 비타민 7개를 모두 가져갑니다.

예②) 여덟 모둠 중 여섯 모둠이 모두 X를, 두 모둠이 O를 썼다: O를 쓴 모둠이 비타민을 3개씩 나눠 가져갑니다.

예③) 여덟 모둠 중 네 모둠이 O를, 네 모둠이 X를 썼다: 무승부이므로 각자 낸 비타민을 다시 가져갑니다.

- 만약 모두 X를 썼다면 선생님에게 낸 비타민은 아무도 가져갈 수 없습니다.

⑥ 총 8라운드를 진행하면서 각 모둠이 몇 개의 비타민을 가져갔는지 세어 봅니다.

2. 신뢰 게임 진행하기

앞서 이야기했듯이 신뢰 게임의 기본 약속이자 필승법은 '서로의 양심을 믿고' 모든 모둠이 ○를 내는 것입니다. 하지만 게임을 진행하다 보면 상황이 생각만큼 이상적으로 흘러가지 않습니다. 눈앞의 이익에 눈이 멀어 ○가 아닌 ×를 내는 모둠이 생기게 되고, 이로 인해 아이들은 서로의 양심을 믿지 못하고 이전 투구를 벌이게 됩니다.

게임을 처음 시작할 때만 해도 서로를 신뢰하면서 꼭 ○를 쓰자고 약속하지만 라운드가 진행될수록 처음의 약속과 관계없이 줄타기와 배신을 잘한 모둠이 더 많은 비타민을 가져가게 됩니다. 8라운드까지 모두 끝나고 나면 아이들은 "양심 없이 행동한 모둠이 비타민이 더 많은데요!"라고 아우성칩니다. 양심 없는 사회를 경험한 아이들은 서로를 비난하며 날 선 감정이 담긴 말을 주고받기도 합니다.

3. 생각 나누기

아이들의 감정을 정리하면서 선생님은 아래와 같은 멘트로 이 게임의 의미를 알려 줍니다.

"이 놀이의 이름이 무엇이었나요? (대답 듣고) 네, 맞아요. 신뢰 게임이었습니다. 잠깐 눈을 감고 생각해 보세요. 여러분들은 서로에게 신뢰를 지켰나요? 양심을 지키며 정직하게 행동했나요? 약속을 지키며 서로에게 협력했나요? 이제 눈을 뜨세요.

여러분이 모두 ○를 써서 양심 있게 행동했다면, 각 모둠은 총 8라운드 동안 16개의 비타민을 가져갈 수 있어요. 우리 반 전체로 보자면 비타민이 2배나 더 생기는 셈이지요. 그런데 지금 어떤가요? 16개보다 비타민이 많은 모둠 손들어 볼까요? (확인하고) 16개보다 비타민이 적은 모둠 손들어 볼까요? (확인하고) 양심까지 저버리면서 정말 치열하게 싸웠는데, 대부분의 모둠이 오히려 더 많은 비타민을 얻을 수 있는 기회를 놓치고 말았네요.

그래서 우리는 정직해야 합니다. 그래서 우리는 서로를 신뢰하며 양심 있게 행동해야 합니다. 나만의 이익을 위한 승리가 아니라, 우리 모두가 더 잘 살기 위해서요. 우리가 양심을 지키며 사는 이유는 '우리 모두'의 행복을 위한 것입니다.

자, 그런 의미에서 오늘 1등한 모둠! 여러분에게 부탁합니다. 여러분이 가져간 비타민을 원하는 친구들과 꼭 나눠 먹었으면 좋겠습니다. 여러분의 비타민은 사실 우리 모두의 것이었으니까요. 가져간 비타민을 기꺼이 나눠 줄 1등 모둠에게, 그리고 양심의 소중함을 마음으로 느끼게 된 우리 모두에게 큰 격려와 응원의 박수를 보냅시다."

이와 같은 선생님의 말을 통해 아이들은 양심을 지키는 것이 곧 우리 공동체의 큰 이익을 안전하고 건강하게 보장한다는 것을 마음 깊이 이해하고 받아들이게 됩니다.

4. 소감 남기기

게임을 마치고 난 뒤, 아이들은 다음과 같은 소감을 남겼습니다.

> ‣ 왜 양심을 지키면서 살아야 하는지 오늘 게임을 통해 확실하게 알았다. 양심 없이 살면 당장은 잘살게 되지만, 나중에는 모두 망하기 때문이다.
> ‣ 처음에는 화가 나기도 하고 짜증도 났는데 게임을 다 하고 나니까 양심에 대해서 공부한 느낌이다. 나도 양심을 버리지 않고 잘 살아야겠다.

▸ 양심을 지키는 건 나를 위해서 하는 것이다. 내가 양심을 지켜야 다른 사람들도 양심을 지키고 그래야 모두가 양심을 지키는 사회가 되기 때문이다.

▸ 우리 모둠이 1등 했을 때 기뻤는데 선생님 말씀을 듣고 보니까 조금 부끄러워졌다. 우리 반 모두가 가져가야 할 이득을 깎아 먹었기 때문이다. 양심을 지키고 살아야겠다.

우리가 지켜야 할 양심: 양심 호리병 만들기

야시 문방구의 주인 할아버지는 아이들의 양심을 호리병 속에 담아서 양심 마켓에 갖다 파는 나쁜 어른입니다. 호리병 속에는 평소에 우리 사회가 오랜 시간 약속한 규칙들, 아이들이 일상에서 자연스럽게 지키는 도덕이 들어가 있지요. 할아버지가 아이들을 꾀어 만든 양심 호리병에는 과연 어떤 소중한 양심이 들어가 있었을까요? 자유롭게 대화하고 상상하면서 주인 할아버지가 탐낼 만한 매력적인 양심 호리병을 만들어 보았답니다.

이럴 때, 이 활동!

▸ 도덕 교과에서 양심 있는 행동을 정리할 때
▸ 미술 교과와 연계한 인성 수업을 하고 싶을 때
▸ 자유로운 표현 활동과 독후 활동을 연계하고 싶을 때

1. 우리가 지켜야 하는 '양심 있는 행동' 찾기

양심 호리병을 만들기 전에 야시 문방구 주인 할아버지가 꼭 갖고 싶어 할 만한 양심 있는 행동들을 찾아서 정리해 봅니다. 이를 통해 평소에 우리가 당연하게 생각하며 실천하는 행동들이 돌이켜 보면 모두 양심을 지키는 행동이라는 것을 알 수 있습니다.

아이들이 찾은 양심을 지키는 행동들

‣ 쓰레기 버리지 않기

‣ 신호 지켜서 횡단보도 건너기

‣ 남의 물건 도둑질 하지 않기

‣ 주차 제대로 하기(장애인 주차장에 주차 안 하기)

‣ 새치기 하지 않고 질서 지키기

‣ 남 뒷담화 하지 않고 고운 말 쓰기

‣ 학생 신분으로 호기심으로도 술이나 담배 하지 않기

2. 양심 호리병 고르기

양심 있는 행동들을 정리했으니 이제 이 행동들을 집어넣을 양심 호리병을 준비합니다. 아이들이 각자 창의적으로 호리병을 그려도 좋고, 시간 절약을 위해 다양한 모양의 호리병 도안을 준비해서 나눠줘도 좋습니다. 도안을 준비한 경우에는 각자 마음에 드는 도안을 하나씩 골라가게 합니다.

3. 호리병에 양심 있는 행동 넣기

자신이 고른 호리병 크기에 맞춰 A4 용지에 양심 있는 행동들을 자유롭게 그립니다. 그림을 그리고 난 뒤에는 가위로 잘라 호리병 안에 알맞게 배치합니다.

4. 양심 호리병 달아 놓기

다 그린 양심 호리병은 교실 한쪽에 쭉 걸어 둡니다. 수시로 양심 호리병을 들여다보면서 우리가 지켜야 할 소중한 양심을 확인토록 합니다.

• 양심을 지키는 행동들을 그린 양심 호리병

항상 마주하는 양심: 양심 책갈피 만들기

우리가 지켜야 할 소중한 양심들은 매일매일 수시로 확인하는 것이 좋습니다. 그래야 실천 의지를 꾸준히 다질 수 있으니까요. 앞서 소개한 양심 호리병이 교실에 게시하는 작품이라면, 지금 소개할 양심 책갈피는 아이들이 갖고 다니면서 언제든지 활용할 수 있는 실용적인 작품입니다. 만드는 시간 내내 조잘조잘대며 즐거워하는 아이들의 표정이 잘 담겨 있는 작품이기도 하지요. 아이들이 만든 양심 책갈피는 어떤 모습일까요?

이럴 때, 이 활동!

‣ 도덕 교과에서 양심 있는 행동에 관해 수업할 때

‣ 미술 교과와 연계해 인성 수업을 하고 싶을 때

‣ 독후 활동으로 자유로운 표현 활동과 연계해 다양한 만들기를 하고 싶을 때

---

1. 내가 좋아하는 캐릭터 그리고 코팅하기

양심 책꽂이는 A4 용지 4분의 1 크기 정도로 길게 만듭니다. 각자 종이에 좋아하는 캐릭터나 나를 상징하는 것들을 골라서 그림을 그립니다. 이때 책갈피로 활용할 작품이기 때문에 책에 꽂을 부분을 어디로 할 것인지를 잘 생각하면서 표현하는 것이 중요합니다. 캐릭터를 그렸다면 가위로 자르고, 말풍선 포스

트잇에 양심을 지켜주는 말 한마디를 써서 캐릭터에 붙입니다. 마지막으로 손 코팅지로 양면을 코팅합니다. 보통 코팅지의 경우는 칼집을 냈을 때 접착력 없이 떨어지게 되므로 손 코팅지를 추천합니다. 손 코팅지가 없다면 투명 박스 테이프를 양면에 붙여도 괜찮습니다.

2. 칼집 내기

손 코팅지로 코팅한 캐릭터는 책갈피로 쓸 수 있을 만큼 빳빳해집니다. 빳빳한 것을 확인했다면 책에 꽂을 부분에 칼집을 냅니다. 칼을 쓰는 활동은 위험하므로 어린이 목장갑을 끼고 활동할 수 있도록 합니다. 만약 목장갑이 없다면 조금 번거롭더라도 선생님이 하나씩 칼집을 내주는 것이 좋습니다.

3. 책갈피로 활용하기

이렇게 만든 책갈피는 항상 읽는 책에 꽂아 놓도록 합니다. 만드는 방법이 매우 간단하기 때문에 손이 빠른 친구들은 1~2차시 안에 3~4개 이상을 만들기도 합니다. 교과서, 온책 등에 다양하게 활용하게 하면 시각적으로도 귀엽지만, 직접 쓴 양심 멘트를 수시로 확인할 수 있어서 참 좋습니다.

• 수시로 볼 수 있게 만든 양심 책갈피

진실은 중요치 않아

『죽이고 싶은 아이』
이꽃님 글
우리학교

이 책은 앞서 소개한 어린이 동화와는 결이 조금 다른 청소년 소설입니다. 이야기의 소재와 전개 방식이 동화보다 훨씬 더 강렬하지요. 하지만 초등학교 6학년 정도면 충분히 재밌게 읽으면서 소설의 메시지를 소화할 수 있습니다.

어느 날, 서은이 학교에서 죽은 채 발견되고 주요 용의자로 서은의 단짝 친구인 주연이 지목됩니다. 두 사람이 큰 소리로 다툰 뒤에 이런 일이 벌어졌기 때문이지요. 억울함에 몸부림치는 주연이에게 변호사는 이렇게 냉소합니다. "사람들이 믿으면 사실이 되는 거야. 팩트는 중요한 게 아니라고."

우리가 진실이라고 믿는 것들은 진정한 진실일까요? 아니면 누군가가 만든 거짓 진실일까요? 언론과 미디어에 의해서 악마화된 소문들과 그 소문들을 말로 옮기며 놀잇감으로 소비하는 대중에게 어쩌면 진실은 그리 중요하지 않을지도 모릅니다. 『죽이고 싶은 아이』는 조각 난 진실 속에서 믿을 수 있는 건 아무것도 없다고, 그 세상을 살아가는 누구도 안전하고 건강할 수 없다고 너무나도 섬뜩하게 경고하고 있습니다.

여기는 기자 회견장: 등장인물 인터뷰

『죽이고 싶은 아이』에는 수많은 인물이 등장합니다. 한 사건을 둘러싸고 각자 알고 있는 사실을 쏟아 내면서 자신들이 믿고 싶은 진실을 만들어 냅니다. 정작 사건의 당사자인 주연이는 아무것도 기억하지 못한 채 무기력하게 당하고만 있는데 말이지요. 소설은 결말에 다다를 때까지 범인이 누구인지 정확히 밝히지 않은 채 주연이에 대한 모호한 태도를 유지합니다. 그럴수록 독자는 무엇이 진실인지 몰라 혼란스러워지지요. 아이들은 주연이와 서은이에게 묻고 싶은 말이 많은 눈치였습니다. 결국 자연스럽게 등장인물 인터뷰 활동을 진행하게 되었습니다.

이럴 때, 이 활동!

▸ 작품을 읽고 등장인물의 심리 상태를 자세히 들여다보게 하고 싶을 때
▸ 국어 교과의 연극 단원과 연계한 핫시팅 활동을 진행할 때
▸ 독후 활동으로 질문을 만들고 나누는 활동을 할 때

1. 등장인물에게 하고 싶은 질문 만들기

등장인물 인터뷰를 진행하기 위해서 아이들은 각자 기자가 되었습니다. 하고 싶은 질문을 자유롭게 적어 봅니다. 패들렛의 '캔버스 형식'을 활용하여 마인

드맵처럼 질문을 모으면 어떤 질문들이 나왔는지 한눈에 볼 수 있어 매우 좋습니다.

주연	서은
- 당신은 정말로 서은이를 친구라고 생각했나요? - 친구라고 생각했다면 서은이에게 왜 그런 행동을 했나요? - 지금 이 상황에서 어떤 감정을 느끼나요? - 사건에 대해 기억이 나지 않는다고 했는데 정말 스스로 범인이 아니라고 확신하나요? - 만약 당신이 진짜 범인으로 밝혀진다면 당신은 그 판결을 받아들일 건가요?	- 당신에게 주연이는 어떤 존재인가요? - 당신과 주연이는 너무 다른 처지에 있는데 주연이가 부럽거나 질투 난 적은 없었나요? - 당신은 죽임을 당한 안타까운 피해자입니다. 당신을 죽인 범인이 주연이라면 당신은 주연이를 용서할 수 있나요? - 죽기 직전 당신은 무엇을 보았나요? 살아 있는 사람들에게 무슨 말을 하고 싶나요?

아이들이 만든 질문은 생각보다 철학적이고 깊이가 있습니다. 질문에 대한 대답을 생각해 보면서 어떤 질문들이 나왔는지 천천히 확인하는 시간을 갖습니다.

2. 인터뷰 연습하기

양질의 질문을 모았다면 기자 회견을 준비합니다. 먼저 짝꿍 인터뷰부터 시작합니다. 짝꿍끼리 마주 본 상태에서 1 대 1로 서로를 인터뷰합니다. '가위바위보'를 해서 이긴 사람이 기자를 하고, 진 사람이 등장인물을 합니다. 진 사람은 주연이와 서은이 중 한 명을 선택하고 기자의 질문에 맞게 적절하게 대답합니다. 3분간의 인터뷰가 끝나면 역할을 바꿔서 이긴 사람이 나머지 등장인물을 맡고, 진 사람이 기자 역할을 합니다. 마찬가지로 시간은 3분입니다. 이렇게 짝꿍 인터뷰를 먼저 하는 이유는 질문을 주고받는 연습을 하는 동시에 모든 아이가 빠짐없이 수업에 몰입하는 구조를 만들기 위함입니다. 1 대 1 인터뷰는 한 사람의 무임승차 없이 전체가 함께 활동에 참여토록 하여 추후 이어지는 전체 기자 회견을 진행하는 데 큰 도움을 줍니다. 가능하다면 짝꿍 인터뷰가 끝나고 모둠 인터뷰 시간 또한 갖는 것이 좋습니다. 방식은 마찬가지로 가위바위보를 해서 이긴 사람이 등장인물을 하고, 진 사람들은 기자 역할을 하면 됩니다.

3. 기자 회견 열기

앞의 활동으로 인터뷰를 충분히 연습했으니 이제 전체 기자 회견을 진행할 차례입니다. '빈 의자 기법'과 '뜨거운 의자 기법'을 활용해서 활동을 진행합니다. 먼저 빈 의자를 교실 앞에 하나 가져다 두고 빈 의자 기법을 통해 주연이의 표정, 차림새 등을 예상합니다.

교사: 이 빈 의자에 주연이가 앉아 있다고 상상해 봅시다. 주연이는 어떤 표정인가요?
학생❶: 눈이 멍하고 표정이 없어요.
학생❷: 눈물을 많이 흘린 것 같이 눈이 퉁퉁 부어 있어요.
학생❸: 얼굴이 창백해요.
교사: 좋습니다. 주연이는 지금 어떤 옷을 입고 있나요?
학생❶: 살인죄로 갇혀 있어서 죄수복을 입고 있어요.
교사: 어떤 자세로 의자에 앉아 있나요?
학생❷: 어깨는 축 처지고 구부정한 자세로 앉아 있어요.
학생❸: 몸에 힘이 하나도 없어요.

이렇게 구체적인 질문들을 통해서 주연이를 시각화하고 난 뒤에 뜨거운 의자 기법을 활용해서 주연이의 인터뷰를 진행합니다. 주연이 역할을 하고 싶은 친구들의 자원을 받습니다. 그중 평소에 쇼맨십이 있고 대답을 잘할 것 같은 친구를 뽑아 의자에 앉힙니다. 의자에 앉는 순간 그 아이는 친구들이 상상한 주연이가 됩니다. 나머지 아이들은 기자가 되어 주연이에게 질문을 합니다. 패들렛에 모은 질문 중 의미가 있거나 좋은 질문들을 던집니다. 질문을 하기 위해서는 입은 다문 채로 손만 들어야 하며, 선생님은 기자 회견의 사회자가 되어 손든 아이 중 한 명을 지목하여 질문할 수 있는 기회를 줍니다.

기자: 주연 양에게 묻겠습니다. 당신은 정말로 서은이를 친구라고 생각했나요?

주연: 네, 친구라고 생각했습니다. 그러니까 그렇게 같이 다녔겠지요.

기자: 하지만 당신의 행동을 보면 서은이를 친구라고 생각하지 않은 것 같습니다. 친구라고 생각했다면 그런 식으로 행동할 수 있나요?

주연: 전 그저 서은이가 너무 편했을 뿐입니다. 저만의 애정 표현이라고 생각해 주세요. 그리고 서은이도 저한테 받은 게 많습니다. 제가 서은이를 일방적으로 대했다고 생각하지 않아요.

질문이 거듭될수록 심화된 질문들이 나오고 주연이의 대답 역시 보다 사실적으로 변화합니다. 선생님은 아이들이 던지는 질문의 흐름을 잡아 주고 분위기를 유지하는 역할을 합니다. 그럴수록 더욱 몰입감 있는 기자 회견이 가능해집니다. 이러한 방식으로 여러 가지 질문을 던지면서 대답을 들어 봅니다. 중간에 주연 역할을 맡은 아이를 몇 번 교체해도 좋습니다. 한 사람이 대답할 때보다 더 다양한 생각을 만날 수 있습니다.

4. 소감 나누기

기자 회견을 마치고 난 뒤에 아이들과 간단하게 소감을 나눕니다. 기자 역할을 아주 열심히 한 우리 반 친구는 이런 이야기를 했습니다.

"저는 기자 역할만 쭉 했는데 기자 회견을 하다 보니까 주연이를 범인으로 아예 결정하고 질문을 하고 있더라고요. 주연이가 범인인지 아닌지 아직 밝혀지지도 않았는데요. 서은이를 진짜 주연이가 죽였을지 더 궁금해졌어요."

'진실은 중요하지 않아. 중요한 건 사람들의 믿음뿐.'이라던 『죽이고 싶은 아이』의 냉소가 담긴 소감이라 온몸에 소름이 돋았습니다. 작품의 주제 의식을 깊이 있게 파고드는 이 활동을 아이들과 꼭 한번 나눠 보세요.

나는 신문 기자: 9시 북 뉴스

『죽이고 싶은 아이』의 이야기는 충격과 반전 그 자체입니다. 책장을 넘길수록 깊어져 가는 서사는 책장을 덮을 수 없을 만큼 흥미진진하고 매력적이어서 오늘 안에 결말을 끝까지 읽지 않고서는 도저히 못 견딜 만큼의 궁금증을 자아내지요. 정신없이 휘몰아치는 이야기 안에서 아이들은 어떤 장면을 가장 인상 깊게 받아들였을까요? 이번에는 뉴스를 만드는 기자가 되어 '9시 북(BOOK) 뉴스'를 만들어 보았습니다.

이럴 때, 이 활동!

‣ 작품을 읽고 인상 깊은 장면을 정리할 때
‣ 국어 교과의 '뉴스와 신문기사 쓰기' 수업과 연계할 때
‣ 작품의 내용을 강조하는 독후 활동을 하고 싶을 때

1. 인상 깊은 장면 뽑기

뉴스를 만들기 위해 각자 책의 내용 중에서 인상 깊은 장면을 뽑습니다. 장면을 뽑고 난 뒤에는 왜 그런 장면을 뽑았는지 간단하게 정리해서 발표하는 시간을 갖습니다.

2. 9시 북 뉴스 만들기

• 책 속 인상 깊은 장면으로 만든 9시 북 뉴스

각자 고른 장면들이 잘 드러나도록 9시 북 뉴스를 만듭니다. 타이틀을 정하고 그 타이틀에 맞는 그림들을 적절하게 배치하여 사람들의 주목을 끌 수 있도록 표현합니다. 다만, 이 시간은 미술 시간은 아니기 때문에 그림 그리기에 너무 많은 공을 들이지 않아도 됩니다. 만약 미술 수업과 연계하여 진행한다면 작품의 질을 높이기 위해 충분한 도구와 시간을 제공할 필요가 있습니다.

3. 전시하기

아이들이 만든 북 뉴스는 가능하다면 교실 바깥쪽이나 복도에 전시하여 많은 사람이 읽어 볼 수 있도록 합니다. 이를 통해 일반 대중에게 기사를 제공하는 뉴스의 실제 역할을 수행할 수 있고, 책에 대한 흥미를 불러일으켜 자연스러운 독서 분위기를 형성하는 데도 도움을 줍니다.

7장

역사를 경험하는
동화책

어린 정조를 만나다

『시간의 책장』
김주현 글, 전명진 그림
만만한책방

이 책은 조선 제22대 왕 정조의 삶을 다룬 동화입니다. 하지만 결코 어렵거나 무거운 역사 이야기는 아닙니다. 감당하기 어려운 삶의 무게를 짊어진 채 기다림을 체득한 열한 살 아이의 불안함을 따뜻하게 위로해 주는 이야기거든요.

열한 살의 정조는 복잡한 마음을 달래기 위해 혼자 활터로 향합니다. 번번이 빗나가는 화살 때문에 더욱 울적해지던 그때, 놀라운 광경을 목격합니다. 스물다섯 살의 정조가 바로 뒤에 서 있었던 것입니다. 불안하고 연약하며 두려움에 떨고 있는 현재의 나와 달리 평온하고 의연하며 당당한 모습으로 미소를 띠고 있는 미래의 나! 어른이 된 자신과 함께하면서 정조는 비로소 자신의 삶을 긍정하며 받아들이게 되지요. 둘 사이를 이어 주던 존현각의 문이 닫히던 날, 스물다섯 정조는 당부합니다. "우리는 그냥 서로 마음속으로 응원하면서 각자의 시간을 살게 될 거야. 나는 열한 살 너를 응원할게. 너는 스물다섯 살의 나를 응원해 줘."

정조의 당부가 오늘날을 살아가는 아이들에게도 위로와 용기를 전해 주길 바라 봅니다.

용기 담은 타임캡슐: 나에게 쓰는 편지

『시간의 책장』을 보며 가장 인상 깊었던 점은 스물다섯 살의 정조가 열한 살의 정조를 따뜻하게 위로하며 안아 주었다는 것입니다. 어리숙하고 불안해 보이는 '나'를 부정하거나 다그치지 않고 온전히 그 순간의 '나'로 인정하고 받아들였기에 가능한 일이겠지요. 아이들에게도 이런 경험을 마주하게 하고 싶었습니다. 삶을 살아가다 넘어지고 무너진 순간에 따뜻한 눈으로 나를 바라보는 또 다른 나를 마주하는 경험! 그 마음을 타임캡슐 속 편지로 담았습니다.

이럴 때, 이 활동!

▸ 국어 교과의 편지글 수업과 연계할 때
▸ 도덕 교과의 자기 성찰, 자주적인 삶에 대해 공부할 때
▸ 아이들이 스스로를 긍정하도록 돕는 시간을 마련하고 싶을 때

1. 미래의 나 상상하기

『시간의 책장』에서는 스물다섯의 어른인 정조가 열한 살 정조를 위로했다면, '나에게 쓰는 편지' 활동은 초등학생인 내가 어른이 된 나를 위로하는 활동입니다. 먼저 아이들과 함께 미래의 나를 구체적으로 상상해 보는 시간을 갖습니다. 몇 년 뒤의 나인지, 그때 직업은 무엇인지, 어디에서 어떤 삶을 살고 있는

지, 겪고 있을 어려움은 무엇인지 생각해서 활동지에 정리합니다.

몇 년 뒤의 나인가요?	20년 뒤, 33세가 된 나
무슨 직업을 갖고 있나요?	열심히 그림을 그리는 화가가 되었을 것 같다.
어디에서 어떤 삶을 살고 있나요?	평소에 꼭 살고 싶었던 서울에 가서 살고 있다. 크지 않은 원룸에 여러 가지 그림 도구를 배치해서 나만의 작업실을 만들었다. 미술 학원 강사를 하고 있고, 주말에는 공원에 나가서 사람들의 초상화나 캐리커처를 그리고 있다.
겪고 있을 어려움은 무엇인가요?	사람들이 모두 알 만한 그림을 그리는 유명한 화가가 되고 싶지만 아직은 무명이다. 고흐 같은 화가도 죽고 나서야 사랑을 받았으니 나도 그럴 수 있다.

2. 미래의 나에게 편지 쓰기

나의 미래를 상상하고 난 뒤, 한때의 어려움으로 힘들어하고 있을 나를 마주하게 합니다. 각자의 사연으로 우울하고 불안해하는 '미래의 나'를 위해서 한 자 한 자 정성 들여 편지를 씁니다.

> **안녕, 00아. 나는 과거의 열세 살 00이야.**
> 네가 언제 이 편지를 열어 볼지 모르겠지만 아마 이 편지가 갑자기 생각나서 열어 본다면 마음이 좀 힘들고 슬프기 때문일 것 같아. 그런데 있잖아. 너무 힘들어하지는 마. 너는 원래 잘 웃고 친구들하고도 잘 노는 그런 애니까. 너무 힘들면 지금 네 주변에 있는 친구들한테 연락해서 막 울고 투정 부리면서 다 털어 버려. 그리고 다시 시작해. 지나고 나면 별일 아니라는 거 너도 잘 알고 있잖아. 네 주변에는 정말 좋은 사람이 많다는 걸 꼭 기억해. 그리고 과거의 나도 너를 진짜 진짜 많이 많이 응원하고 있다는 것도 꼭 기억해. 너는 나에게 부끄럽지 않은 미래야. 나도 너에게 부끄럽지 않은 과거가 될게. 이거 하나만

은 약속하자. 우리 하루하루 잘 살자! 그래야 같이 성공하니까! 네 꿈이 안 이뤄졌더라도, 그저 그런 어른이 되었더라도 난 널 사랑해. 그러니까 너도 널 꼭 사랑해 줬으면 좋겠다. 진짜 진짜 사랑해♡

- 너의 과거이자 현재이자 미래인 OO이가

3. 타임캡슐 상자에 넣기

각자 쓴 편지는 타임캡슐 상자에 넣어 집으로 가져가게 합니다. 먼 훗날 어른이 되어 정신없이 살아가는 길목에서 문득 생각난 '나에게 쓴 편지'를 읽으며 미소 지을 수 있기를, 아이들의 오늘을 함께한 교사로서 바라고 또 바라 봅니다.

정조의 삶 엿보기: 영화 감상문 쓰기

『시간의 책장』을 읽다 보면 아이들이 가장 궁금해하는 인물이 바로 정조의 아버지 '사도세자'입니다. 초등학교 교육 과정에서는 사도세자의 이야기를 자세히 다루지 않기 때문에 도대체 왜 사도세자가 영조에 의해 죽임을 당했는지, 무슨 이유로 아들인 정조를 그토록 힘든 삶으로 끌고 갔는지 이해하기 어려워하지요. 그래서 아이들과 함께 이준익 감독의 영화 〈사도〉를 시청하면서 영조와 사도세자, 정조의 관계를 조금 더 정확하게 알아보았습니다.

이럴 때, 이 활동!

- ▸ 국어 교과의 매체 수업과 연계한 감상문 쓰기 수업을 할 때
- ▸ 사회 교과에서 영정조의 개혁정책에 대해 수업하기 전
- ▸ 아이들과 함께 책과 관련된 영화를 보고 난 뒤

1. 영화 시청하기

영화 〈사도〉는 조선왕조실록을 철저하게 영상으로 구현한 다큐멘터리 같은 영화로 평단의 찬사를 받았습니다. 초등학생 아이들 역시 끝까지 집중력을 잃지 않고 시청할 수 있습니다. 영화를 시청할 때는 영화 감상문을 쓰기 위한 개요 짜기 작업으로 줄거리 요약, 기억 나는 등장인물의 대사, 인상 깊은 장면 등을

정리하면서 볼 수 있도록 합니다. 러닝타임이 짧지 않기 때문에(125분) 수업 시간상 온전한 시청이 어려운 경우에는 유튜브에 있는 영화 요약본으로 대체해도 됩니다. 영화의 대략적인 내용을 이해하는 데는 큰 문제가 없습니다.

2. 영화 감상문 쓰기

영화를 모두 보고 난 뒤에는 시청 중에 기록했던 활동지를 토대로 영화 감상문을 작성합니다. 영화의 줄거리, 인상 깊었던 점, 나의 생각을 간단히 정리하면 됩니다.

> 〈사도〉는 영조의 아들이자 정조의 아버지, '사도세자'에 대한 영화다. 사도세자가 뒤주에 갇혀 죽을 때까지의 내용을 담고 있다. 사도세자와 부인과의 사랑, 이른바 '의대증'이라고 불리는 증상 발현, 그리고 뒤주에서 죽는 모든 내용을 담고 있으며 특히 영조가 멀리 떠났을 때 궁에 절을 하고 있는 사도세자의 모습은 시청자가 압도당할 정도로 웅장했다. 뒤주에 갇혀 있을 때 그 울부짖음은 정말 진짜 같았다. 그리고 정조 역 배우는 정말 아버지를 잃고 슬피 우는 아이 같았다. 〈사도〉는 흔한 '정조'가 아닌 '사도세자'의 이야기를 세심히 다루고 있다. 사도세자의 억울함과 슬픔이 돋보이는 영화라고 생각한다.

3. 영화 감상문 읽기

각자 쓴 영화 감상문은 '모둠 시계 돌리기' 활동(16쪽 참고)으로 모둠원과 함께 나누고, 포스트잇에 댓글을 써서 상호 평가할 수 있도록 합니다.

사람답게 살 수 있다는 것

『강을 건너는 아이』
심진규 글, 장선환 그림
천개의바람

이야기의 시작은 이러합니다. 장쇠의 아버지는 먹고살기 위해 나랏법을 어기고 몰래 소를 도살해 돈을 벌지요. 하지만 꼬리가 길면 잡히는 법. 결국 장쇠네 가족은 뿔뿔이 흩어지게 됩니다. 다행히 아버지의 친구인 육손과 그의 딸이 장쇠를 거두게 되면서 목숨을 건지게 되지요. 자라면서 몸이 커지고 힘도 세진 장쇠는 '꿈'을 갖게 됩니다. 백정이란 신분을 벗어나 자기 능력을 인정받고 싶다는 꿈, 자신이 원하는 것을 배워 비굴하게 살고 싶지 않다는 꿈, 건강한 몸을 앞세워 용맹하게 살고 싶다는 꿈 말이지요. 그는 나라의 녹을 먹으며 호랑이를 잡는 사냥꾼인 '착호갑사'가 되고 싶다는 꿈을 남몰래 키워 갑니다. 그러던 어느 날, 기회가 찾아옵니다. 병판 대감이 호랑이 사냥을 나서면서 장쇠가 호랑이 몰이꾼으로 발탁된 것이지요. 과연 장쇠는 오랜 시간 키워 온 꿈을 이루고 진정한 '인간'으로서 살 수 있을까요?

교육이라는 것이 얼마나 중요한 것인지, 원하는 것을 꿈꾸고 가진 것을 펼치는 것이 얼마나 행복한 것인지 장쇠의 눈물겨운 삶을 통해 뼈저리게 느끼게 될 것입니다. 지금도 장쇠는 말합니다. 꿈을 꾸라고!

당신의 꿈을 응원하며: 너에게 주는 명언집

『강을 건너는 아이』의 장쇠를 보면 경이로운 느낌마저 듭니다. 신분이라는 넘을 수 없는 벽, 무관심하고 차가운 주변의 시선, 척박하기만 한 환경에도 불구하고 스스로를 긍정하며 끝끝내 꿈을 향해 나아가는 그의 모습은 감탄을 넘어 깊은 감동을 선사합니다. 백정과 인간, 삶과 죽음의 경계에서 위태롭게 서 있는 장쇠를 응원하는 마음을 담아 아이들과 함께 '장쇠에게 주는 명언집'을 만들어 보았습니다.

이럴 때, 이 활동!

▸ 등장인물에게 응원의 마음을 담은 글귀를 선물하게 하고 싶을 때
▸ 도덕 교과와 연계해 역사적 인물들의 삶의 태도를 배우게 할 때
▸ 다양한 명언을 통해 나의 삶을 성찰하게 하고 싶을 때

1. 좋은 명언 찾기

갖은 고생을 다 하면서 꿈을 좇는 장쇠에게는 어떤 명언이 필요할까요? 아이들과 함께 먼저 좋은 명언들을 찾아봅니다. 각자 핸드폰이나 태블릿 PC로 검색 포털을 활용해 다양한 명언을 검색하고, 그중에서 마음에 드는 명언을 노트에 정리케 합니다. 사실상 이 활동이 가장 중요한 활동이므로 1차시 정도 충분

한 시간을 주어야 합니다. 아이들이 찾은 명언은 다음과 같습니다.

순간을 사랑하라. 그러면 그 순간의 에너지가 모든 경계를 넘어 퍼져 나갈 것이다.
- 코리타 켄트

실패하는 것은 곧 성공으로 한 발짝 더 나아가는 것이다.
- 메리 케이 애시

우연이 아닌 선택이 운명을 결정한다.
- 진 니데치

성공의 커다란 비결은 결코 지치지 않는 인간으로 인생을 살아 나가는 것이다.
- 알버트 슈바이처

우리에게는 존재하지 않는 것들을 꿈꿀 수 있는 사람들이 필요하다.
- 존 F. 케네디

삶은 즐겁다. 죽음은 평화롭다. 골칫거리는 그 중간 과정이다.
- 아이작 아시모프

낮에 꿈꾸는 사람은 밤에만 꿈꾸는 사람에게는 찾아오지 않는 많은 것을 알고 있다.
- 에드거 앨런 포

---

2. 명언 고로고 쓰기

자신이 찾은 명언 중 마음에 드는 명언을 활동지에 적고, 그 명언을 장쇠에게 선물하고 싶은 이유를 적습니다.

명언	이 명언을 고른 이유
삶은 즐겁다. 죽음은 평화롭다. 골칫거리는 그 중간 과정이다.	장쇠는 어렸을 적부터 죽음에 크게 노출되어 있었다. 삶에 미련도 없다. 그런 장쇠에게 살아가는 그 중간은 원래 힘들다는 걸 말해 주고 싶다.
우리에게는 존재하지 않는 것을 꿈꿀 수 있는 사람들이 필요하다.	백정이지만 꿈을 꾸면서 살아가는 장쇠에게 잘하고 있다는 의미에서 이 명언을 선물해 주고 싶다.
실패하는 것은 곧 성공으로 한 발짝 더 나아가는 것이다.	장쇠에겐 매번 위기가 찾아온다. 하지만 그 위기가 꿈을 이룰 수 있는 기회니까 힘을 내라고 응원해 주고 싶다.

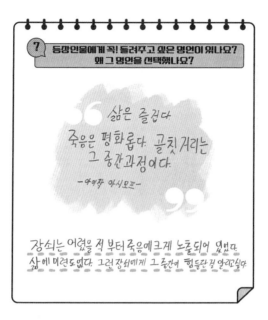

• 명언을 골라 쓴 활동지

    에듀테크 도구 활용이 가능하다면 패들렛에 명언들을 쭉 쓰게 하여 모아도 좋습니다.

3. 명언집으로 묶기

    아이들이 쓴 활동지를 모아서 간단한 표지와 함께 한 권의 책으로 묶습니다. 우리 반만의 멋진 명언들이 모인 명언집이 탄생하게 됩니다. 패들렛으로 명언을 모았다면 '공유 – PDF로 내보내기' 기능을 활용해서 인쇄하고 난 뒤에 묶어도 좋습니다.

내가 만드는 책 광고: 북트레일러 만들기

책의 내용을 온전히 이해하는 활동 중 하나는 책을 홍보하는 광고를 만들어 보는 것입니다. 책을 광고하기 위해서는 많은 사람의 구매 욕구를 자극하기 위해 책의 주요 내용과 주제를 최대한 매력적으로 드러내야 하기 때문입니다. 책 광고 활동은 여러 가지 종류가 있지만 최근 에듀테크 도구가 각광을 받으면서 '북트레일러' 만들기가 많은 사랑을 받고 있습니다. 아이들과도 『강을 건너는 아이』의 북트레일러를 만들어 보았답니다.

이럴 때, 이 활동!

▸ 국어 독서 단원과 연계하여 책 광고 만들기 활동을 할 때
▸ 실과 교과에서 에듀테크 도구를 가르칠 때
▸ 책의 주제와 내용을 광고 만들기를 통해 정리하도록 하고 싶을 때

1. 북트레일러 감상하기

북트레일러는 기본적으로 책 광고이기 때문에 책 내용 중 흥미로운 부분을 일부러 노출하는 동시에 핵심적으로 중요한 내용은 가려 독자로 하여금 책을 구매하고 싶은 욕구를 불러일으켜야 합니다. 유튜브나 인터넷 서점에 올라온 양질의 북트레일러 중 몇 가지를 추려 함께 감상하면서 북트레일러가 가지고

있는 특징을 정확하게 파악할 수 있도록 독려합니다.

• 아이들과 보면 좋은 북트레일러

2. 북트레일러 기획안 구성하기

북트레일러의 특징을 파악했다면 이제 자신이 만든 북트레일러 기획안을 구성합니다. 책의 어느 부분을 중점적으로 소개할 것인지, 어떤 방식으로 내용을 전개할 것인지를 대략적으로 정리합니다. 이 과정은 간단한 콘티를 짜는 시간이기 때문에 너무 오랜 시간을 소비하지 않도록 주의합니다.

3. 북트레일러 만들기

콘티를 완성했다면 미리캔버스(또는 캔바)를 활용해서 북트레일러를 제작합니다. 미리캔버스는 제작 방법이 단순하고 각종 요소와 폰트, 음악, 애니메이션 등을 자유롭게 적용하여 역동적인 동영상을 쉽게 제작할 수 있습니다. 무료 버전이라도 충분히 좋은 작품을 만들 수 있으니 북트레일러를 처음 만드는 아이들에게 추천합니다.

• 아이들이 만든 『강을 건너는 아이』 북트레일러

뒷 이야기가 궁금하다면?

한시라도 눈을 뗄수 없는,
간 떨어질 것 같은 이야기.
수회초

강을
건너는
아이

• 아이들이 만든 북트레일러의 한 장면

4. 북트레일러 감상하기

각자 만든 북트레일러는 동영상 파일로 다운로드한 뒤 패들렛에 업로드하여 모두가 쉽게 감상할 수 있도록 합니다. 아이들이 만든 북트레일러 영상을 우리만 보기 아까워 『강을 건너는 아이』의 심진규 작가님께 보내드렸더니 이런 문자를 받았답니다.

> "안녕하세요. 동화작가 심진규입니다. 제 책을 읽고 북트레일러를 만들어 줘서 너무 고마워요. 재미있게 읽었다는 말을 김성규 선생님 통해서 들었어요. 작가로서 가장 큰 보람이에요. 고마워요. 행복한 나날 보내길 바라요."

작가님이 보내 주신 문자를 아이들에게 읽어 주었더니 정말 뿌듯해하더군요. 아이들이 열심히 만든 광고는 작가님들에게도 훌륭한 선물이 되니 출판사

를 통해서라도 꼭 전달하는 걸 추천합니다. 생각지도 못한 선물 같은 문자를 받

을 수 있으니까요.

한계를 뛰어넘어라

『담을 넘은 아이』
김정민 글, 이영환 그림
비룡소

앞서 소개한 『강을 건너는 아이』가 백정이라는 '신분'을 극복하기 위해 노력하는 이야기였다면, 지금 소개할 『담을 넘은 아이』는 여성이라는 '성별'을 뛰어넘어 새로운 시대로 한 걸음을 내딛는 이야기를 다룬 작품입니다.

푸실이는 산에 땔거리를 찾으러 갔다가 우연히 서책을 주웠습니다. 단 한 글자도 읽을 수 없지만 들여다보고 또 들여다보지요. 딸이라서, 가난해서 배울 수도, 쓸 수도 없었던 푸실이지만 책의 제목을 따라 쓰고 또 따라 씁니다. "태어나 처음으로 글자를 써서 기분 좋았고, 무슨 글자인지 몰라 슬펐다."

그러던 중 운명처럼 효진 아가씨를 만나게 됩니다. 효진 아가씨는 푸실이에게 서책의 이름이 『여군자전』이라는 사실을 가르쳐 줍니다. 그리고 책의 첫 장에 쓰인 문장을 읽어 주지요. "너는 어찌 살 것이냐. 여군자가 물었다." 이 물음을 시작으로 푸실이는 자신의 운명 앞에 켜켜이 놓인 담을 뛰어넘기 시작합니다. 진정한 행복과 사랑을 추구하는 푸실이의 한 걸음 한 걸음이 모두의 가슴에 뜨거운 경종을 울렸으면 좋겠습니다.

동화책 활동 80
우리가 몰랐던 그들의 삶: 조선 여성 체험 활동

여성의 사회 진출이 활발해진 오늘을 살고 있는 요즘 아이들에게 온갖 차별과 고초를 겪어야 했던 조선 시대 여성들의 삶은 먼 옛날이야기일 뿐입니다. 그러다 보니 푸실이가 놓인 상황을 머리로는 이해하지만, 가슴으로 이해하기는 힘들지요. 어떻게 하면 아이들이 푸실이의 아픔을 조금이나마 실감 나게 느껴 볼 수 있을까요? 아예 아이들을 '조선 여성의 삶'으로 끌어들여 보았습니다. 바로 '조선 여성 체험 활동'입니다.

이럴 때, 이 활동!

‣ 사회 교과에서 조선 사회의 유교적 질서에 대해 수업할 때
‣ 등장인물의 삶을 직접적으로 체험하게 하고 싶을 때
‣ 창체(창의적 체험 활동) 수업과 연계하여 성평등, 차별 교육을 할 때

1. 체험 활동 사전 안내하기

조선 여성 체험 활동은 조선 여성이 받았던 차별을 직접적으로 경험하는 활동이기 때문에 사전 안내를 충분히 해야 합니다. 수업을 시작하기 전에 이 활동을 왜 하는지, 어떤 방법으로 체험할 것인지를 최대한 정확히 이야기해 줍니다. 가능하다면 학부모들에게도 활동의 대략적인 이유와 방향을 알림장을 통해 미

리 소개하는 것이 좋습니다. 만약 활동에 참여하지 않고 참관만 원하는 아이가 있다면 그렇게 할 수 있도록 합니다.

2. '조선 여성 체험 활동' 진행하기

조선 여성 체험 활동은 다음과 같은 순서로 진행합니다.

① 짝꿍끼리 가위바위보를 합니다. 이긴 사람은 조선 시대 남성, 진 사람은 조선 시대 여성이 됩니다.

② "선생님이 비타민을 나눠 주겠어요."라고 이야기합니다. 남성은 가만히 앉아 있고 여성이 나와서 비타민을 가져가도록 합니다.

③ 가져간 비타민을 여성이 까서 남성의 입에 공손히 넣어 주게 합니다. 남성이 "아이고, 참 맛있다!"라고 외치면, 여성은 수줍게 미소만 띠게 합니다. 사탕 껍질은 여성이 쓰레기통에 갖다 버리도록 합니다.

④ 맛있는 것을 먹었으니 소화도 할 겸, 간단히 교실 놀이(풍선 배구)를 하겠다고 합니다. 여성들은 조신하게 있어야 하므로 응원만 하고, 남성 역할 친구들만 두 팀으로 나누어 교실에서 10분 정도 재밌게 풍선 배구를 합니다.

＊ 선생님이 분위기를 띄워 주시면 효과가 더 좋습니다.

＊ 활동을 길게 하고 싶으시면 교실 놀이 2개 정도, 짧은 시간에 끝내고 싶으시면 1개 정도 하시면 됩니다.

⑤ 풍선 배구가 다 끝나면 남성들은 자리에 앉습니다. "교실 놀이를 해서 더러워진 것 같으니 여성들은 빗자루를 가지고 교실을 간단히 치우도록 하세요."라고 안내하고, 청소를 시킵니다.

ⓖ 활동을 마무리합니다. 고생한 여성 팀에게 위로의 박수를 보내고, 남성 팀이 나와서 비타민을 가지고 갑니다. 비타민을 입에 넣어 주며 "친구야, 미안했어!"라고 사과하게 합니다.

활동을 하다 보면 여성 팀의 분노와 불만이 극에 달합니다. 단순한 체험이라는 것을 알고 있지만 약이 올라서 표정이 굳어 버리는 아이들도 있지요. 물론 남성 팀의 마음도 편하지는 않습니다. 친한 친구들이 졸지에 말도 안 되는 차별을 받는 상황이 마냥 즐겁지 않거든요.

3. 소감 나누기

활동이 끝나면 책상을 모두 옆으로 치우고 의자만 둥그렇게 모여 앉은 뒤, 최대한 진지하게 소감을 나눕니다. 방금 우리가 경험한 이 상황이 한 사람이 평생 받아들여야 하는 인생이라면 어떨 것 같은지 생각해 보고 『담을 넘은 아이』속 푸실이가 느꼈을 감정과 연계하여 이야기 나눠 봅니다.

> 교사: 활동을 하고 나니 어떤 기분이 드나요? 먼저 여성을 맡았던 친구들부터 이야기해 볼까요?
>
> 학생❶: 실제 상황이 아니라는 걸 알았지만 너무 기분이 나빴어요. 특히 남성 팀이 어지른 걸 여성 팀이 치워야 할 때 진짜 눈물 나올 뻔했어요.
>
> 학생❷: 솔직히 중간에 그만두고 싶다는 생각이 들었어요. 가위바위보로 여성 팀이 된 것뿐인데 이렇게 차별받고 무시당하는 게 너무 억울했어요.
>
> 교사: 그렇군요. 여러분 감정이 어떠했을지 선생님도 짐작이 가요. 남성 팀은 어땠나요?
>
> 학생❸: 처음에는 여성팀을 놀리기도 했는데 애들 표정이 점점 굳어 가니까 좀 불편했어요.
>
> 학생❹: 여성팀이 아니라서 다행이라는 생각이 들면서도 이 활동 끝나면 친구들을 어떻게

보지, 하고 걱정도 되었어요.

교사: 생각보다 많은 친구가 '불편한 감정'을 느꼈네요. 왜 이런 감정을 느꼈을까요?

학생❶: 말도 안 되는 차별 때문에요.

학생❷: 누구는 놀고, 누구는 일하는 게 너무 불공평해요. 다 같은 사람인데.

교사: 20분 정도의 짧은 차별이었는데도 그렇게 기분이 나빴군요. 그런데 만약 여러분의 인생 전체에 이런 차별이 너무나 당연한 것처럼 강요된다면 어떨 것 같아요?

학생❸: 제가 제가 아닐 것 같고, 왜 이렇게 살아야 하나 하루하루가 불행할 것 같아요.

학생❶: 많이 슬플 것 같아요. 포기하면서 살 것 같기도 해요.

학생❶: 밤마다 소리 지르고 울고 반항하고 그렇게 살 거예요. 억울해서 못 살아요.

소감을 말하면서 아이들은 마음 깊이 '조선 여성'으로서 푸실이와 그 가족들이 느껴야 했던 말 못 할 고통을 느끼게 됩니다. 또한 인간을 존중하지 않고 차별과 혐오로 대하는 것이 얼마나 비인간적인 행동인지도 이해하게 되지요.

4. 푸실이에게 하고 싶은 말 쓰기

소감을 나누고 난 뒤에는 각자 포스트잇에 푸실이에게 하고 싶은 말을 적어 봅니다. 이를 통해 생각을 정리하며 수업을 마무리 짓습니다.

아이들은 푸실이에게 다음과 같은 이야기를 해 주었답니다.

> ‣ 오늘 조선 여성 체험 활동을 하면서 푸실이 네가 얼마나 억울하고 힘들었는지 알게 되었어. 난 널 응원해! 힘내!
>
> ‣ 푸실아, 미안해. 사실 책 읽으면서 네가 그렇게까지 힘든 줄 몰랐어. 그런데 오늘 진짜 깨달았어. 그렇게 힘든 상황에서도 용기 내서 담을 넘은 네가 진짜 대단하다고 생각해. 나

도 널 닮으려고 노력할게.

▸ 푸실이 네가 차별받으면서 힘들어한 걸 잘 알아. 우리는 차별하지 않고 살게. 우리나라는
이제 모두 평등하게 살고 있어. 걱정하지 마!

숨어 있는 차별: 보이지 않는 담 찾기

우리 사회는 표면적으로 차별 없이 평등한 사회를 지향합니다. 하지만 여전히 사회 곳곳에는 소수자를 차별하고 억압하는 말과 행동들이 자행되고 있습니다. 아이들의 인권 감수성을 키우기 위해서 우리가 무심코 지나쳤던 '보이지 않는 담'을 찾아보았습니다.

이럴 때, 이 활동!

▸ 사회 및 도덕 교과에서 인권 수업을 할 때
▸ 창체와 연계한 차별 예방 교육을 진행할 때
▸ 세계 시민으로서 아이들의 인권 감수성을 키우고자 할 때

1. '인권 게임'하기

우리 사회에서 알게 모르게 남아 있는 '담'들을 확인하기 위해서 인권 게임을 진행합니다. 인권 게임은 충북세계시민교육연구회에서 개발한 자료를 수정 보완한 활동입니다. 단순한 규칙으로 어떤 학년이든 쉽게 적용할 수 있어 차별과 혐오를 고민하는 시간을 갖고자 할 때 매우 유용합니다. 인권 게임은 다음과 같이 진행합니다.

① 각자 성별, 나이, 재력, 인종, 장애 유무 칸의 '1번' 또는 '2번'을 고릅니다.

② 1번과 2번에 맞는 조건을 부여합니다.

    예) 1번: 남자, 어린이, 부자, 유색인종, 비장애인 / 2번: 여자, 어른, 가난, 백인, 장애인

③ 각자 기본 점수 100점을 얻습니다.

④ 선생님이 상황을 제시합니다. 자신의 조건을 살펴보고 불리한 상황이라면 −10점, 유리한

   상황이라면 +10점을 얻습니다.

    예) 상황 ❶ 흑인이라는 이유로 경찰에게 신분 확인을 당했다.

   - 유색인종(−10점), 백인(+10점)

     상황 ❷ 계단으로만 2층에 올라갈 수 있다.

   - 장애인(−10점), 비장애인(+10점)

⑤ 10가지 상황을 제시한 후, 최종 점수를 확인합니다.

아이들은 우리 사회에서 불리한 위치에 있는 소수자일수록 최종 점수가 낮다는 것을 깨닫게 됩니다. 우리 모두 평등한 사회에서 살고 있다고 생각하지만 아직도 약자들은 보이지 않는 담에 부딪히며, 그 담을 넘고 있다는 사실을 이해하게 되는 것입니다.

2. 보이지 않는 담 찾기

인권 게임의 내용을 바탕으로 우리 사회에 만연해 있는 보이지 않는 담들을 '4단 나누기 활동'을 통해 찾아봅니다. 모둠별로 4절지를 나눠 줍니다. 4인 1모둠 기준으로 4절지를 4단으로 잘라 각자 나눠 갖습니다. 모둠 1번은 성별, 모둠 2번은 나이와 재력, 모둠 3번은 인종, 모둠 4번은 장애 유무를 주제로 삼아 차별

과 혐오, 편견 들을 찾아 정리합니다. 각자 정리하고 난 뒤, 돌아가며 모둠원들에게 자기가 쓴 내용을 소개합니다. 모든 모둠원의 소개가 끝났다면 4장을 다시 이어 붙여서 '모둠 결과물'로 완성합니다.

성별	- 육아 휴직을 하면 불이익을 받는다. - 임신을 하고 있으면 취직이 안 된다. - 무거운 물건을 들거나 위험한 일은 남자만 시킨다.
나이와 재력	- 어린아이는 무능력하다고 생각하고 막 대한다. - 돈 많은 사람은 대접받고, 돈 없으면 함부로 대한다. - 죄를 짓고도 돈 많은 사람은 약한 벌을 받는다.
인종	- 서양인이 동양인을 보고 눈을 찢는 행동을 한다. - 흑인을 '니가'라고 부르는 혐오 표현을 한다. - 영화에서 백인은 항상 주인공이고, 동양인이나 흑인은 악당을 한다.
장애 유무	- 휠체어를 탄 장애인은 버스나 지하철을 쉽게 사용할 수 없다. - 장애를 가지면 아무것도 못 한다고 생각한다. - 시각 장애인 안내견을 마트에 들어오지 못하게 한다.

3. '셋 가고 하나 남기'로 공유하기

모둠별로 만든 모둠 결과물은 '셋 가고 하나 남기'로 공유합니다. 셋 가고 하나 남기는 모둠장이 호스트 역할을 하고, 나머지 모둠원은 게스트 역할 모둠을 하는 활동 방법입니다. 활동이 시작되면 호스트만 모둠에 남아 있고 게스트는 다른 모둠으로 이동합니다. 호스트는 자기 모둠에 찾아온 게스트를 맞이하고 모둠 결과물을 소개합니다. 게스트는 다른 모둠의 결과물을 살펴보고 인상 깊은 점이나 우리 모둠에서 찾지 못한 점들을 활동지에 기록합니다. 이와 같은 방법으로 게스트들은 모든 모둠의 결과물을 살펴보고 난 뒤에 원래 모둠으로 복귀

합니다. 그리고 기록한 활동지를 바탕으로 호스트에게 다른 모둠의 활동 결과를 소개합니다. 적극적인 상호 작용으로 모둠의 결과물을 공유할 수 있을 뿐 아니라, 다양한 생각과 의견을 수합할 수 있어 좋은 공유 활동 중 하나입니다. 모둠별로 공유가 끝나면 전체 소감을 간단히 들어 보며 수업을 마무리 짓습니다.

일제 강점기를 살아간 사람들

『조선 최고 꾼』
김정민 글, 이영환 그림
비룡소

『조선 최고꾼』은 일제 강점기라는 엄혹한 시대에 맞선 소년의 이야기를 다룹니다. 주인공 이름은 '노미'입니다. 조금 특이하지요? 노미는 어린 시절 부모에게 버려져 소매치기 집단에 소속되어 자랐거든요. 네 살 때는 네사리, 다섯 살 때는 다섯사리로 불리다 결국 이놈 저놈이라는 뜻의 노미라는 이름이 붙었습니다. 유일한 꿈은 능력 있는 소매치기꾼으로 인정받는 것뿐입니다.

하지만 이런 노미를 걱정스럽게 바라보는 사람들이 있습니다. 때로는 친엄마 같고, 때로는 친누나 같은 벅수의 걱정과 당부는 노미가 더 이상 나쁜 길로 빠지지 않게 막아 주는 방파제 역할을 합니다. 또한 어느 날 경성 거리에서 만난 고보 형은 노미에게 "사람답게 살라."라고 말합니다. 그 말이 노미의 가슴에 콕 박혀 삶을 송두리째 바꿔 놓습니다. 노미가 조건 없이 자신을 믿고 응원하는 이들 덕분에 '사람답게 사는' 길을 택하기 시작한 것입니다.

노미는 끊임없이 묻습니다. "사람답게 사는 것은 무엇일까?"라고 말이지요. 이 책을 읽은 아이들이 책장을 덮는 순간 이 물음에 어떤 대답을 할지 자못 궁금해집니다.

넌 좋은 사람이야: 응원 카드 나누기

『조선 최고 꾼』의 노미가 올바른 길로 갈 수 있었던 것은 주변 사람들 덕분이었습니다. 소매치기 집단에서 길러진 버려진 아이였음에도 그들은 노미를 '좋은 사람'이라고 이야기했습니다. 결국 노미를 진짜 좋은 사람으로 만든 힘은 사람들이 던진 따뜻한 말 한마디였던 셈입니다. 이처럼 우리가 일상에서 누군가에게 베푸는 작은 친절과 응원은 생각보다 훨씬 강력한 영향력을 발휘합니다. 그렇다면 그냥 지나칠 수 없지요. 아이들과도 함께 서로를 응원하는 시간을 가졌답니다.

이럴 때, 이 활동!

‣ 국어 교과에서 칭찬하기 수업과 연계할 때
‣ 도덕 교과에서 긍정에 대해 가르칠 때
‣ 간단한 놀이를 통해 서로에게 따뜻한 말을 나누게 하는 시간을 갖고 싶을 때

---

1. 응원 카드 살펴보기

이 활동은 응원의 말이 써 있는 카드를 활용하여 진행합니다. 서준호 선생님의 토닥토닥 카드나 학토재의 마인드업 카드 등 이미 시중에 다양한 교구가 출시되어 있으니 마음에 드는 것을 선택하면 됩니다. 저는 토닥토닥 카드를 구

매하여 활용했습니다. 토닥토닥 카드는 가격도 저렴한 데다 한 세트에 마흔 다섯 장의 카드가 들어가 있어 모둠 수대로 구매하는 것이 가장 좋습니다. 활동을 시작하기 전, 모둠별로 카드 세트를 나눠 주고 어떤 문구가 써 있는지 큰 소리로 읽어 보도록 합니다. 카드에는 "네 편이 될게.", "두려워 마.", "포기하지 마.", "넌 소중해." 등 다른 사람에게 용기와 희망을 주는 문구가 쓰여 있습니다.

2. 응원 카드 나누기

응원 카드의 문구를 확인했다면 이제 모둠별로 '응원 카드 나누기' 활동을 합니다. 활동은 다음과 같은 방법으로 진행합니다.

① 모둠 책상에 카드 더미를 꺼내 올려 둡니다.

② 모둠원이 각자 카드 1장씩을 들고 교실을 돌아다니며 다른 모둠원들을 만납니다.

③ 다른 모둠원과 '가위바위보'를 합니다.

④ 이긴 사람은 진 사람에게 카드에 쓰여 있는 응원 문구를 읽어 줍니다.

⑤ 진 사람은 응원 문구를 듣고 "응원해 줘서 고마워."라고 이야기합니다.

⑥ 이긴 사람이 진 사람에게 카드를 줍니다. 진 사람은 받은 카드를 모둠 카드 더미에 올려 둡니다.

⑦ 이긴 사람은 모둠으로 돌아가 새로운 카드 1장을 가지고 새로운 친구를 만납니다.

⑧ 제한 시간 동안 더 많은 응원 카드를 나눠 준 모둠이 승리합니다.

이 활동을 하면서 아이들은 끊임없이 서로에게 응원의 말을 하게 됩니다. 비록 놀이이기는 하지만 아이들의 표정은 그 어느 때보다 밝습니다. 긍정의 언어가 따뜻하게 만든 덕분입니다. 더 많은 응원의 말을 하기 위해 열심히 친구를 만나고, 평소에 친하지 않던 친구에게도 스스럼없이 다가가 말을 거는 아이들의 모습은 그 자체로 참 아름답습니다.

3. 소감 나누기

활동이 끝나면 서로에게 칭찬과 응원을 나눈 소감을 적고 발표합니다. 아이들은 "처음에는 좀 오글거렸는데 하다 보니까 기분이 점점 좋아졌어요.", "친구한테 응원을 들으니까 행복했어요." 같은 소감을 쏟아 냅니다. 아이들의 소감을 충분히 듣고 난 뒤, 말 한마디로 인해 인생이 바뀌기 시작한 노미처럼, 우리도 서로에게 매일 따뜻한 응원과 격려를 하며 긍정적인 영향력을 미쳤으면 좋겠다는 이야기로 수업을 마무리 짓습니다.

등장 인물이 직업을 갖는다면: 미래 명함 만들기

『조선 최고 꾼』은 새로운 꿈을 갖고 자신이 할 일을 찾아 나선 노미의 모습을 그려 내며 끝을 맺습니다. 그 이후로 노미가 어떤 삶을 살았는지, 어떤 어른이 되었는지는 모두 독자의 몫으로 남겨 두었지요. 노미는 과연 어떤 어른이 되었을까요? 노미의 미래를 상상하며 '미래 명함 만들기' 활동을 해 보았습니다.

이럴 때, 이 활동!

▸ 열린 결말로 끝난 책을 읽게 하고 난 뒤
▸ 등장인물의 미래를 상상하는 활동을 진행 할 때
▸ 진로 교육과 연계한 독후 활동을 진행하고 싶을 때

1. 등장인물의 미래 상상하기

소매치기가 되어 파란 반도단에서 쫓겨나지 않는 것이 유일한 목표였던 노미는 주변 사람들의 응원과 격려 덕분에 새로운 미래를 찾아 나섭니다. 노미가 어떤 어른이 되었을지 구체적으로 상상해 봅니다.

노미는 몇 살인가요?	22세다.

노미는 무엇을 하고 있나요?	김구 선생님을 도와서 독립운동을 하고 있다. 한인애국단과 광복군에 가입했고, 김구 선생님의 n번째 제자가 되었을 것이다. 잠시 조선 땅을 떠나 중국에서 김구 선생님을 돕고 있다.
왜 그런 삶을 살고 있나요?	노미에게는 일본에 대항할 용기가 있고, 지켜야 할 가족들이 있기 때문이다.

2. 등장인물 명함 만들기

자신이 상상한 모습이 잘 드러날 수 있도록 등장인물의 명함을 만들어 봅니다. 활동지에 작성해도 좋고, 실제 명함 크기의 두꺼운 종이에 작성해도 좋습니다. 미술 시간이 아니기 때문에 그림 그리기에 너무 많은 시간을 소비하지 않아도 됩니다. 중요한 것은 등장인물의 미래가 어떻게 펼쳐질 것인지를 상상하고 이야기 나누는 데 있기 때문입니다.

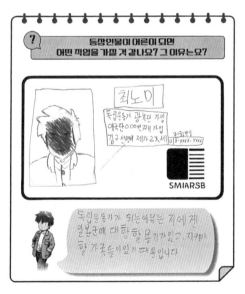

• 상상해서 그리고 만든 노미의 명함

3. 회전목마로 명함 소개하기

  명함을 모두 만들었다면 '회전목마 토론'(229쪽 참고) 형식을 활용하여 서로 명함을 소개하는 시간을 가집니다. 2분 동안 서로 자신이 생각한 노미의 미래를 설명하고, 그 미래를 담아낸 명함을 친구에게 소개합니다. 명함을 살펴보면서 궁금한 점을 물어봐도 좋습니다. 이와 같은 방식으로 최대한 많은 친구의 명함을 살펴보게 한 뒤, 그중에서 인상 깊은 명함을 떠올려 전체 발표하도록 합니다. 이 같은 과정을 통해 아이들은 서로의 결과물을 효과적으로 공유할 수 있답니다.

대한 독립 만세: 태극기 타이포그래피 그리기

『조선 최고 꾼』의 큰 줄거리는 노미의 성장 이야기지만 사실 그 기저에는 일제에 맞서 싸운 독립운동가들의 용기가 짙게 깔려 있습니다. 우리나라를 지키기 위해 목숨 바쳐 싸운 그분들의 마음을 느끼며 독립운동에 쓸 수 있는 특별한 태극기를 만들어 보았습니다. 바로 타이포그래피 기법을 활용한 태극기입니다.

이럴 때, 이 활동!

▸ 사회 교과에서 독립운동에 대해 가르칠 때
▸ 미술 교과의 디자인 수업과 연계한 독후 활동을 하고 싶을 때
▸ 호국보훈의 달에 특별한 활동을 하고 싶을 때

1. '우리나라' 하면 생각나는 것 떠올리기

이 활동은 『조선 최고 꾼』뿐 아니라 그림책 『태극기 다는 날』을 함께 읽으며 진행했습니다. 마침 현충일을 앞둔 호국 보훈의 달 6월이었기에 계기 교육으로도 안성맞춤이었습니다. 태극기의 의미와 역사를 『태극기 다는 날』을 통해 살펴보고 난 뒤, '우리나라' 하면 생각나는 것들을 칠판에 마인드맵으로 함께 정리했습니다.

2. 태극기 디자인하기

칠판에 정리한 내용을 바탕으로 모둠별로 주제를 나눠 주었습니다. 주제는 우리나라 문화재, 역사적 위인, 독립운동가, 우리나라 도시, 우리나라 음식 등이 었습니다. 우리 모둠의 주제를 확인하고 난 뒤에는 태극기 타이포그래피 디자인을 합니다. A3 크기의 태극기 도안을 나눠 주고 난 뒤, 태극기 안에 모둠 주제에 맞는 글씨를 배치합니다. 글씨 디자인이 끝나면 네임펜으로 굵게 선을 땁니다. 그다음, 도안 위에 도화지를 올려 선을 비춰 보며 다시 한번 선을 땁니다. 선을 모두 땄다면 태극기 색깔에 맞게 마카펜으로 진하게 색칠합니다. 고학년 기준으로 2차시 정도 소요됩니다.

• 도안을 활용해 디자인하고 그린 태극기

3. 태극기 전시하기

아이들이 만든 태극기는 교실이나 복도에 쭉 전시하여 자주 볼 수 있도록 합니다. 태극기를 바라보며 아이들은 노미와 독립운동가들이 그러했듯이 대대손손 끝까지 지키고 기억해야 할 우리나라의 소중한 문화유산과 위인들을 마음속에 담아 두게 될 것입니다.

여전히 살아 있는 불꽃

『11월 13일의 불꽃』
윤자명 글, 김규택 그림
풀빛

1970년 11월 13일은 전태일 열사가 "근로 기준법을 준수하라!"라고 외치며 산화한 날입니다. 병원에 실려 간 그는 어머니에게 마지막 유언을 남깁니다. "내가 못다 한 일은 엄마가 해 줘야 합니다. 내 죽음을 헛되이 하면 안 됩니다." 그렇게 전태일 열사는 한국 노동자들의 열악한 현실을 온 세상에 알리며 하늘로 떠났고, 살아남은 어머니 이소선 여사는 노동 운동과 민주화에 남은 인생을 남김없이 던집니다. 끝까지 아들과의 약속을 지켜 낸 것입니다.

　『11월 13일의 불꽃』의 주인공은 '시다'로 평화시장의 가장 밑바닥에 던져진 어린 소녀 순옥입니다. 전태일은 순옥에게 희망의 메시지를 전하지요. 그러나 태일과 동료들의 노력에도 불구하고 노동 환경은 개선되지 않고, 결국 태일은 스스로 산화하는 것으로 자신의 외침을 세상에 알립니다. 전태일 열사가 세상을 떠난 지 50년이 훌쩍 지난 지금, 우리의 노동 현실은 과연 어디쯤 와 있을까요? 미래의 노동자로 살아갈 우리 아이들이 노동 인권에 관심을 가지며 전태일 열사가 남긴 영원한 불꽃을 마음에 소중히 간직하길 바랄 뿐입니다.

사람으로서 살아갈 최소한의 조건: 만다라트 만들기

『11월 13일의 불꽃』은 사회 교과에서 인권 수업을 하면서 아이들과 틈나는 대로 읽은 동화책입니다. 순옥으로 상징되는 '시다'들이 놓인 처참한 현실은 '인간을 인간답게 존중하지 않는' 당시 사회의 야만적인 모습을 그대로 보여 줍니다. 책을 읽는 동안 자연스럽게 인간이 인간으로서 살아가는 데 필요한 것들에 관해서 이야기를 나누게 되었지요. 공기처럼 존재하기에 크게 신경 쓰지 않지만, 절대로 없으면 안 되는 것들을 아이들과 함께 만다라트로 정리해 보았습니다.

이럴 때, 이 활동!

▸ 한 가지 주제를 다양한 아이디어로 발산해 나가도록 할 때
▸ 사회와 도덕 교과에서 인권 수업을 할 때
▸ 여러 사람의 생각을 하나로 모을 때

1. 만다라트 주제 단어 뽑기

만다라트mandalart는 '목표를 달성하다manda+la'와 '기술art'을 결합한 단어입니다. '연꽃 연상 기법'이라고 하지요. 하나의 대주제를 8개의 소주제로 나눈 뒤, 그 소주제에 맞는 단어나 문장을 정리하는 기법입니다. 이 활동은 개인별로 진

행해도 나쁘지 않습니다. 하지만 모둠 활동으로 진행하면 큰 부담 없이 짧은 시간 안에 다양한 아이디어를 충분히 모을 수 있어 더욱 좋습니다. 먼저 '사람답게 살기 위한' 조건 중 8가지를 소주제로 미리 선정하여 제시했습니다. 제시한 소주제는 자유, 음식, 사람, 교육, 휴식, 안전, 물건, 마음입니다.

2. 소주제에 맞는 단어나 문장 채우기

소주제를 나눴다면 자신이 맡은 주제에 어울리는 단어나 문장을 적어 봅니다. 8칸에 어떤 내용들을 채울 것인지 충분히 고민하고, 잘 모르겠다면 모둠원들과 이야기를 나눠 봅니다. 어려운 내용이 아니라 단순하지만 소중한 것, 인간답게 살기 위해 꼭 필요한 것을 위주로 정리하면 됩니다. 어려워하는 친구들이 있다면 선생님이 조언해 줍니다.

3. 만다라트 모아서 붙이기

각자 완성한 만다라트를 한 곳에 모아서 우리 모둠의 인권 만다라트로 완성합니다. 완성한 만다라트는 '너도? 나도!'(298쪽 참고) 활동을 활용하여 모둠별로 어떤 내용을 적었는지 전체적으로 확인해 봅니다.

• 소주제에 맞는 단어로 채운 인권 만다라트

4. 포토 스탠딩으로 각자 생각 정리하기

인권 만다라트를 만들고 발표하며 아이들은 '사람답게 사는 것'은 우리가 평상시에 누리는 모든 것들을 당연하게 보장받는 것으로부터 시작된다는 것을 알게 됩니다. 마지막으로 포토 스탠딩으로 인권을 한 문장으로 정의하게 합니다. 아이들은 이렇게 생각합니다.

- 인권이란 밥이다. 없으면 안 되니까.
- 인권이란 신호등이다. 파란불은 존중, 빨간불은 차별!
- 인권이란 바람이다. 항상 우리 곁에 머무니까.
- 인권이란 나비다. 나비처럼 우리가 자유롭게 살게 하니까.

당신의 색깔은?: 등장인물 퍼스널 컬러

'퍼스널 컬러'라는 말이 있습니다. 원래는 어떤 사람의 얼굴색에 가장 어울리는 색을 찾는 패션 쪽 용어였는데, 요즘에는 사람이 뿜어내는 색깔이라는 의미로 확장되어 쓰이기도 합니다. 우리 모두 고유의 색깔을 갖고 살아가니까요. 그렇다면 전태일 열사의 '퍼스널 컬러'는 과연 무엇일까요? 아이들과 『11월 13일의 불꽃』의 두 주인공, 순옥과 태일의 퍼스널 컬러를 함께 찾아보았습니다.

이럴 때, 이 활동!

▸ 등장인물의 성격을 분석하도록 할 때
▸ 책의 배경과 사건을 정리하도록 할 때
▸ 국어 교과에서 등장인물의 말과 행동을 다양한 방식으로 정리하도록 할 때

1. 등장인물의 말과 행동 분석하기

등장인물의 퍼스널 컬러를 찾아 주기 위해서 순옥과 태일의 말과 행동, 성격 등을 분석해 봅니다. 아이들이 분석한 내용은 아래와 같습니다.

순옥	- 가난한 환경이지만 공부에 대한 열망이 있음 - 평화 시장에서 고생하지만 부모님을 원망하지 않는 착한 성품임 - 태일을 존경하고 변화를 꿈꾸는 마음을 갖고 있음 - 태일의 죽음을 목격하고 큰 충격에 빠짐

태일	- 어렵고 고통받는 친구와 동료들을 위해 노력함 - 정의롭고 따뜻한 인간미를 가지고 있음 - 옳지 못한 일에 대해 당당하게 따지고 용기 있게 행동함 - 스스로 불타서 평화 시장의 아픔을 세상에 알림

2. 등장인물 퍼스널 컬러 정하기

앞에서 분석한 내용을 토대로 각자 등장인물이 어떤 퍼스널 컬러를 가지고 있을지 생각하고 활동지에 정리합니다. 색칠 도구를 활용해 퍼스널 컬러를 색칠하고, 왜 이런 컬러를 선택했는지 씁니다.

순옥	하늘	어려운 현실에서도 꿈과 희망을 잃지 않는 성격이기 때문에
	핑크	고생을 많이 하는 현실에서 벗어나 핑크빛 미래를 준비하는 마음을 갖고 있기 때문에
	회색	태일의 죽음을 보고 너무나 큰 충격을 빠졌기에 한동안 색깔을 잃고 살 것 같아서
순옥	빨강	자신의 몸에 불을 지르고 뛰어간 그 모습이 전태일을 상징하는 모습이기 때문에
	노랑	노랑은 따뜻하고 희망을 주는 색인데 평화시장 사람들에게 태일이 그런 사람이었을 것 같아서
	파랑	파란 하늘로 올라가 노동자들을 지켜 주는 큰 사람이 되었기 때문에

3. '한데 모여'로 퍼스널 컬러 알아보기

각자 퍼스널 컬러를 정리했다면 '한데 모여' 활동으로 어떤 색깔들이 나왔는지를 확인합니다. '한데 모여'는 활동 이름 그대로 의자에서 일어나 같은 의견을 쓴 사람들끼리 교실 곳곳에 모이는 활동으로, 어떤 의견들이 가장 많이 나왔는지 한눈에 확인이 가능하고 여러 의견을 효과적으로 모을 수 있어 아이들이 매우 선호하는 활동입니다. 같은 색깔을 쓴 아이들끼리 모인 뒤에는 각자의 모둠에서 왜 그 색깔을 썼는지 서로 이야기를 나누는 시간을 갖습니다. 이어서 각 모둠에서 1명이 일어나 다른 모둠에게 자기 모둠의 의견을 정리하여 발표합니다. 이를 통해 아이들은 등장인물의 퍼스널 컬러가 무엇인지를 즐겁게 확인할 수 있습니다.

녀를 칭찬해: 등장인물 상장 수여식

살아생전 정부 기관의 각종 탄압을 받았던 전태일 열사는 세상을 떠나고 나서야 대한민국 노동 운동의 전설이 됩니다. 그 공로를 인정받아 2020년에는 노동 분야 최초로 대한민국 정부로부터 무궁화장 훈장을 받게 되지요. 그의 어머니 이소선 여사 역시 2020년에 국민훈장인 모란장을 받으며 두 모자는 명실공히 대한민국 노동자들의 영원한 친구이자 동료로 이름을 남기게 되지요. 하지만 이분들이 진정으로 원하는 상은 미래의 노동자이자 나라를 이끌어 갈 꿈나무들인 우리 아이들이 선물하는 상장이 아닐까요? 이런 생각으로 아이들과 전태일과 이소선 여사를 위한 상장을 만들었답니다.

이럴 때, 이 활동!

- ▸ 역경이나 고난을 겪은 등장인물을 응원하도록 할 때
- ▸ 책이 전달하고자 하는 주제와 가치를 파악하도록 할 때
- ▸ 등장인물의 삶과 사상을 긍정적으로 분석하도록 할 때

1. 등장인물이 갖고 있는 '가치 보석' 찾기

먼저 아이들에게 다양한 가치 보석을 제시하고 각자 전태일 열사와 이소선 여사가 추구하며 살았던 가치를 2~3개 정도 찾아서 정리하는 시간을 갖습니다.

아이들이 찾은 가치는 다음과 같습니다.

전태일	용기	아무도 나서지 않는 일에 용기 있게 나섰기 때문에
	정의	잘못된 일을 잘못되었다고 말하는 정의로운 사람이기 때문에
	끈기	어떤 어려움이 있더라도 끈질기게 달려들었기 때문에
이소선	사랑	아들에 대한 사랑을 넘어 모든 노동자를 사랑했기 때문에
	책임	아들의 유언에 책임감을 갖고 평생 노동자들을 위해 살았기 때문에
	헌신	자신의 인생을 모두 바쳐서 최선을 다해 살았기 때문에

2. 상장 문구 정하기

가치 보석을 모두 찾았다면 이 가치들을 집어넣은 상장 문구를 정리합니다. 예를 들어, 전태일 열사와 연결한 가치가 '용기, 정의, 끈기'라면 "위 사람은 정의로운 마음으로 옳은 일을 실천하고 용기와 끈기 있는 태도로 타의 모범이 되었기에 이 상장을 수여합니다." 등으로 만들어 낼 수 있습니다.

3. 상장 만들기

상장 문구를 정했으니 마지막으로 상장을 만들 차례입니다. 상장 틀에 또박또박 예쁜 글씨로 전태일 열사와 이소선 여사를 위한 상장을 정성스럽게 만듭니다. 상장을 꾸미고 싶은 친구가 있다면 단정하고 아름답게 꾸밀 수 있는 시간을 부여해도 좋습니다.

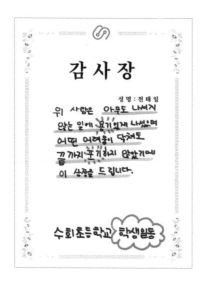

• 문구를 쓰고 디자인해 만든 상장

4. 상장 수여식 하기

각자 만든 상장으로 짝꿍끼리 '상장 수여식'을 진행합니다. 가위바위보를 해서 이긴 사람이 전태일 열사를, 진 사람이 이소선 여사를 합니다. 먼저 전태일 열사가 어머니인 이소선 여사에게 상장을 수여합니다. 이어서 이소선 여사가 아들인 전태일 열사에게 진심을 담아 상장을 수여합니다.

서로에게 상장을 수여하며 더없이 해맑게 웃는 아이들의 표정이 아름다운 시간입니다. 상장 수여식이 끝나고 난 뒤, 한 아이의 소감이 아직도 마음에 남아 있습니다.

"선생님, 그냥 우리끼리 만든 건데 전 좀 감동적이에요. 태일이랑 태일이 어머니랑 하늘에선 잘 지내겠지요?"

이 친구의 바람처럼 대한민국 노동 운동의 역사에 큰 족적을 남긴 모자가 부디 하늘에서는 편안하고 행복하길 기도합니다.

8장

죽음을 마주하는
동화책

아픔조차 기억해야 하는 이유

『한밤중 달빛 식당』
이분희 글, 윤태규 그림
비룡소

한밤중 집을 나와 좁고 어두운 길을 걷던 연우는 골목을 환하게 비추던 노란 불빛을 따라 홀린 듯 '한밤중 달빛 식당'에 들어갑니다. 돈이 없다고 걱정하는 연우에게 주인 여우는 말합니다. "돈은 필요 없답니다. 나쁜 기억 하나면 됩니다."

연우는 망설이지 않고 나쁜 기억을 음식값으로 내기로 결정합니다. 그 후로 식당의 단골이 된 연우는 자신이 갖고 있던 수많은 나쁜 기억을 지워 나가지요. 가장 나쁜 기억인 '엄마의 죽음'까지요. 마침내 많은 것을 잃어버린 연우는 눈물을 쏟으며 묻습니다. "나쁜 기억들이 없어지면 행복해야 하는데 왜 행복하지 않은 거지요?"

우리는 모두 '아픔'을 가슴 속에 묻어 두고 삽니다. 때로는 생각하지 않으려고 애써도 불쑥불쑥 튀어나오는 아픈 기억이 미워서 아예 지워 버리고 싶은 생각이 들기도 하지요. 이런 사람들에게 신비로운 이야기 속에 아픔과 치유, 고통과 극복이라는 의미 있는 주제를 맛있게 버무려 낸 『한밤중 달빛 식당』을 추천합니다.

나쁜 기억을 마주하기: 온라인 직소 퍼즐 만들기

『한밤중 달빛 식당』을 읽다 보면 자연스럽게 나의 '나쁜 기억'은 무엇인지 떠올리게 됩니다. 동시에 이 나쁜 기억들이 나를 어떻게 성장시켰는지도 생각해 보게 하지요. 때로는 '이불 킥' 하고 싶을 정도로 창피한 일이지만 내가 살아가는 데 도움을 줬던 기억들을 함께 마주하는 시간을 가졌습니다. 온라인 직소 퍼즐로 말이지요.

이럴 때, 이 활동!

▸ 에듀테크를 활용한 독후 활동을 하고 싶을 때

▸ 책을 읽고 난 뒤, 생각을 그림으로 표현하도록 할 때

▸ 독후 활동 작품을 재미있게 공유하도록 하고 싶을 때

1. 나쁜 기억 마주하기

애써 외면하면서 살았던, 하지만 돌이켜보니 나의 성장에 도움을 주었던 나쁜 기억들을 각자 떠올려 봅니다. 그다음 미리캔버스를 활용하여 이 기억을 그림과 글자가 들어간 이미지 파일로 만듭니다. 이때 이 기억이 나에게 어떤 도움을 주었는지도 잘 들어갈 수 있도록 신경을 써야 합니다. 미리캔버스 활용이 어렵다면 종이에 그림을 그리고, 이미지 파일로 스캔해도 무방합니다.

2. 온라인 직소 퍼즐 만들기

① 온라인 직소 퍼즐을 만들기 위해서는 이미지 주소가 필요합니다. 이미지의 온라인 주소를 만들기 위해 이미지 호스팅 사이트(https://ifh.cc/)에 접속합니다.

② 자신이 그린 '나쁜 기억 이미지'를 업로드합니다.

③ '이미지 주소'를 복사합니다.

④ 직소 퍼즐 사이트에 접속합니다.

(https://www.jigsawexplorer.com/create-a-custom-jigsaw-puzzle/)

⑤ '이미지 주소'를 입력합니다.

⑥ 퍼즐 조각 개수를 입력합니다. 16조각이 적당하며, 조금 어렵게 하고 싶다면 20조각 정도로 합니다. 30조각은 넘기지 않도록 합니다.

⑦ 자신이 만든 퍼즐 주소를 패들렛에 공유합니다.

3. 나쁜 기억 퍼즐 맞추기

모든 친구가 온라인 직소 퍼즐 만들기를 완성했다면 각자 스마트폰이나 태블릿을 활용해 다른 친구들의 퍼즐 링크에 접속합니다. 퍼즐을 완성하여 친구의 나쁜 기억을 확인하고 난 뒤에는 패들렛에 응원과 격려의 댓글을 달아 줍니다. 단순히 재밌게 퍼즐을 맞추는 것으로 끝나는 것이 아니라 서로의 나쁜 기억을 마주하고 위로하는 시간을 통해서 아이들은 『한밤중 달빛 식당』보다 따뜻하고 달콤한 회복의 시간을 갖게 될 것입니다.

• 나쁜 기억으로 만든 온라인 직소 퍼즐

나쁜 기억을 잠시 잊기: 너에게 바치는 노래

나쁜 기억을 마주하는 것만큼 중요한 것은 그 기억을 마음속에 담아 두고 잠시 잊고 살아가는 것입니다. 나쁜 기억을 완전히 지워 버리는 것도 우리의 삶에 도움이 되지 않겠지만, 나쁜 기억을 매일매일 떠올리며 사는 것 역시 고통스러운 일이기 때문입니다. 나쁜 기억이 불쑥불쑥 떠올라 마음을 혼란스럽게 할 때 우리는 마음을 다스리는 여러 가지 행동을 하게 되지요. 그중 하나가 바로 좋은 노래를 듣는 것입니다. 연우에게, 그리고 우리 모두에게 바칠 만한 노래는 무엇이 있을까요?

이럴 때, 이 활동!

▸ 아픔을 겪은 등장인물을 위로하도록 하고 싶을 때
▸ 음악 감상 시간과 연계하여 독후 활동을 하고 싶을 때
▸ 책을 읽고 난 뒤, 음악을 들으며 마음을 회복하도록 하고 싶을 때

1. 연우의 아픔을 이미지로 말하기

연우는 겉으로 티 내지는 않았지만 마음이 아픈 아이였습니다. 어렸을 때 마주해야만 했던 엄마의 죽음, 엄마의 죽음을 애써 외면하며 힘겹게 살아가고 있는 아빠의 무관심, 주변 친구들의 무시까지. 가정에서도, 학교에서도 연우는 누구에

게도 기대기 힘들 만큼 외로운 삶을 살았습니다. 이런 연우의 아픔을 천천히 다시 한번 되새겨 봅니다. 그리고 만약 내가 연우라면 어떤 마음이었을지 이미지 카드를 활용해서 이해하는 시간을 갖습니다. 모둠별로 이미지 카드를 나눠 주고 난 뒤, 마음에 드는 이미지를 고릅니다. 저는 도란도란 스토리텔링 카드를 활용했습니다. 이미지를 고른 뒤에는 이 이미지를 왜 골랐는지 이야기해 봅니다.

넘기 힘든 벽을 마주하고 울면서 계속 부딪히는 기분이었을 것 같다.

너무너무 아파서 소리 지르고 화내고 싶지만 그럴 수 없어서 더욱 힘들고 짜증 났을 것 같다.

복잡한 미로에 갇혀서 옴짝달싹 못 하는 느낌이 아니었을까 싶다.

2. 아픔을 위로하는 노래 찾기

연우의 아픔을 생각하면서 그를 위로할 만한 노래를 찾아봅니다. 평소에 즐겨 들었던 노래도 좋고, 요즘 유행하는 노래도 좋습니다. 연우가 들으면서 마음의 안정을 얻을 만한 노래라면 그 어떤 노래도 괜찮습니다. 노래를 찾고 난 뒤에는 노래 가사 중 가장 마음에 드는 부분과 왜 이 노래를 추천하고 싶은지를 활동지에 정리합니다.

• 등장인물에게 들려주고 싶은 쓴 노래 가사 활동지

3. 노래 같이 듣기

이제 아이들이 선택한 노래를 다 함께 들어보는 시간을 가집니다. 시간 관계상 모든 노래를 들을 수는 없으므로 복불복으로 진행합니다. 선생님이 무작위로 번호 하나를 뽑습니다. 해당 번호의 아이가 일어나서 자신이 고른 노래와 선택 이유를 친구들에게 소개합니다. 선생님은 노래를 유튜브에서 검색하여 아이들과 함께 감상합니다. 감상이 끝나고 난 뒤에 어떤 기분이 들었는지도 이야기 나눠 봅니다. 이와 같은 방법으로 허락되는 시간 동안 충분하게 음악 감상을 하도록 합니다.

자기가 고른 음악을 소개 못 한 아이들이 서운할 것 같아요.

수업 시간에 미처 소개하지 못한 음악들은 패들렛이나 띵커벨 보드에 게시해 두도록 합니다. 쉬는 시간이나 점심시간에 아이들이 올려놓은 음악을 틀어 주면 1년 내내 멋진 음악을 감상할 수 있답니다.

사랑은 영원히 계속된다

『거미의 인사』
어윤정 글, 남서연 그림
샘터

만약 죽음 뒤에 또 다른 삶이 있고, 내가 사랑하는 사람들을 위해 찾아올 수 있는 시간이 있다면? 『거미의 인사』는 바로 이런 상상 속에서 죽음을 생각해 보게 하는 동화책입니다.

불의의 사고로 죽음을 마주하게 된 누리는 천국에서 선물하는 백일 맞이 환생 서비스를 받게 됩니다. 하루 동안 세상과 이별할 시간을 주는 서비스지요. 다만 사람이 아닌 다른 생명체로만 갈 수 있다습니다. 평소에 스파이더맨을 좋아했던 누리는 거미가 되길 선택합니다.

거미가 되어 집에 돌아온 누리는 침울하게 가라앉아 있는 부모님과 동생의 얼굴을 봅니다. 누리는 자신의 죽음 때문에 슬픔에 빠져 허우적대는 가족을 보고 싶지 않습니다. 그래서 가족들이 웃음을 되찾을 수 있게 노력하지요. "내가 살던 세계를 떠나온 것뿐, 나는 여전히 숨을 쉬고 우리 가족을 사랑한다."라는 누리의 말을 읽을 때쯤이면 눈물이 맺힙니다.

책은 죽음은 끝이 아니라고, 새로운 시작을 맞이하는 과정 중 하나라고, 그러니 살아 있는 사람은 살아 있는 사람답게 웃으라고 이야기합니다.

내가 만약 환생을 한다면: 핀 버튼 만들기

『거미의 인사』를 다 읽고 나면 왜 책 제목이 '거미의 인사'인지 이해하게 됩니다. 만약 우리가 누리의 입장이 된다면 어떤 생명체를 선택하게 될까요? 아이들과 함께 이야기를 나눠 보고 환생할 때 선택할 동식물을 넣어 핀 버튼까지 만들어 보는 시간을 가져 보았답니다.

이럴 때, 이 활동!

▸ 책 내용을 반영한 굿즈를 만들도록 할 때
▸ 생각이나 감정을 구체물로 표현하도록 할 때
▸ 미술 교과와 연계한 독후 활동을 하고 싶을 때

1. 환생하고 싶은 생명체 선정하기

'백일 맞이 환생 서비스'의 조건 중 하나는 인간이 아닌 생명체로 환생하는 것입니다. 하루만 인간이 아닌 다른 생명체로 지낼 수 있다면 어떤 생명체를 선택하고 싶은지 포스트잇에 간단히 글로 정리하고 이야기 나누는 시간을 갖습니다.

환생하고 싶은 생명체	그렇게 생각한 이유
강아지	우선 귀엽고 인간 친화적인 동물이기 때문에 내가 사랑했던 사람들에게 쉽게 다가갈 수 있을 것 같다.
소나무	계절과 관계없이 푸르고 키가 크기 때문에 가족들이 뭘 하고 있는지 지켜보면서 마지막으로 인사할 수 있을 것 같다.
초파리	초파리는 작고 어디든 쉽게 날아갈 수 있어서 집 안 곳곳을 마음 편하게 돌아다닐 수 있다. 물론 걸리면 죽을 테니 안 걸리게 조심해야 한다.
까치	까치는 좋은 소식을 전해 주는 새니까 집 바깥에 앉아서 깍깍거리면서 울 것이다. 그래서 슬픔에 빠진 가족들에게 좋은 소식을 전해 주고 싶다.
장미	장미라고 쓰기는 했는데 그냥 예쁜 꽃으로 태어나서 향기를 막 뿜어 낼 것이다. 그 향기에 날 사랑했던 사람들이 위로받았으면 좋겠다.

2. 핀 버튼 만들기

환생하고 싶은 생명체를 선정했다면 그 생명체가 들어가 있는 핀 버튼을 만듭니다. 핀 버튼을 만드는 방법은 여러 가지가 있으나 가장 쉬운 방법은 무지 핀 버튼을 구매하여 색칠 도구로 표현하는 것입니다. 압축 핀버튼의 경우 내구성이 좋아 튼튼하다는 장점이 있으나, 압축 도구를 활용하는 일이 번거롭기 때문에 추천하지 않습니다. 무지 핀 버튼은 학습교구를 판매하는 모든 사이트에서 쉽게 구입할 수 있고, 스케치와 채색이 쉬워 저학년부터 고학년까지 쉽게 활용할 수 있습니다.

핀 버튼을 만들 때에는 그림뿐만 아니라 내가 사랑하는 사람들에게 하고 싶은 말도 함께 적도록 합니다. 다만, 핀 버튼의 크기가 그렇게 크지 않기 때문에 '사랑해.', '고마워.'와 같이 짧으면서도 핵심을 전달할 수 있는 말이 좋습니다.

'준호쌤의 토닥토닥 스티커'를 활용해도 좋습니다. 글과 그림이 조화롭게 어우러질 수 있도록 독려해 주세요. 시간이 그리 많이 걸리지 않기 때문에 고학년 기준으로 1차시에 각자 4~5개씩 만들기도 합니다. 이때는 자신이 환생하고 싶은 1~5순위 생명체를 정해서 다양하게 만들어도 좋습니다.

• 되고 싶은 생명체를 그린 다양한 핀 버튼

3. 원하는 곳에 핀 버튼 꽂기

각자 만든 핀 버튼은 원하는 곳에 잘 설치하도록 합니다. 자주 사용하는 가방이나 실내화 주머니, 겉옷 등에 꽂아 놓고 핀 버튼을 볼 때마다 그 안에 담긴 사랑과 감사의 마음을 느끼도록 합니다.

최고의 선택을 찾아라: 피라미드 토론

앞선 활동인 '핀 버튼 만들기'를 1차시 동안 집중력 있게 하니 아이들은 각자 4개 이상의 핀 버튼을 제작했습니다. 그리고 각자 4개의 핀 버튼을 선택지로 삼아 우리 모둠 최고의 '환생 생명체'를 찾는 피라미드 토론을 진행해 보았지요.

이럴 때, 이 활동!

▸ 국어 교과의 토론 단원과 연계한 독후 활동을 하고 싶을 때

▸ 여러 가지 선택지에 대해 이야기를 나누며 최고의 선택지를 찾게 할 때

▸ 각자의 생각을 재밌고 흥미롭게 나누도록 할 때

---

1. 피라미드 토론 안내하기

피라미드 토론은 개인의 결정을 바탕으로 1 대 1, 2 대 2, 4 대 4, 전체 순으로 토론을 확장하며 의견을 수렴해 가는 토론입니다. 자신이 생각하는 최고의 선택과 상대가 생각하는 최고의 선택을 동시에 비교, 대조하면서 최고의 선택을 찾아 나가는 기법으로, 내 의견만 옳다는 고집을 버리며 의사소통 능력을 강화하는 데 큰 도움을 줍니다. 이번 토론 시간의 주제는 '환생할 때 가장 좋은 생명체는 무엇인가?'로 제시했습니다.

2. 1 대 1 토론하기

토론이 시작되면 각자 만든 핀 버튼 중 가장 마음에 드는 4가지 생명체를 갖고 짝꿍과 마주 앉습니다. 짝꿍끼리 8개의 생명체 중 4가지를 추려 내는 1 대 1 토론 시간을 갖습니다. 아예 서로 다른 생명체를 고르기도 하고, 같은 생명체를 골랐어도 이유가 조금씩 다르기도 합니다. 서로가 다른 생각을 하며 살아가고 있다는 것을 자연스럽게 이해할 수 있습니다. 토론할 때는 존중의 의미를 담아 반드시 존댓말을 사용하게 합니다.

학생❶: 우리가 쓴 것 중에 강아지랑 고양이는 겹치네요?

학생❷: 맞아요. 두 동물은 귀여워서 넣었어요. 귀엽게 태어나면 가족한테 다가가기도 쉬우니까요.

학생❶: 오! 저도 그렇게 생각해서 이 두 동물을 넣었어요.

학생❷: 그럼 공통된 2가지를 제외하고 나머지 2가지를 한 번 골라볼까요?

학생❶: 좋아요. 저는 장미를 꼭 넣었으면 좋겠어요. 너무 동물만 있으면 선택지가 좁아질 것 같다는 생각도 들고, 장미는 향이 좋아서 모든 사람을 기분 좋게 만들잖아요.

학생❷: 음… 저는 생각이 조금 달라요. 식물은 웬만하면 뺐으면 좋겠어요. 식물은 봄, 여름에 활짝 피고 가을, 겨울에는 다 떨어지고 지잖아요. 식물로 환생했는데 추운 겨울이면 너무 고통스럽고 가족들도 편한 마음으로 만나기가 어려워요. 또 다가갈 수도 없고 가족들이 다가올 때까지 가만히 기다려야 되니까 얼마나 답답하겠어요.

생각보다 진지하고 치열한 토론이 이어집니다. 하지만 서로 다른 의견이라고 해서 갈등을 겪거나 싸우지는 않습니다. 환생을 위한 최고의 생명체를 뽑는다는 공통의 목표를 두고 서로 합리적인 의견을 내며 이야기를 나누는 것이니

까요. 내 의견을 강력히 주장하기도 하고, 친구의 의견을 수용하는 토론 과정에서 아이들은 4개의 생명체를 골라냈습니다.

3. 2 대 2 토론하기

1 대 1 토론을 마치고 나면 짝꿍이 함께 정한 4가지 선택지를 들고 모둠원과 함께 2 대 2 토론을 시작합니다. 2 대 2 토론은 1 대 1 토론보다 훨씬 더 치열하게 전개됩니다. 1 대 1 토론이 개인 간 이견 조율의 과정이었다면 2 대 2 토론은 팀별로 붙기 때문에 약간의 자존심 싸움도 벌어지게 되거든요. 이때는 선생님이 아이들의 토론 상황을 지켜보고 의견을 최대한 조율할 수 있도록 신경을 써 주어야 합니다. 또한 의견이 너무 첨예하게 부딪혀 너무 많은 시간이 지체된다면 절충안을 마련하여 새로운 조건을 만드는 것 역시 허락해 줍니다.

4. 토론 결과 발표하고, 소감 나누기

모둠별로 선택한 4개의 결과를 발표합니다. 발표할 때는 어떤 과정을 거쳐서 이러한 결과를 얻었는지를 되도록 자세하게 설명하는 것이 좋습니다.

결과 발표가 끝나면 다 같이 소감을 나눠 봅니다. 토론을 할 때 개개인의 의견이 달라서 설득하기 쉽지 않았지만 넓게 보고 설득을 하면서 토론 실력이 느는 것 같다는 친구, 서로의 의견을 많이 나누며 좋은 경험을 한 것 같다는 친구, 토론은 싸우는 게 아니지만 왠지 모르게 승부욕이 불타서 재밌었다는 친구, 다음에 또 새로운 주제로 토론했으면 좋겠다는 친구까지! 2차시를 꽉 채운 열띤 토론 수업 속에서 학생들의 표정에는 지침보다 '의미 있게 공부했다'는 충만함이 가득 차 있을 것입니다.

질문으로 작품 들여다보기: 복불복 질문 뽑기

작품을 깊이 이해하는 가장 좋은 방법은 좋은 질문들을 많이 만들어 내는 것입니다. 질문을 만들면서 작품을 다양한 시선으로 들여다볼 수 있을 뿐 아니라 질문에 대한 생각을 이야기하면서 작품 전반에 대한 생각도 종합적으로 정리할 수 있기 때문입니다. 질문을 주고받는 다양한 활동 중 지금 소개할 '복불복 질문 뽑기' 활동은 놀이적인 요소가 있어 아이들의 호응이 좋은 활동입니다.

이럴 때, 이 활동!

▸ 국어 교과와 연계해서 질문 만들기 수업을 할 때

▸ 질문 나눔 수업을 재밌게 하고 싶을 때

▸ 질문을 통해 작품을 깊이 들여다보도록 하고 싶을 때

---

1. 질문 만들기

복불복 질문 뽑기의 핵심 활동은 당연히 좋은 질문을 만드는 것입니다. 아이들에게 A4 용지를 1장씩 나눠 주고 4등분하게 합니다. 그다음, 3개의 종이에는 '상상, 적용, 종합' 질문을 쓰도록 하고 나머지 하나는 간단하게 할 수 있는 미션 활동을 적습니다. 질문을 만들 때는 '독서 마블'(00쪽 참고)에서 소개했던 질문 틀을 활용하여 양질의 질문을 최대한 많이 만들 수 있도록 독려합니다. 미션 활

동의 경우에는 주로 몸으로 할 수 있는 미션을 쓰게 합니다. 팔 벌려 뛰기 10번 하기, 코끼리코 10번 돌기, 앉았다 일어나기 등 시끄럽지 않으면서도 역동적으로 할 수 있는 미션이 좋습니다.

아이들이 만든 질문들

네가 만약 누리라면 어떤 생명체로 환생하고 싶어?

네가 누리라면 우울해하는 가족들을 보고 어떤 생각이 들 것 같아?

누리 가족들은 거미가 된 누리를 만나고 난 뒤에 어떻게 살았을까?

네가 누리 입장이라면 가족들에게 어떤 말을 해주고 싶을 것 같아?

누리는 천국에서 행복하게 살 수 있을까? 그렇게 생각한 이유는 뭐야?

만약 누리가 천국으로 돌아가지 않았다면 어떤 일이 벌어졌을까?

---

2. 복불복 질문 뽑기

질문지 3개와 미션지 1개가 모두 완성되었다면 반으로 잘 접고 의자에서 일어납니다. 교실을 돌아다니다가 눈이 마주친 친구와 하이파이브를 합니다. 가위바위보를 해서 진 사람이 이긴 사람이 준비한 질문을 뽑습니다. 질문을 확인하고 난 뒤, 자기 생각을 이야기합니다. 뽑은 종이가 미션 활동이라면 그에 맞는 행동을 하면 됩니다. 이긴 사람은 진 사람의 이야기를 공감하며 들어주고 궁금한 점이 있다면 더 물어보도록 합니다. 질문에 대한 대답이 끝났다면 작별 인사를 하고 다른 친구를 만나러 갑니다. 이와 같은 방법으로 10분 이상 질문 나눔 활동을 합니다. 활동 시간은 학생 수에 따라서 유연하게 조율합니다. 선생님도 활동에 같이 참여하여 학생들의 질문을 확인하고 대답해 줘도 좋습니다.

3. 좋은 질문 골라서 전체 나눔하기

복불복 질문 뽑기로 왁자지껄하게 질문 나눔을 한 뒤에는 자리에 차분히 앉아서 좋은 질문을 다시 한번 되뇌는 시간을 가집니다. 선생님은 아이들이 만든 질문 중에서 의미 있는 질문 몇 가지를 뽑아 전체 학생에게 제시합니다. 학생들은 선생님이 제시한 질문을 확인하고 난 뒤, 포스트잇이나 공책에 자기 생각을 정리하고 발표합니다. 이 과정을 통해 학생들은 작품을 더욱 깊이 이해하게 되는 경험을 할 수 있을 것입니다.

아픔도 받아들일 시간이 필요해

『기소영의 친구들』
정은주 글, 해랑 그림
사계절

채린이는 엄마에게 충격적인 말을 듣습니다. 소영이가 교통사고를 당해서 세상을 떠났다는 것입니다. 하지만 눈물이 나지 않습니다. 그저 '뭔가가 쑥 빠져나간 느낌'이 들 뿐이지요. 인생 처음으로 가까운 사람의 죽음을 경험하게 된 아이들은 자신이 이상하게 느껴집니다. '나는 소영이와 친하지 않았던 걸까? 왜 나는 마음껏 울지 못할까?'라는 물음에 괴로워하지요.

친구의 죽음을 진심으로 받아들이지 못한 아이들과 달리 어른들은 분주하기만 합니다. 마치 소영이가 처음부터 그 자리에 없었던 것처럼 빠르게 일상을 회복해 나가는 주변을 보며 '기소영 그룹'은 그제야 소영이의 빈자리를 느끼기 시작합니다.

결국 '기소영의 친구들'은 소영이와의 마지막을 준비하기 위해 한자리에 모입니다. 그 과정에서 소영이와의 추억들을 하나둘 꺼내 놓고 서로의 상처를 치유합니다. 그렇게 천천히 소영이를 보낼 마음의 준비를 마친 어느 날, 아이들은 비로소 목 놓아 울게 되지요. 이 동화가 메말라 있던 우리 가슴에 촉촉한 단비를 내리기를 간절히 바랍니다.

등장인물 성격분석: 등장인물이 선생님이라면?

'기소영 그룹'이라고 불리던 채린, 영진, 연화, 나리는 여느 열세 살 사춘기 소녀들처럼 각자의 개성이 뚜렷한 친구들입니다. 이 친구들을 하나로 묶어 준 사람이 바로 소영이었지요. 소영이의 죽음 이후, 이들은 서로의 색깔을 이해하고 보듬으며 다시 한번 하나가 됩니다. 아이들과 함께 '개성 넘치는 등장인물들을 어떻게 분석해 보면 좋을까?' 하고 이야기 나누다 재밌는 아이디어를 발견했습니다. '등장인물이 선생님을 한다면 어떤 과목이 어울릴까?'였지요. 아이들은 '기소영 그룹' 친구들에게 어떤 과목 선생님을 추천했을까요?

이럴 때, 이 활동!

▸ 글밥이 많은 책의 내용을 중간에 한번 되새기도록 하고 싶을 때
▸ 이야기를 읽고 요약하는 수업을 할 때
▸ 이야기 속 인물, 사건, 배경을 정리하도록 할 때

1. 등장인물 성격 분석하기

먼저 등장인물이 했던 말과 행동을 종합하여 성격을 분석해 봅니다. 『기소영의 친구들』을 다시 읽으면서 인상 깊은 장면을 찾고, 등장인물들이 어떻게 반응했는지 정리합니다.

2. 등장인물에게 과목 추천하기

분석한 성격을 토대로 등장인물들이 모두 선생님이 되었다면 어떤 과목을 맡는 것이 어울릴지 모둠별로 토의해 봅니다.

• 등장인물에 관해 토의하면서 작성한 활동지

등장인물	추천 과목과 그 이유
채린	**[수학]** 채린이는 때로는 직설적이고, 때로는 완벽하게 친구들의 마음을 이해하지 못하기도 한다. MBTI로 따지자면 약간 T 성향 같고, 이과적인 느낌이 있기 때문에 수학 선생님이 어울릴 것 같다.
	[도덕] 소영이가 죽고 난 뒤, 사실상 친구들을 한자리에 모으고 끌고 간 건 채린이었다. 그만큼 성장하는 친구이기 때문에 도덕 선생님을 추천한다.
영진	**[미술]** 영진이는 친화력이 좋고 감수성이 풍부한 모습을 보여 준다. 그러므로 미술 선생님이 어울린다.
	[과학] 영진이가 하는 말이 은근히 잘 맞아떨어지고 객관적일 때가 있었다. 그래서 과학 선생님을 하면 객관적인 태도를 유지하면서 실험도 칼같이 잘할 것 같다.

연화	**[음악]** 연화는 여리고 눈물이 많은 모습을 보여 준다. 감수성 역시 풍부해 보이기 때문에 음악 선생님이 잘 어울린다.
	[유치원 선생님] 연화는 지금 성격이나 모습을 보면 중고등학교 선생님을 하면 절대 안 되고, 유치원 선생님이 훨씬 어울린다. 유치원 선생님을 하면 아이들에게 상냥하게 잘 대해 줄 것 같다.
나리	**[국어]** 나리는 할 말은 할 줄 알고 공과 사도 똑 부러지게 구분할 줄 아는 모습을 보여 준다. 그래서 국어 선생님을 추천한다.
	[체육] 여자아이들의 고민 해결사이자 남자아이들의 장난을 응징하는 나리는 배구 선수 김연경을 닮았다. 체육 과목을 가르치면 카리스마 있게 잘 가르칠 것 같다.

3. 다수결로 결정하기

모둠별로 토의한 내용을 소개합니다. 친구들의 의견을 잘 듣고 난 뒤, 등장인물에게 가장 어울리는 과목을 다수결로 결정해 봅니다. 우리 반의 경우 채린이는 도덕, 영진이는 미술, 연화는 유치원 선생님, 나리는 체육이었습니다. 이 활동을 하면서 인상 깊었던 점은 등장인물이 가진 다중적인 매력을 과목을 통해 찾아볼 수 있었다는 사실입니다. 등장인물이 많이 등장하는 책이나 개성이 뚜렷하게 드러나는 책을 읽을 때 아이들과 꼭 한 번 도전해 보세요. 예상치 못한 과목과 대답 덕분에 깜짝 놀라게 될 거랍니다.

이야기를 이해하기: 띵커벨 독서 골든벨

독서 골든벨은 장편 동화를 읽는 중이나 읽고 난 뒤에 많이 하는 독후 활동 중 하나입니다. 과거에는 PPT와 화이트보드를 활용했다면 요즘은 각양각색의 에듀테크 도구를 활용하는 추세지요. 그중에서 가장 대중적인 도구를 하나 고르라면 역시 '띵커벨 퀴즈'일 겁니다. 아이들과 띵커벨로 독서 골든벨을 진행하는 방법을 소개합니다.

이럴 때, 이 활동!

‣ 독서 중 또는 독서 후 줄거리 이해도를 확인할 때
‣ 책을 읽으며 여러 가지 '사실 질문'을 만들어 나누도록 할 때
‣ 에듀테크 도구를 활용한 독후 활동을 하고 싶을 때

---

1. 독서 골든벨 문제 모으기

독서 골든벨 문제는 선생님이 혼자 준비해도 무방하지만, 아이들 모두 문제 제작에 참여하도록 하면 교육 효과가 배가 됩니다. 우선 아이들에게 포스트잇 4장을 나눠 주고 OX 문제, 선택형 문제, 단답형 문제, 초성 문제를 포스트잇에 하나씩 쓰도록 안내해 줍니다. 아이들은 책을 읽으며 이야기를 이해할 수 있는 다양한 문제를 출제합니다.

2. 띵커벨 퀴즈 만들기

모두가 문제를 만들었다면 포스트잇을 걷어 어떤 문제를 냈는지 확인합니다. 그중에서 의미 있는 문제를 20개 정도 골라서 띵커벨 퀴즈를 제작합니다. 띵커벨 퀴즈 제작 방법은 다음과 같습니다.

① 아이스크림 사이트에 로그인한 뒤, 띵커벨 사이트에 접속합니다.

② '만들기' 클릭

③ '퀴즈' 클릭

④ '제목' 입력

⑤ '공개 범위' 선택: 혼자 사용하고 싶다면 '비공개', 다른 사람들이 자유롭게 사용하게 하고 싶다면 '전체 공개' 선택

⑥ '학교급' 및 '단원' 선택: '단원'의 경우 '공통' 선택

⑦ 문제 유형 선택 및 문제 출제

⑧ '완료' 클릭

3. 띵커벨 독서 골든벨 즐기기

문제를 모두 만들었다면 독서 골든벨을 진행합니다. 'Wifi-on 모드'의 경우 아이들이 각자 스마트폰이나 태블릿 PC를 활용하여 전체 아이들이 한꺼번에 실시간 퀴즈를 즐길 수 있어 더욱 몰입감 있는 골든벨을 운영할 수 있습니다. '배틀 모드'의 경우 게임적 요소가 극대화된 형태로, 'Wifi-on 모드'를 하고 난 뒤 복습 차원에서 한 번 더 하기를 추천합니다.

이리저리 생각하기: 스캠퍼 질문 만들기

『기소영의 친구들』이 다루고 있는 '죽음'은 아이들에게 매우 낯선 소재입니다. 그래서 더욱 깊이 있는 읽기가 필요한 작품이지요. 지금 소개하는 '스캠퍼 질문 만들기'는 다각도의 시선으로 작품을 충분히 살펴보며 탐구하는 데 큰 도움이 되는 활동입니다. 이렇게도 생각해 보고, 저렇게도 생각해 보면서 작품이 전달하는 주제 의식을 명확히 하고 싶을 때 활용해 보는 것을 추천합니다.

이럴 때, 이 활동!

- ▸ 국어 수업에서 질문 만들기 수업 활동을 할 때
- ▸ 질문을 통해 작품을 깊이 있게 이해하도록 도울 때
- ▸ 다각도의 시선으로 작품을 들여다보게 하고 싶을 때

---

1. 스캠퍼 질문 소개하기

스캠퍼 기법은 본래 다양한 아이디어를 창출하는 데 활용하는 기법입니다. 대체하기, 결합하기, 응용하기, 수정하기, 다른 용도로 사용하기, 제거하기, 반전 또는 재정렬하기라는 7가지 전략을 활용합니다. 이를 질문 기법과 연결한 것이 바로 스캠퍼 질문 만들기입니다. 아이들에게는 앞서 소개한 7가지 전략이 다소 어려울 수 있으므로 단계별로 충분한 설명과 안내가 필요합니다.

2. 스캠퍼 질문 만들기

아이들에게 포스트잇 7장을 나눠 줍니다. 선생님을 따라 아이들은 각각의 포스트잇에 스캠퍼 질문을 같이 만듭니다.

대체하기	소영이가 성당 대신 절에 다녔다면 어땠을까?
결합하기	채린이와 호준이를 합쳐 1명의 캐릭터를 만든다면 어떤 성격을 가진 사람이 탄생할까?
응용하기	『기소영의 친구들』과 비슷한 이야기의 작품을 찾는다면 무엇이 있을까?
수정하기	기소영 그룹의 인원이 조금 더 많거나 적었다면 어떤 일이 벌어질까?
변경하기	소영이가 남자였다면 이야기는 어떻게 변할까?
제거하기	소영이에게 다른 친구 없이 채린이가 유일한 친구였다면 어떤 이야기가 펼쳐질까?
반전하기	소영이가 착하고 배려심 있는 아이가 아니었다면 친구들의 반응은 어땠을까?

학급 수준에 따라서 질문 7개를 만들어 내는 것을 어려워할 수 있습니다. 그렇다면 이 중에서 모든 학생이 쉽게 만들 수 있는 대체하기, 결합하기, 변경하기, 반전하기 질문을 중심으로 만들어 볼 수 있게 독려합니다. 각 단계에 걸맞은 질문을 만들어 내는 것도 중요하지만 궁극적으로는 다양하고 의미 있는 질문을 만드는 것에 초점을 두어 활동하도록 합니다.

3. 회전목마 질문 나누기

스캠퍼 질문을 만들고 난 뒤에는 회전목마 기법을 활용하여 서로 질문을 나누는 시간을 갖습니다. 앞뒤로 마주 본 상태에서 가위바위보를 하고 진 사람이 이긴 사람이 만든 포스트잇 7개 중 하나를 무작위로 골라 가져갑니다. 포스트잇에 적힌 질문을 읽고 자기 생각을 말합니다. 진 사람이 모두 대답했다면 역할을 바꿔서 이긴 사람이 질문을 뽑고 대답합니다. 이와 같은 방법으로 최대한 많은 친구와 함께 질문을 통해 작품을 깊이 들여다보는 시간을 갖습니다. 시간이 허락한다면 아이들이 만든 스캠퍼 질문 중 몇 가지를 선정하여 전체가 함께 생각하고 이야기를 나눠도 좋습니다.

죽음을 준비하는 시간

모두 웃는 장례식

홍민정 지은이 · 오윤화 그림

별숲

『모두 웃는 장례식』
홍민정 글, 오윤화 그림
별숲

이번에 소개할 『모두 웃는 장례식』 속 죽음은 누구나 예상할 수 있을 만큼 천천히 다가오는 죽음입니다. 암에 걸려 시한부 선고를 받은 할머니가 주인공이거든요. 그런데 작품의 제목이 인상적입니다. 어떻게 장례식에서 모두 웃을 수 있다는 걸까요?

병원 치료를 중단하고 집으로 돌아온 할머니는 '폭탄 선언'을 합니다. 바로 살아 있을 때 '생전 장례식'을 하겠다는 것이지요. 할머니의 생각은 단호합니다. 마지막일지도 모를 부탁을 차마 외면할 수 없었던 가족들은 듣도 보도 못한 생전 장례식을 위해 분주히 움직입니다. 신문에 장례식 광고를 내고, 알음알음 주변 사람들에게 알리기 시작하지요. 그런데 놀라운 일이 벌어집니다. 할머니를 알고 지낸 많은 사람이 그동안 표현하지 못했던 마음을 터놓기 시작한 것이지요. 갈등하고 오해했던 일들, 오랜 시간 표현하지 않았던 고마움과 미안함을 꺼내면서 비로소 서로를 이해하게 됩니다. 할머니의 장례식은 감동적인 생일 축하 잔치처럼 치러졌지요. 장례식과 전혀 어울리지 않는 것처럼 느껴졌던 '모두 웃는'이라는 수식어는 이렇게 현실이 됩니다.

등장인물 패션 디자인: 마음 담은 옷 선물

할머니는 아픈 몸에도 불구하고 생전 장례식 때 자신을 찾아온 많은 사람과 눈을 마주치며 직접 인사를 합니다. 한복을 곱게 차려입고 말이지요. 젊었을 적 한복집을 한 만큼 아마 할머니의 한복은 그 어느 때보다 아름다웠을 거라는 생각이 듭니다. 이런 생각을 담아 '모두 웃는 장례식'에 어울리는 할머니의 한복을 디자인해 보는 시간을 가졌습니다.

이럴 때, 이 활동!

▸ 등장인물의 상황을 이해하고 공감하도록 할 때
▸ 미술 교과의 디자인 수업과 연계하여 독후 활동을 할 때
▸ 실과 교과의 의식주 수업과 연계하여 독후 활동을 할 때

1. T.P.O 고려하며 패션 디자인 계획하기

옷을 입을 때 가장 중요한 것은 T(시간), P(장소), O(상황)입니다. 할머니의 한복을 디자인하기 전에 '모두 웃는 장례식'이 어떤 분위기인지를 다시 한번 생각해 보는 시간을 갖습니다. 행사의 취지를 잘 살리면서 동시에 할머니를 돋보이게 할 수 있는 색깔과 디자인을 고민해서 패션 계획서를 작성합니다.

2. 할머니에게 어울리는 한복 디자인하기

계획서를 바탕으로 한복을 그리고 난 뒤에 왜 이런 한복을 디자인했는지 글로 충분하게 설명합니다. 책날개를 통해 제공한 활동지를 활용하도록 합니다.

생전 장례식은 기쁘면서도 슬픈 자리이기 때문에 너무 밝은 색깔은 쓰지 않으려고 했다. 그래서 파스텔톤의 초록색과 파란색을 써서 점잖으면서도 우아한 모습이 드러날 수 있게 디자인했다. 또 할머니의 마지막 모습이 사람들에게 오래 기억될 수 있도록 전통 한복의 아름다움을 충분하게 살리려고 노력했다.

'모두 웃는 장례식'이기 때문에 사람들을 즐겁게 할 수 있는 옷으로 디자인했다. 빨강과 파랑, 노랑 등 눈에 띄는 색이 오히려 할머니들이 더 좋아하는 색이어서 한복 곳곳에 집어넣었다. 그런데 또 너무 유치해 보이면 안 되기에 중간중간 옅은 하늘색을 칠해서 어른스러워 보일 수 있게 했다.

• 계획에 맞춰 디자인한 할머니의 한복

3. 스티커 갤러리 워크로 한복 구경하기

모두가 한복 디자인을 마무리했다면 스티커 갤러리 워크(34쪽 참고)로 친구들의 작품을 감상합니다. 마음에 드는 한복 디자인에 스티커를 붙이고 난 뒤, 가장 스티커를 많이 받은 친구들의 작품 몇 개를 전체 감상해 봅니다.

감사와 사랑을 담아요: 마지막 편지 쓰기

죽음을 앞둔 사람에게는 '주마등'이 스쳐 지나간다고 합니다. 인생을 살아오면서 도움받았던 일, 고마웠던 일, 사랑했던 일, 미안했던 일이 하나하나 떠오르는 것이지요. 우리가 오늘 누군가에게 마지막 편지를 쓰게 된다면 어떤 말을 쓰게 될까요? 감사와 미안함을 담은 아이들의 편지가 감동적인 활동이랍니다.

이럴 때, 이 활동!

› 국어 교과의 편지 수업과 연계하여 독후 활동을 할 때
› 도덕 교과에서 고마운 사람에게 마음을 전하는 활동을 할 때
› 실과 교과에서 나와 가족에 대해 공부할 때

---

1. 고마운 사람 떠올리기

마지막 편지를 쓰기 전, 편지를 받을 대상을 생각합니다. 지금까지 살아오면서 나를 가장 사랑해 준 사람은 누구였는지, 그 사람에게 어떤 사랑을 받았고 어떤 고마움을 느꼈는지 최대한 자세하게 정리합니다. 이 과정에서 아이들은 의식하지 못하고 살았지만 주변의 많은 이들이 자신을 지켜 주고 있었다는 사실을 깨닫게 됩니다.

이를 바탕으로 편지를 쓸 대상을 정하고 마지막 편지를 작성합니다.

할머니	집에 가면 항상 나를 맞이해 주신다. 배고프지 않냐고 물어봐 주시고, 내가 무슨 잘못을 해도 괜찮다고 위로해 주신다. 엄마, 아빠한테 혼날 때 내 편을 들어 주신다. 가끔 몰래 날 불러서 용돈을 주신다.
엄마	나를 걱정하고 내가 잘되기만을 기도한다. 사랑의 잔소리를 해줘서 내가 비뚤어지지 않게 해준다. 내 방 청소를 도와주신다. 맛있는 밥을 해 주신다. 밖에서 열심히 일하셔서 내 옷을 사 주시고, 내가 잘 살 수 있게 도와주신다.
아빠	내가 잘못했을 때는 엄하게 혼내고, 잘했을 때는 누구보다 기뻐하면서 칭찬해 준다. 같이 축구를 해 준다. 내가 심심할 때 나랑 같이 운동도 하고 게임을 해 준다. 여행을 다닐 때, 안전하게 운전을 해 준다.
친구	내가 심심할 때마다 놀아 준다. 내 고민을 들어 주고 걱정해 준다. 나를 챙겨 주고 외롭지 않게 해 준다.

2. 마지막 편지 쓰기

아이들이 편지를 쓸 때 조용하고 잔잔한 클래식 음악을 틀어서 분위기를 조성합니다. 진지하게 편지를 쓸 수 있도록 도와줍니다.

▸ 제가 곧 죽을지도 모른다고 의사가 말했습니다. 긴말 남기고 싶지 않습니다. 그동안 뒷바라지 해 주시던 할머니 고맙습니다. 뵈러 가겠습니다. 사랑으로 안아 주던 어머니 감사합니다. 듬직한 가장이신 아버지 죄송합니다. 동생아, 내가 많이 미안하다. 나를 챙겨 주고 내가 챙겨 주던 우리 가족 사랑하겠습니다.

▸ 할머니, 할머니가 저를 돌볼 때에는 할머니를 생각하지 못한 것 같아요. 이제는 할머니를 생각해요. 잘 때도, 학교에서도, 일어날 때도 할머니를 생각해요. 할머니를 향한 마음을 자주 보이지 않아서 너무 죄송해요. 사랑해요.

아이들의 짧은 편지에는 고마움과 미안함, 후회와 반성이 가득합니다. 마지막 편지이기 때문일까요? 한 문장 한 문장, 꾹꾹 눌러쓰는 아이들의 표정은 그 어느 때보다 진지합니다.

3. 마지막 편지 읽기

편지를 모두 썼다면 마지막 편지를 읽는 시간을 갖습니다. 자원을 받아 발표를 원하는 친구들이 편지를 읽게 합니다. 편지를 읽을 때도 잔잔한 음악을 틀어주면 분위기 조성에 좋습니다. 아이들은 친구가 쓴 편지를 진지하게 들으며 그 어느 때보다 진심 어린 박수를 보냅니다. 어떤 친구는 편지를 읽다가 감정에 북받쳐 눈물을 흘리기도 합니다. 편지를 나눈 뒤에는 꼭 이렇게 이야기해 주세요.

"여러분, 마지막 편지를 쓰고 읽어 보니 어떤 기분이 드나요? (잠깐 이야기 듣고) 여러분 주변에는 생각보다 더 많은 분이 여러분을 사랑하고 도와주고 있어요. 편지를 썼을 때의 마음처럼 주변의 많은 분에게 더 자주 고맙다고, 사랑한다고 이야기해 주세요. 오늘부터 마음을 솔직하게 잘 전달하려고 노력한다면 여러분은 그만큼 더 행복해질 거예요. 아주아주 먼 훗날 여러분이 진짜 마지막 편지를 누군가에게 쓰게 될 때, 후회라는 감정이 느껴지지 않을 정도로 많이 사랑하고 고마워하는 삶을 살길 바랍니다."

죽음과 사랑 사이의 기적

『여름을 한 입 베어
물었더니』
이꽃님 글
문학동네

화재 사건으로 부모를 잃은 뒤, 다른 사람의 생각이 들리는 능력이 생긴 유찬. 듣고 싶지 않아도 귀에 꽂히는 온갖 생각 때문에 항상 귀에 이어폰을 꽂고 삽니다. 사랑하는 엄마를 지키기 위해 유도까지 배운 하지오. 평생 엄마와 행복하게 살고 싶었는데 엄마가 암에 걸립니다. 그리고 존재조차 알지 못했던 아빠에게 보내지지요. 지오는 모든 게 끔찍하게 싫습니다.

그런데 우연히 지오와 마주친 유찬은 기적과도 같은 일을 경험하게 됩니다. 지오 옆에서는 주변 사람들의 생각이 전혀 들리지 않았거든요. 지옥 같은 소음에서 벗어날 수 있는 유일한 방법! 결국 유찬은 용기 내어 말하지요. "멀어지지 마."

두 아이는 서로를 위로하는 과정에서 애써 외면해 왔던, 알고 싶었지만 알려 하지 않았던 소중한 이의 죽음과 꼭꼭 숨겨진 비밀을 용기 있게 마주합니다. 그리고 그 안에 숨어 있던 사랑과 희망의 조각들을 발견하기 시작하지요. 인생에서 가장 찬란하고 벅찬 여름을 누리며 세상과 화해하기 시작한 아이들의 이야기가 궁금하신가요? 그럼 지금 당장 『여름을 한 입 베어 물었더니』를 펼쳐 보길 바랍니다.

나는 문장 수집가: 내 마음을 건드린 문장 찾기

『여름을 한 입 베어 물었더니』는 청소년 소설인 만큼 상황을 상세하게 묘사하거나 등장인물의 심리를 비유적으로 표현하는 아름다운 문장이 많이 등장합니다. 이꽃님 작가가 '내가 가장 사랑하는 소설'이라고 한 만큼 문장 하나하나에 공을 들인 흔적이 역력하지요. 초등학교 6학년 아이들에게는 어떤 문장이 가장 인상 깊게 다가왔을까요? 각자 문장 수집가가 되어 마음에 콕 박힌 문장을 찾아 적어 보게 했습니다.

이럴 때, 이 활동!

▸ 책에서 인상 깊은 문장을 정리하도록 하고 싶을 때
▸ 책에서 감명 깊은 장면을 정리하도록 할 때
▸ 국어 교과에서 등장인물의 상황이나 감정을 알 수 있는 문장을 찾는 수업을 할 때

1. 책 다시 읽으며 인덱스 붙이기

먼저 각자 책을 다시 살펴보면서 내 마음에 드는 문장을 최대한 많이 찾습니다. 대부분 개인 책이 아니라 학교에 비치되어 있는 온책을 사용하여 수업에 참여하기 때문에 책에 밑줄을 긋기보다는 인덱스 포스트잇을 활용하는 것이 좋습니다. 특히 요즘에는 시중에 독서용으로 활용할 수 있는 롱 인덱스 포스트잇을

저렴한 가격에 판매합니다. 이러한 아이템을 미리 준비해 두는 것을 추천합니다.

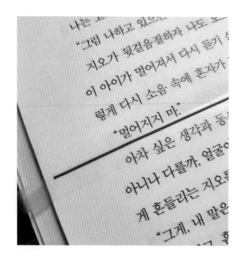

• 책에 붙인 롱 인덱스 포스트잇

2. 내 마음속 문장 정리하기

책에서 찾은 문장 중 내 마음에 쏙 드는 문장을 활동지에 정리합니다. 그리고 이 문장이 왜 마음에 와닿았는지도 간단하게 쓰도록 합니다.

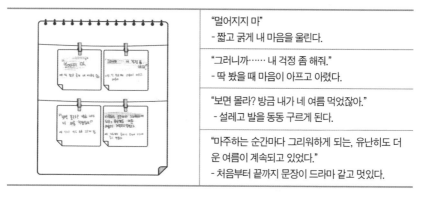

"멀어지지 마"
- 짧고 굵게 내 마음을 울린다.

"그러니까…… 내 걱정 좀 해줘."
- 딱 봤을 때 마음이 아프고 아렸다.

"보면 몰라? 방금 내가 네 여름 먹었잖아."
- 설레고 발을 동동 구르게 된다.

"마주하는 순간마다 그리워하게 되는, 유난히도 더운 여름이 계속되고 있었다."
- 처음부터 끝까지 문장이 드라마 같고 멋있다.

• 마음에 와닿은 문장을 정리한 활동지

3. 각자 쓴 문장 비교하기

문장을 찾고 난 뒤에는 서로가 찾은 문장을 비교해 보는 시간을 갖습니다. 짝 발표나 모둠 발표를 해도 좋지만 교실 복권 활동을 응용하여 놀이처럼 진행해도 재밌습니다.

① 무작위로 출제자 한 명을 뽑습니다.

② 출제자가 활동지에 자신이 적은 첫 번째 문장부터 읽습니다.

③ 다른 사람들은 출제자가 읽은 문장과 자신이 쓴 문장을 비교하고 아래와 같이 점수를 계산합니다.

　 – 순서와 문장이 모두 일치하면: 50점

　 – 순서는 일치하지 않지만 문장이 있다면: 30점

④ 이와 같은 방법으로 네 번째 문장까지 읽고 점수를 계산합니다.

⑤ 출제자를 바꿔 가면서 놀이를 5라운드 정도 진행합니다.

⑥ 놀이를 마치고 난 뒤, 자주 나온 문장이 무엇이었는지 확인합니다.

놀이를 통해 아이들이 고른 문장을 확인하고 난 뒤에는 활동지를 교실에 일정 기간 게시하여 서로가 고른 문장들을 충분히 살펴볼 수 있게 합니다. 추후 미술 교과와 연계하여 문장 중 하나를 캘리그라피로 표현해 보게 해도 좋습니다.

나는 표지 제작자: AI로 새로운 표지 만들기

책을 읽고 새로운 표지를 만드는 활동은 오랫동안 활용된 활동입니다. 최근
에는 AI를 활용한 수업 방법들이 주목받으면서 표지 만들기 활동 역시 다양하
게 변화하고 있습니다. AI와 에듀테크를 적용한 독후 활동을 고민하는 선생님
에게 추천합니다.

이럴 때, 이 활동!

▸ AI와 에듀테크 도구를 활용한 독후 활동을 하고 싶을 때
▸ 국어 교과에서 상황과 감정을 묘사하는 글을 가르칠 때
▸ 책의 주제를 그림으로 표현하게 하고 싶을 때

1. 내가 그리고 싶은 책 표지를 문장으로 자세하게 쓰기

AI로 표지를 만들 때 중요한 것은 내가 표현하고 싶은 생각을 AI가 실감 나
게 구현할 수 있도록 정확한 명령을 내리는 것입니다. 먼저 아이들에게 A4 용지
를 나눠 주고 어떤 표지를 만들고 싶은지 대략 그리게 합니다. 이때 책의 주제와
매력이 최대한 살아나는 방향으로 표지를 구상해야 합니다. 그림을 그렸다면 AI
가 구현할 수 있도록 그림을 구체적으로 묘사하는 문장을 정리합니다. 등장인
물의 성별과 나이, 배경, 날씨, 구도 등을 명확히 쓸수록 결과물의 질이 좋아지

기 때문에 충분한 시간을 부여하는 것이 좋습니다. 어려워하는 아이들이 있다면 선생님이 검토하면서 같이 도와줍니다.

큰 나무가 가득한 시골길에 남자 고등학생과 여자 고등학생이 교복을 입고 마주 본 채로 서 있다. 눈을 마주치고 있는 두 사람 사이에는 사랑이 가득하게 느껴진다. 하지만 아직은 풋사랑이고 첫사랑이다. 따뜻하고 수줍은 느낌이 그림에 가득하다. 햇빛은 그들은 밝게 비춘다. 여름 꽃이 가득하고, 숲길 옆에는 예쁜 호수가 흐른다.

햇살이 가득한 여름날에 남자 고등학생과 여자 고등학생이 손을 잡고 걷고 있다. 그림에는 그들의 뒷모습이 보인다. 뒷모습만 보이지만 그림의 전체적인 느낌은 사랑스럽고 따뜻하다. 초록색 나무들과 꽃이 가득한 길은 아름답다. 길 옆에는 예쁜 꽃들도 화사하게 펴 있다. 한여름의 느낌이 물씬 느껴진다.

---

2. AI로 표지 생성하기

문장을 완성했다면 이제 AI로 표지를 생성할 차례입니다. 뤼튼과 같은 생성형 AI를 활용하거나 미리캔버스 같은 디자인 사이트의 AI 기능을 활용합니다. 우리 반은 미리캔버스 AI 기능을 활용하여 표지를 생성했습니다. 생성 방법은 다음과 같습니다.

① 미리캔버스 로그인 – '디자인 만들기' 클릭

② 왼쪽 메뉴 중
'AI 도구' 클릭

③ 'AI 드로잉' 클릭

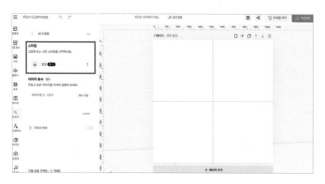

④ 자신이 구현하고 싶은 표지 스타일 선택 – '스타일' 클릭

⑤ '디테일 일러스트' 추천

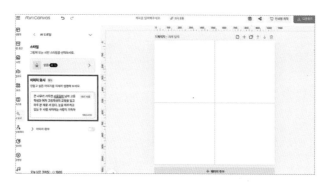

⑥ '이미지 묘사' 칸에 앞서 준비한 문장 입력

㉐ 생성된 이미지 중 마음에 드는 이미지 삽입

아이들이 미리캔버스를 활용하는 경우에는 대부분 '무료 계정'을 사용하게 됩니다. 이때 생성할 수 있는 '디테일 일러스트'는 하루에 2개로 제한되어 있습니다. 하지만 첫 번째 활동에서 최대한 구체적으로 표지를 묘사한 문장을 만들어 놓았다면 단 한 번의 시도만으로 훌륭한 결과물을 얻을 수 있습니다. 만약 첫번째 시도가 실패하더라도 부족한 부분을 조금 보완하여 두 번째에 완벽한 결과물을 도출해 낼 수 있으므로 너무 걱정하지 않아도 됩니다.

• AI를 이용해 만든 표지 그림

이미지를 생성하고 난 뒤에는 알맞은 글씨체를 활용하여 책의 제목을 적습니다. 원한다면 책을 홍보하는 문구를 더 적어도 좋습니다. 다만, 표지 그림이므로 전체적인 미관을 해치지 않는 선에서 단순하게 디자인하도록 합니다.

3. 표지 전시회 하기

이렇게 만든 표지는 패들렛이나 띵커벨 보드, 혹은 스페이셜 등을 활용해서 온라인 전시회를 갖습니다. 서로 어떤 생각을 갖고 표지를 만들었는지 이야기 나누면서 『여름을 한 입 베어 물었더니』의 주제를 다시 한번 생각해 보도록 합니다.

부록

| 이 책에서 활용한 교구 |

학기 초에 미리 구입해 두면 유용하게 쓸 수 있는 교구를 소개합니다.
어디에서나 구입 가능한 제품은 별도 구입처를 적지 않았습니다.

- [더즐거운교육] 도란도란 스토리텔링 스티커, 도란도란 스토리북, 도란도란 스토리텔링 카드
- [도서출판 아이북(책 만들며 크는 학교)] 메이킹북 나만의 책 24_마음 퍼즐책
- [민화샵] 준호샘의 토닥토닥 카드/준호샘의 토닥토닥 스티커
- [슈퍼쌤 닷컴] 미니 골드 칭찬 트로피
- [스쿨토리] 비유 카드 소형/대형
- [스쿨토리] 허니컴 종이 액자
- [팝콘에듀] 더 마인드 한글판(보드게임)
- [피스모모] 나를 표현하는 100가지 방법, 자기 표현 카드
- [학토재 행복가게] 느낌 자석 카드
- [학토재 행복가게] 마인드업 카드 평어체/경어체
- [학토재 행복가게] 씨앗 덕목 자석 카드
- [학토재 행복가게] 봄 인형 꾸러미
- [학토재 행복가게] 브레인앤아이 점착지(두뇌 모양 종이)
- [학토재 행복가게] 엄지척앤아이(엄지 척 모양 종이)
- [학토재 행복가게] 필름앤아이(필름 모양 종이)
- 관절 목각 인형
- 롱 인덱스 포스트잇
- 무지 핀 버튼
- 슈링클스 종이

- 쌓기나무

- 씽킹 보드

- 아이클레이

| 이 책에서 소개한 웹 사이트 |

수업 시간에 유용하게 활용할 수 있는 웹 사이트를 공유합니다.

- 띵커벨(퀴즈, 보드) https://www.tkbell.co.kr/

- 패들렛(메모지 공유 앱) https://padlet.com/

- 미리캔버스(템플릿 디자인) https://www.miricanvas.com/

- 캔바(템플릿 디자인) https://www.canva.com/ko_kr/

- 뤼튼(생성형 AI) https://wrtn.ai/

- 스페이셜(메타버스 플랫폼) https://www.spatial.io/

- 직소 퍼즐 사이트 https://www.jigsawexplorer.com/create-a-custom-jigsaw-puzzle/

- 애니메이트 드로잉(SD캐릭터 만들기) https://sketch.metademolab.com/